中医药传承图萃丛书

# 中国药学文物图集

曹晖 梁峻 主编

暨南大学出版社
JINAN UNIVERSITY PRESS

中国·广州

图书在版编目（CIP）数据

中国药学文物图集 / 曹晖，梁峻主编. —广州： 暨南大学出版社，2017.12
（中医药传承图萃丛书）
ISBN 978 - 7 - 5668 - 2243 - 7

Ⅰ.①中… Ⅱ.①曹… ②梁… Ⅲ.①中国医药学—文物—中国—图集 Ⅳ.①K870.2 ②R-092

中国版本图书馆 CIP 数据核字（2017）第 261740 号

中国药学文物图集

ZHONGGUO YAOXUE WENWU TUJI

主　编：曹　晖　梁　峻

..........................................................................................................

出 版 人：徐义雄

策划编辑：黄圣英

责任编辑：冯　琳　吴筱颖　颜　彦

责任校对：何镇喜　雷晓琪　黄佳娜

责任印制：汤慧君　周一丹

出版发行：暨南大学出版社（510630）

电　　话：总编室（8620）85221601

　　　　　营销部（8620）85225284　85228291　85228292（邮购）

传　　真：（8620）85221583（办公室）　85223774（营销部）

网　　址：http://www.jnupress.com

排　　版：广州良弓广告有限公司

印　　刷：广州家联印刷有限公司

开　　本：850mm × 1168mm　1/16

印　　张：25

字　　数：502 千

版　　次：2017 年 12 月第 1 版

印　　次：2017 年 12 月第 1 次

定　　价：248.00 元

# 主编简介

## 曹　晖

　　香港中文大学哲学博士，暨南大学岭南传统中药研究中心主任、教授、博士生导师，国家中药现代化工程技术研究中心主任，中国中医科学院中药研究所客座研究员，首批全国老中医药专家与国家级非物质文化遗产炮制代表性传承人王孝涛学术经验继承人和第一代传人，兼任国家药典委员会委员、中华中医药学会中药炮制分会副秘书长，曾任职于日本国立富山大学、日本津村顺天堂生物化学研究所、香港中文大学。编纂出版《本草品汇精要（研究校注本）》《国家非物质文化遗产：中药炮制技艺图典》《中国传统道地药材图典》《"一带一路"中医药文物图谱集》等学术著作10余部。

## 梁　峻

　　博士，中国中医科学院学术带头人、博士生导师。先后任中国中医科学院中国医史文献研究所书记兼副所长，中华医学会医史学分会第11、12届委员会主任委员。现为中国民族医药学会第2、3届理事会副会长兼秘书长。主要著作包括《论民族医药》《中国古代医政史略》等10余部，发表论文100余篇。已完成国家新修《清史·医药卫生志》医事制度篇、卫生防疫篇等各级课题10余项。曾获北京市、中华医学会、中华中医药学会、中国中医科学院多项奖励。

# 序 一

自古医药同源，不可割裂但有侧重。

渔猎时代，古民"茹草饮水，采树木之实"充饥，多生疾病。神农"尝百草之滋味，水泉之甘苦，令民知所辟（避）就"。

龙山文化时代，岐黄答问，医理肇构；雷公论药，性味辨明。黄金三代，从修己"吞薏苡生"禹之崇拜到王宫涂抹朱砂之应用，从甲骨文对药物之载到商墓随葬药物之发掘，从玉石陶制采贮药具到香薰铜铁药具诞生，药学文物异彩纷呈。

春秋以降，从《本经》到《纲目》，从单味药到复方配伍、成药制作，从宫廷用药到民间堂店药市发展，各类药学文物质地、形制凝结着古人智慧，其炮制工艺蕴含着精深的学术技术原理。这些丰厚积淀，又都彰显着人类追求健康长寿之理念。

药物是与人类生命活动紧密相关的特殊物质。药学文物既是药学进步的物证，又是药学创新发展之基础。习近平主席指出：中医药"是打开中华文明宝库的钥匙"。从药学文物、本草文献中获取灵感，传承经方名药或开发新药，都是为人类造福的有效途径。

值曹晖、梁峻主编的《中国药学文物图集》付梓之际，爰致数语，是为序！

中国科学院院士、国医大师 陈可冀

2017 年 7 月 10 日于北京西苑

# 序 二

戴东原曾谓学有三难，曰：淹博难、识断难、精审难。非博通古今，则无以克其难。而欲通古今之变，无非两途，一曰披览典籍，二曰留心古物。

于中国药学文献而言，其源流初迹见之于《山海经》记药物之产，《尚书》道用药之理，《周礼》载医药之政。至春秋战国，则百家各有其说；《本经》流传，而百药三卷用世。至汉天子征召通本草学者到京，以恢复药典（《汉书·平帝纪》），自唐宋以下各朝，官私编修之药典方书，如百谷吐秀，竞出奇妍，煌煌数千种之多。凡此存世文献，经近几十年之汇集整理，已灿然粗备，庶几可供学者披览。

而药学文物之汇集整理，相对滞后。传统器物，今日还用于民间；旧物遗迹，流散乡邑；至于地下出土发现，百余年来可谓丰硕。安阳殷墟卜辞出土后，胡厚宣曾作《殷人疾病考》，最先揭示殷商医药之端倪。马王堆汉墓发掘，马继兴即疏证其《五十二病方》，皆为学界所推服。此后中国进入高速建设期，更多出土成果现于世间，诸如历代药品实物、采药制药器具、服药用药之器皿，等等。但迄今尚无系统整理之作，以导度世人，窥其堂奥。此为学界之遗憾。

凡物必有形，形必有名，名必有字，字多象其形。然以形辨物不易，以物求名不易，以名求其正字亦难。历数千载而下，古物多难完存，既存亦难得见。学者治文献，往往多见物名，而欲以名求其物、求其形，则难上加难。汉开名物之学，宋元零落；清学继起再续，今几汩没。余近年重治《说文》习字教本，深感名物相求之苦，常盼各类文物之方家，能汇聚古今之所见，分类结集，重现吾邦器用文明之斑斓，亦可借此深化中华学术之研究。

素闻曹晖、梁峻教授于医药文物，有累年搜求考辨之功。今见两家联袂，发其篚笥，倾尽托奉，惠享学界，遂不禁为之欣然。览其全书编目，方以类聚，器以群分，广搜富积，灿然可观。惠承二位教授谬爱，赐以手编，并嘱为序，故此欢喜之余，赘语如上。

默公

丁酉闰六月初八　东京逆旅

篚笥，倾尽托奉，惠享学界，遂不禁为之欣然。览其全书编目，方以类聚，器以群分，广搜富积，灿然可观。惠承二位教授谬爱，赐以手编，并嘱为序，故此欢喜之

# 前　言

　　中国药学的历史，可以追溯到上古时代。《淮南子·修务训》"神农尝百草之滋味……一日而遇七十毒"的传说，就是其生动反映。至商代，金文中已有"药"字出现，《说文解字》将其训释为"治病草"，明确指出了"药"即治病之物，并强调了"草"（植物）类居多的客观事实。由此，出现于西汉的"本草"一词成为中国药学的专用名词，用来代称药物学或药学专著。1977年安徽阜阳出土汉简中专论药物的内容，被命名为《万物》。据考证，《万物》虽在西汉初年抄成，但其编撰年代则在春秋战国时期，有学者认为这是迄今发现的最早药物专编或本草古籍。而成书约在东汉末期的《神农本草经》载药365种，此书初步奠定了药学理论的基础，系统地总结了汉以前的药学成就，对后世本草学的发展具有十分深远的影响，故被尊为药学经典之著。中国药学发展至今，更是取得了前所未有的成就。显然，中国药学即中药学是中国传统医学中极其重要的组成部分，它有着十分悠久的历史和极为丰富的内容，为中华民族的健康作出了巨大的贡献，以其实效性和独特性引起当今国际医学界的日益关注。

　　中国药学源远流长，其发生发展的历程也遗存下了数量相当可观的药学文物，这些文物是研究中医药学史与中国传统文化的宝贵资料。但因中医药文物研究属于边缘学术领域，历来学术界关注有所不足，有鉴于此，我们组织编写了这部中医药文物的专门图集，希冀能对学术界的相关研究及文物收藏鉴赏者提供借鉴参考。

　　本书收录了约750幅中国药学文物相关图片。所选图片范围，从时间跨度上说，涵盖了远古时期、夏商周、春秋战国、秦汉、魏晋南北朝、隋唐五代、辽宋金元、明清及近现代等各个历史时期，而以中国古代资料为主；从文物质地上说，包括玉石类、陶瓷类、金属类、竹木类、织品类、纸质类、标本类、石刻壁画类、遗址类等。资料中有相当数量的文物图片为首次发表，如明代《本草品汇精要》《金石昆虫草木状》《本草图谱》的若干版本、写生的彩色图绘等尚属难得一见的国外秘藏孤本。

需要说明的是，中国是一个多民族的国家，中国药学文物本应有专篇集中反映各民族的相关资料，但考虑到一方面这类资料数量相对较为有限，另一方面已有其他专著作有较为全面的专门著述（可参《中国医学通史·文物图谱卷·少数民族篇》《"一带一路"中医药文物图谱集·民族篇》等），为避免较大的重复，故本书对民族药学的相关资料未立专篇，而是将其中的若干精品按文物功用选录入其他类的篇目中。

本书图片编排，以文物性质与用途分为史迹探幽、出土药物、采药制药工具、盛药贮药器具、药物量具、煎药服药工具、中药店铺物件、宫廷药事、临床药具、卫生药具、本草书影、炼丹物事等12篇，每篇均有简短概述，介绍本篇文物图片收录的相关情况。正篇之外，书末并录有"附篇"，收入了一些不便归类文物、但均与中国药学相关的资料。"附录"文章《橘井流芳——中国传统药学文物述要》系本书学术顾问、中国中医科学院廖果研究员首次从时间、功用等角度分类探析中国药学文物概况及其历史文化价值之作，希冀为读者提供相关研究的学术参考。

每篇文物分类是按文物性质与用途为别，而篇内文物再以其所属朝代为先后，再次兼顾文物质地，如此条分缕析加以有序排列。每图下的说明文字，包括文物名称、朝代、藏馆、质地、尺寸、出土地、用途等内容，有的还对其学术及文物价值加以简要说明。

本书资料丰富且颇具特色，体例完备而编排有序。但因主客观因素所限，书中或有疏漏之处，还望读者不吝指正。

编　者
2017 年 11 月

# 目录

contents

## 贰

### · 古代药物标本 ·

## 叁

### · 采药制药工具 ·

中国药学文物图集

## 肆

### · 盛药贮药器具 ·

中国药学文物图集

目录

伍

·药物量具·

## 陆

### · 煎药服药工具 ·

## 柒

### · 中药店铺物件 ·

中国药学文物图集

## 拾壹

### ·本草书影·

## 拾贰

### ·炼丹物事·

中国药学文物图集

**附录**

**附篇**

目录

壹

史迹探幽

中国药学的历史源远流长，本篇主要从药学史的角度立意，根据文物存世情况，撷取了史迹中一些有代表性的人物、事件、文献及器物的相关资料，鸿爪雪泥，陈迹可观，希冀于此能对丰富多彩的中国药学历史有所反映。

篇中史料选取以古代为主，不涉及当代资料。

## 001 武氏祠神农氏像

东汉。山东济宁嘉祥县武氏祠西壁壁画。山东省博物馆藏。

该祠建于东汉元嘉元年（151），现存画像石多块。图中头戴斜顶进贤冠、手持耜作翻地状者为神农氏。神农，一称炎帝，据说为上古三黄五帝之一。《淮南子·修务训》："神农乃始教民，并尝百草之滋味，识水泉之甘苦……当此之时，一日而遇七十毒，由是医方兴焉。"故传说神农为中国医药创始人，实质反映了先民认识医药的艰辛过程。《神农本草经》一书乃后世托名。

## 002 牙雕神农像

清。通高 19 cm，座宽 7.5 cm。上海中医药大学医史博物馆藏。

神农手持草作品尝状，与"神农尝百草，始创医药"的记载相符。

## 003 神农木雕坐像

清。通高 26.2 cm，宽 16 cm。上海中医药大学医史博物馆藏。

神农身着草衣草裙，赤脚光头，左手握一马尾甩子，安坐岩石上。

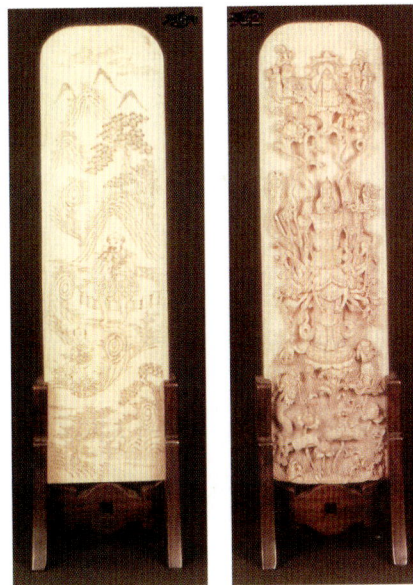

正面　　　　背面

## 004 神农尝药牙牌

清。高 31.5 cm，宽 8.5 cm。上海中医药大学医史博物馆藏。

005 神农采药图

辽。纵 54 cm，横 34.6 cm。1974 年于山西朔州应县佛宫寺释迦塔（俗称应县木塔）内发现。山西省博物馆藏。

图中人物脸庞丰满，赤足袒腹，披兽皮，围叶裳，负竹篓，举灵芝，行于山石间。有研究者认为此乃神农。

006 神农炎帝画像

清·乾隆。11.5 cm × 24 cm。此为玉轴堂梓行《珍珠囊药性赋》版画。广东中医药博物馆藏。

007 太乙雷公像

清·乾隆。24 cm × 32.5 cm。玉轴堂梓行《珍珠囊药性赋》版画。广东中医药博物馆藏。

雷公，相传为黄帝之臣、上古医家。后世托其名有《雷公药对》一书，故被尊为制药业炮制学鼻祖。又，南北朝时医药学家雷敩撰有《雷公炮炙论》一书，故后世亦称其为雷公。

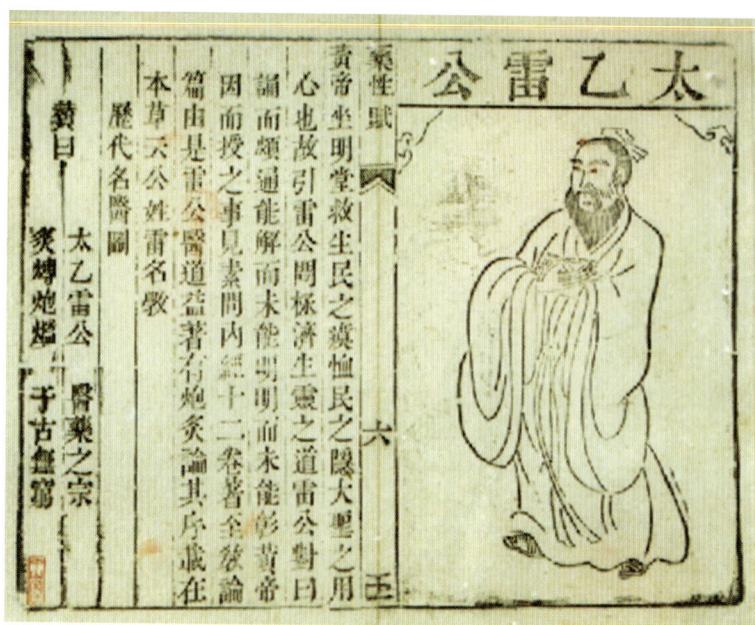

008　玉兔捣药图

西汉。现代拓片。原画像石1978年于山东济宁嘉祥县满硐乡宋山村北出土。山东省博物馆藏。

此图内容反映了当时追求长生之风。

009　羽人捣药图

汉。现代拓片。原图1954年于山东临沂沂南的汉画像石墓的门东侧支柱上发现。山东省博物馆藏。

支柱上方是伏羲、女娲画像，下部即此图。中间坐者为东王公。羽人捣药可能由西王母有不死之药的传说联想而来。东王公和西王母是古代神话传说中的男、女神仙，也是汉代画像中的常见形象。

010　月宫嫦娥铜镜

宋。直径 12.4 cm，厚 0.6 cm，重 345 g。广东中医药博物馆藏。
其背面为月宫图，上绘嫦娥及玉兔捣药。

011　月宫玉兔捣药图铜镜

宋。直径 12 cm。上海中医药大学医史博物馆藏。
铜镜左为捣药玉兔，中为桂树，右为嫦娥。

012　陶澄器

新石器时代·良渚文化。通高 22 cm；嘴高 10 cm，口径 15 cm；器身口径 23 cm，高 12 cm；圈足底径 13 cm。1982 年于浙江余杭吴家埠遗址出土。浙江省文物考古研究所藏。

制酒器，澄清后的酒液可溢过隔挡流入另一半容器内。酒系古人的主要饮品之一，且与中国传统医药的关系极为密切，《黄帝内经·素问》中有"汤液醪醴论"专篇，张介宾《类经·论治类》注曰："汤液、醪醴，皆酒之属。"酒不仅可直接入药，还是药材炮制的重要原料，并可作药酒的介质及送服药料的液体等。

013　垂囊盉

新石器时代·河姆渡文化。底径 12.6 cm，器高 17.9 cm。1996 年于浙江余姚市锱山遗址出土。浙江省文物考古研究所藏。

酒器。泥质红衣陶，前嘴后注，河姆渡文化特色器形。

014　黑陶高柄杯

新石器时代·大汶口文化。1971 年于山东济宁邹县野店遗址出土。山东省博物馆藏。

酒具，极似现代使用的高脚杯。

史迹探幽

**015  铜觚**

西周早期。通高 28.8 cm，口径
16.4 cm。陕西省咸阳市泾阳县博物
馆藏。

饮酒器。

**016  青瓷壶**

西周。高约 22 cm。陕西扶风周原出土。陕西省
宝鸡市周原博物馆藏。

青黄釉，是我国存世的早期青瓷器具之一。可用
于盛酒或水。

**017  平底爵**

商。河南省偃师市博物馆藏。

青铜质，长流尖尾，束腰平底，甚薄。是我国发
现的早期青铜酒具之一。

**018  酿酒图**

西夏。甘肃安西榆林窟西夏第三窟壁画。

该窟东壁南侧"千手千眼观音"壁画中对
称地绘有两幅《酿酒图》。画面中央画一灶台，
上安一套层叠覆压的方形器皿。一妇女于灶前
执柴烧火，炉膛内火苗炽烈。左侧置一陶质酒
壶。另一妇女于灶右，右手持钵。另置酒壶、
木桶各一。有研究者认为这是我国最早的蒸酒
形象资料。

中国药学文物图集

019 甲骨文

　　记载"酒""疾"等文字。河北安阳殷墟出土。中国国家博物馆藏。引自郭沫若《甲骨文全集》第四册（中华书局 1982 年版）和姚孝遂《殷墟甲骨文刻辞类纂》（中华书局 1989 年版）。

020 药鼎

　　西周晚期，清华大学图书馆藏。通高 25 cm，口径 27.5 cm。内壁铸铭文"药作宝鼎，其万年用宝用"十字。引自吴镇烽《商周青铜器铭文暨图像集成》（上海古籍出版社 2012 年版）。

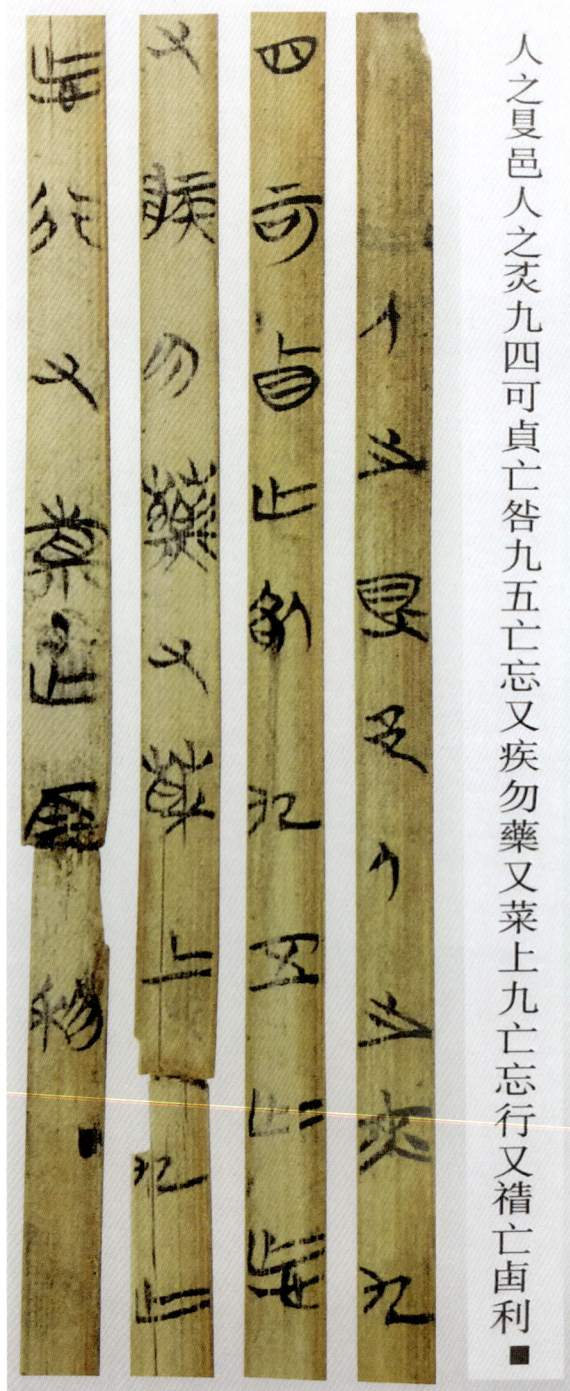

人之戛邑人之炎九四可貞亡咎九五亡忘又疾勿藥又菜上九亡忘行又禖亡卤利■

021 战国竹简

记载"药""疾"文字，上海博物馆藏。引自马承源《上海博物馆藏战国楚竹书》第三册（上海古籍出版社 2003 年版）。

022　河北任丘药王庙外景

1954 年摄。中国医史博物馆供稿。

纪念战国时期名医扁鹊的陵庙有多处，其中较著名的是河北任丘药王庙。此庙历经沧桑，仅存白石砌成的三座山门，门额分别刻有"敕建药王庙""敕建三皇殿""敕建文昌阁"等字样。

史迹探幽

023　何绍基书《重修药王庙碑》（拓片）

清。现代拓片。中国医史博物馆藏。

河北涿州药王庙建于明嘉靖间，清道光重修。何绍基（1799—1873）在药王庙重修竣工后，于清道光二十五年（1845）为其题写碑文。

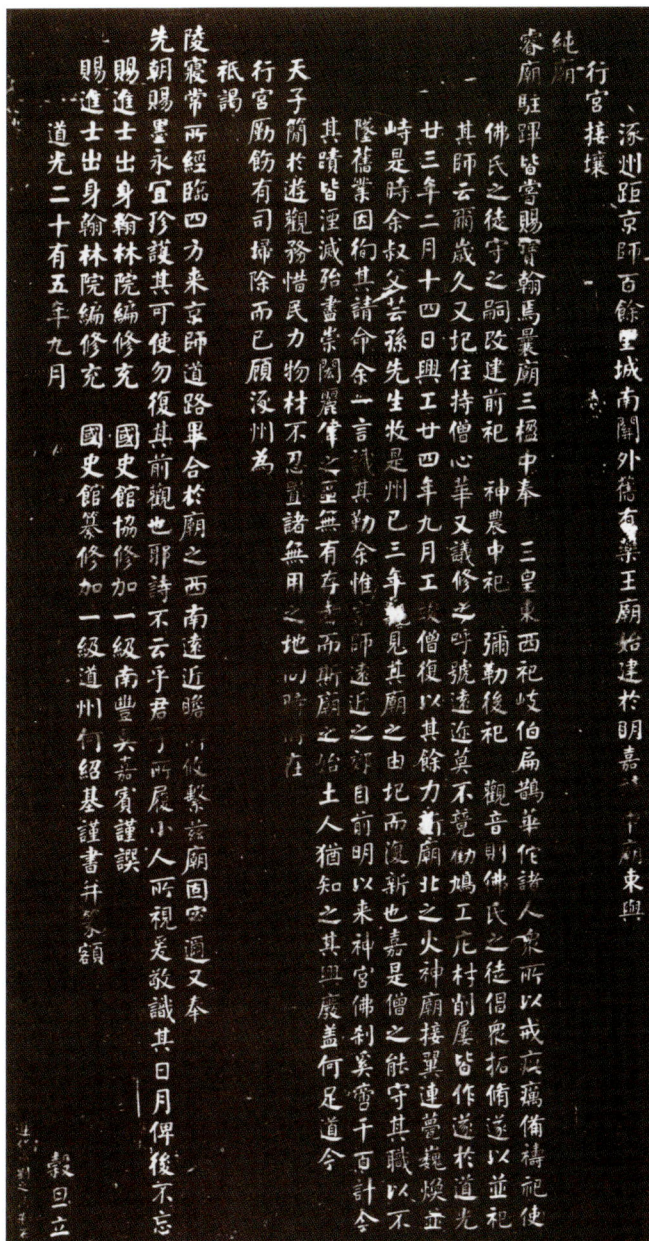

**024　诊病施药图**

北周。敦煌莫高窟 296 窟壁画。

这是《福田经变》的一个场面：两位家属扶着半躺的瘦弱的患者，医生在右侧为病人认真地检查、诊断；左侧一人在用药臼捣制药物。

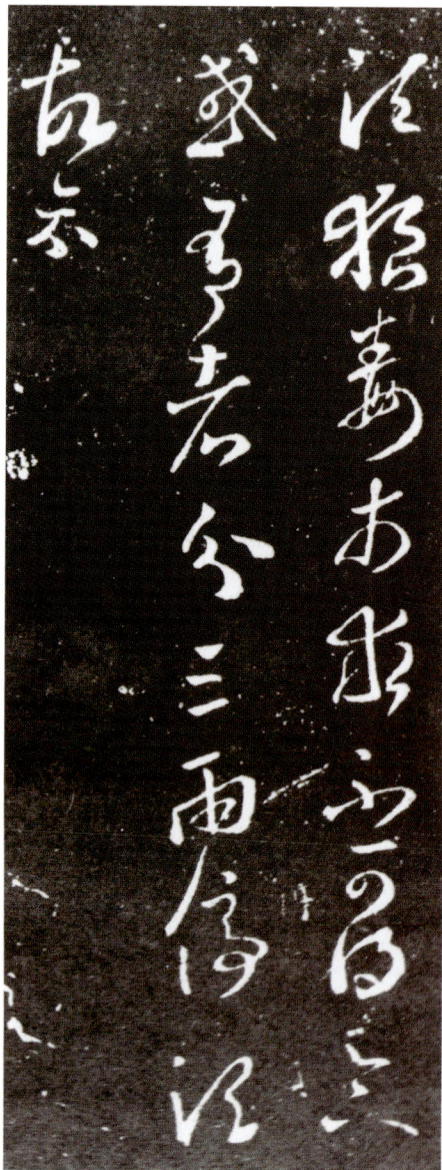

**025　王羲之书《狼毒帖》**

东晋。宋代拓片。载《淳化阁帖》卷八。

王羲之（321—378），东晋著名书法家。释文为："顷狼毒求市不可得，足下或有者，分三两。停须故尔。" 狼毒为中药，出自《神农本草经》。

**026　陶弘景画像**

清。载《列仙全传》卷五。中国医史博物馆藏。

陶弘景（456—536），字通明，自号华阳隐居，丹阳秣陵（今江苏南京）人。南朝·梁著名医药学家、道士。弘景对医药、养生多有造诣，撰有《本草经集注》《养性延命录》等著作。

中国药学文物图集

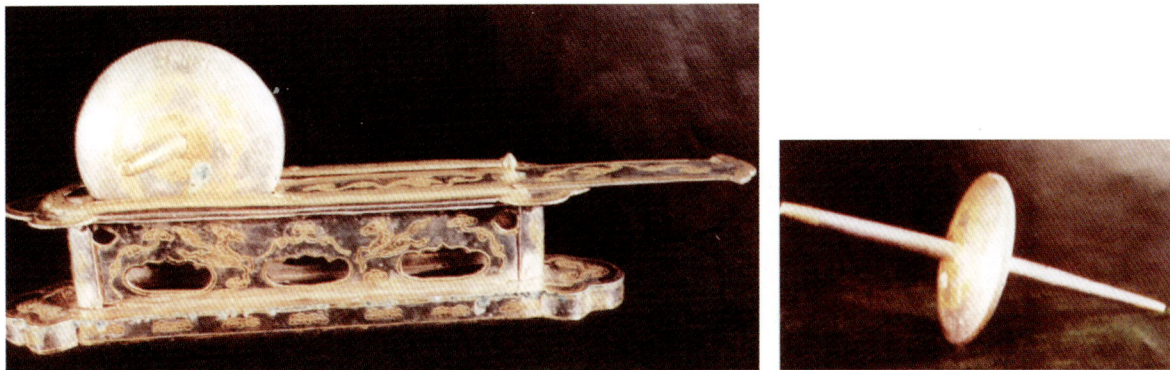

**027 鎏金壶门座银茶碾子**

唐。通高 7.1 cm，长 23.4 cm，重 1 168 g；碾轮直径 8.9 cm，轴长 21.6 cm。陕西扶风法门寺地宫出土。陕西法门寺博物馆藏。

为碾制茶叶的专用器物。通体长方形，由碾槽、辖板、槽座、碾轮四部分组成。碾槽呈半月尖底，焊于槽座，座有壶门，饰天马流云纹，座口有可抽动之闸板，不用时能够关闭。茶为中国传统饮品，与中医药的关系极为密切——可直接入药或泡制药茶，均具良好的治疗、保健作用。另外茶水还可调和药散用于外敷。

**028 鎏金仙人驾鹤纹壶门座银茶罗子**

唐。通高 9.5 cm，长 13.4 cm，宽 8.4 cm。陕西扶风法门寺地宫出土。陕西法门寺博物馆藏。

由盖、罗、屉、罗架、器座五部分组成。罗架中上层为罗，罗分内外两层，中夹罗网。罗架下层为屉，以盛罗下之茶粉。罗架焊接于壶门座上。华美精巧。

史迹探幽

029 鎏金摩羯纹蕾纽三足银盐台

唐。通高 25 cm。陕西扶风法门寺地宫出土。陕西法门寺博物馆藏。

由盖、台盘、三足架组成。盖上有花蕾提手,中空,有铰链可以开合;下与盖连,盖沿如卷边荷叶。下为六盘,盘下焊三足支架。盘用以盛盐,以调茶味。

030 "大彬"款六方紫砂壶

明。通高 11 cm。1968 年于江苏江都县丁沟乡洪飞村郑王庄明墓出土。扬州博物馆(今称扬州双博馆,下同)藏。

壶圆形盖,子口与壶口套合,盖顶有圆纽,纽上印对合半弧纹,壶身六方形,直口,斜折肩,六棱形曲流,五角形弯执。紫砂泥质细润,色呈赭红,上有银砂闪点。底部正中刻"大彬"直行楷书款。

中国药学文物图集

031 药王孙思邈鎏金铜像

明。通高 17 cm，宽 11 cm，厚 9.1 cm。上海中医药大学医史博物馆藏。

孙思邈（约 581—682），京兆华原（今陕西省铜川市耀州区）人。少时喜读庄老，通百家说，兼好佛经。因幼遭风疾，刻意学医。所撰成的《备急千金要方》30 卷，被誉为我国第一部临床百科全书，对中医学有承前启后的重要贡献。因医术精湛，医德高尚，后人尊其为"药王"。

032 药王木雕像

清。通高 39.5 cm，宽 24 cm。成都中医药大学医史博物馆藏。

此为药王孙思邈坐虎针龙雕像。孙思邈上方镂空盘旋之龙正张口等待施治，其坐于虎背之上，左手按住龙头，右手持针（右手掌部残）正欲给龙医治。

033 药王木雕像

清。通高 36 cm。成都中医药大学医史博物馆藏。

人物造型取材于孙思邈坐虎针龙的故事。药王官帽官袍，左手执龙下颚，右手执针，欲扎而治之，惜右手及针已残。所坐之虎呈温顺貌，龙身盘曲于顶部呈华盖状。基座为半圆形，颜色及镀金大部分已脱落。

034　药王木雕像

　　清。通高 30.5 cm，宽 16 cm。成都中医药大学医史博物馆藏。

　　为孙思邈坐虎针龙形象。人物造型生动，官帽官袍。龙盘卷于顶部，形成华盖状。器物整体髹黑漆，人物及顶部和基座纹饰均镀有一层金，显得雍荣华贵，是件精致的艺术品，保存十分完好。

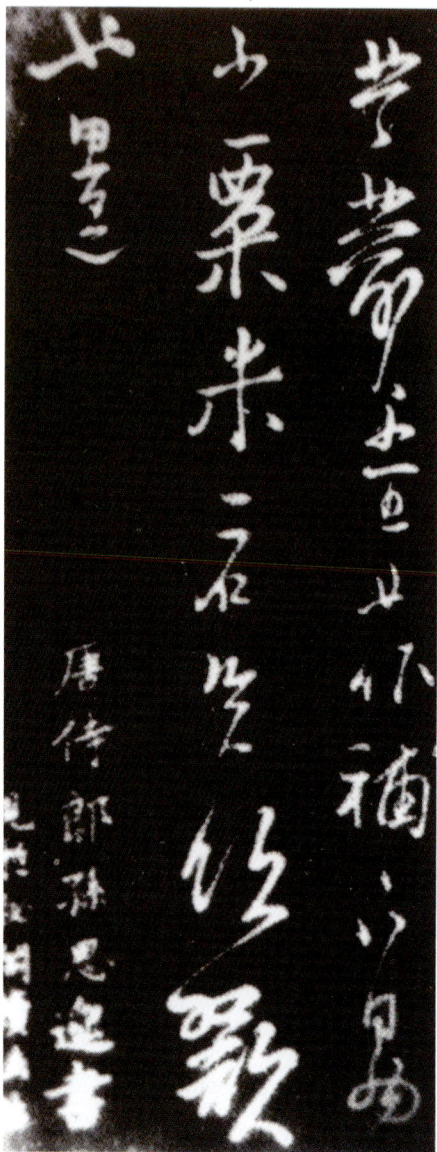

035　孙思邈手迹

　　宋代拓片。载《淳熙秘阁续帖》。

　　释文为："芎藭苦不宜滋补。下白、纳少，粟米一石，资饮歔也。思邈。"芎藭，中药，即今之川芎。

中国药学文物图集

036　陕西省耀县药王山外景

中国医史博物馆供稿。
系孙思邈故里。

037　洗药池

唐。位于陕西省耀县药王山。
相传为孙思邈洗药之池，又名洗药盆。逢雨池满。柏子柏叶浸其中，水绿沉甘洌，夏不秽，冬不涸。池外题字"石盆仙迹"，为明代进士邑人左经书。

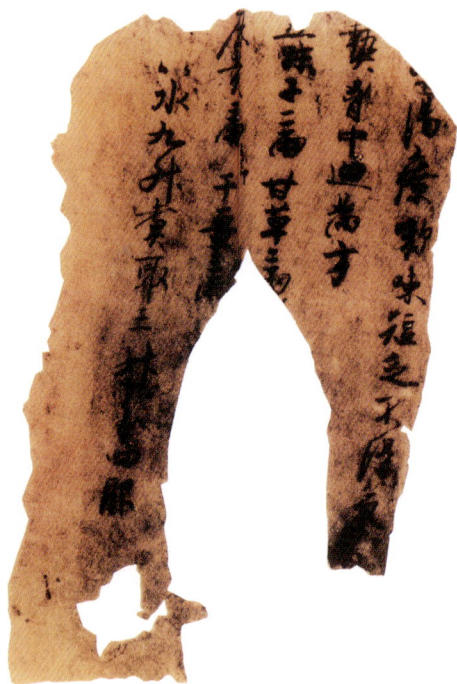

**038 吐鲁番医方 （残卷）**

唐。新疆吐鲁番阿斯塔那—哈剌和卓墓群北区第 338 号唐墓出土。新疆维吾尔自治区博物馆藏。

药方存字 5 行，共 45 字。从其药物组成看，该药方是张仲景的小青龙汤和刘宋《深师方》中的五味子汤可能性大，可用于治疗咳嗽、气短等病症。

**039 张旭 《肚痛帖》**

现代拓片。长 124 cm，宽 56 cm；竖形。北宋嘉祐三年 （1058） 刻石。西安碑林博物馆藏。

刻石两面分三截刻，共 48 行，行 6 字。正面为五代后梁时僧人彦修的草书刻石，内容为《寄边衣诗》及《入洛诗》。碑阴下方摹刻唐·张旭《肚痛帖》30 字。释文为："忽肚痛不可堪，不知是冷热所致，取服大黄汤，冷热俱有益，如何为计，非临床。"

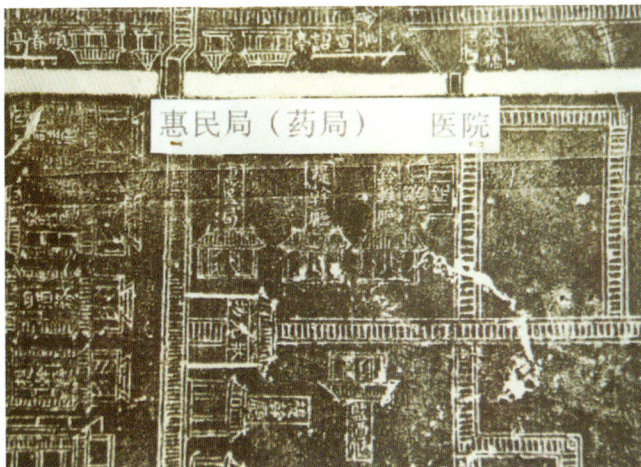

040　平江图之"惠民局"

宋。10 cm×7 cm。现代拓片。广东中医药博物馆藏。

宋代平江府（今江苏苏州）地图刻石中示有"惠民局"设置。惠民局为宋太医局属下之药局，兼有诊所性质。

041　苏颂故里碑

清。光绪六年（1880）立。

苏颂（1020—1101），字子容，北宋官吏兼天文学家、药学家。原籍泉州同安（今福建厦门），后徙居润州丹徒（别称丹阳，今属江苏镇江）。曾参与校注《嘉祐补注神农本草》，又主编《本草图经》。

右 李東璧

明有恃珍博物

正醇

遠姤炎帝

本草又新

042　李时珍木刻画像

载日本有保生轩《医仙图赞》（据 1686 年日本文林堂中川氏藏版之影抄本）。

李时珍（约 1518—1593），字东璧，晚号濒湖山人。蕲州（今湖北蕲春）人。明代杰出医药学家。曾掌楚王府良医所事，后供职于京师太医院。所著《本草纲目》一书，为古代医药学及博物学巨著。另著有《濒湖脉学》《奇经八脉考》及文学著作《过所馆诗话》等。

**043　药童竹雕像**

　　清。通高 9.7 cm，宽 2 cm。上海中医药大学医史博物馆藏。

　　药童头无冠，留桃子发式，双手捧一药葫芦，面带笑容。衣饰部可见竹质纹理。

**044　郝将军卖药处碑（拓片）**

　　清。画芯长 145.5 cm，宽 56 cm；卷轴长 216.3 cm，宽 68.2 cm。原碑光绪三十年（1904）立于江苏苏州上津桥。上海中医药大学医史博物馆藏。

　　碑文为楷体"故明郝将军卖药处"，两侧有楷体小字注明缘由，左下刻有"吴郡陈伯玉刻"字样。

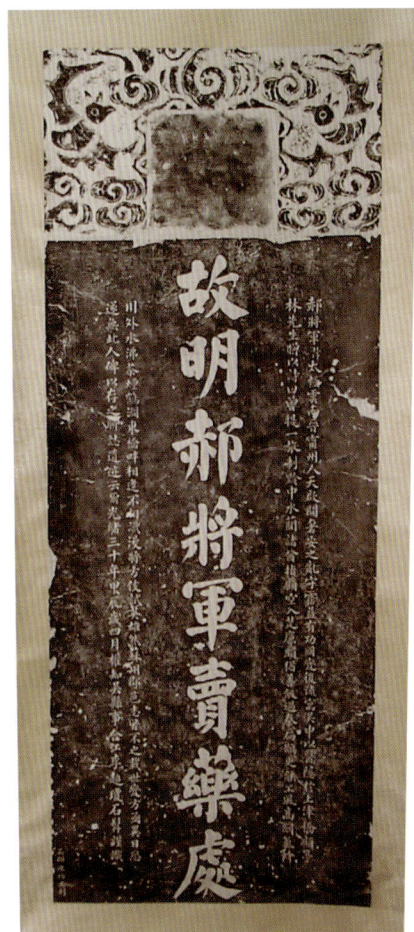

**045　傅山处方手迹**

　　载《名医翰墨》（《书法》1980 年第 1 期）。宋大仁藏。
　　傅山（1607—1684），字青主。山西阳曲（今山西太原）人。明末清初文人兼医学家。明亡以后，绝意仕途，隐于医，颇有医名。此处方前尚有傅氏与友人居先生之函。

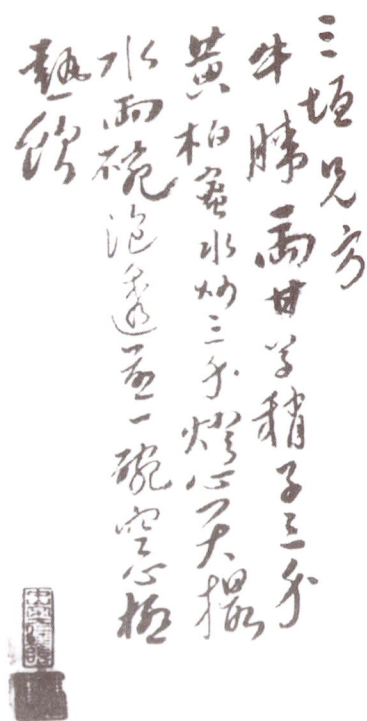

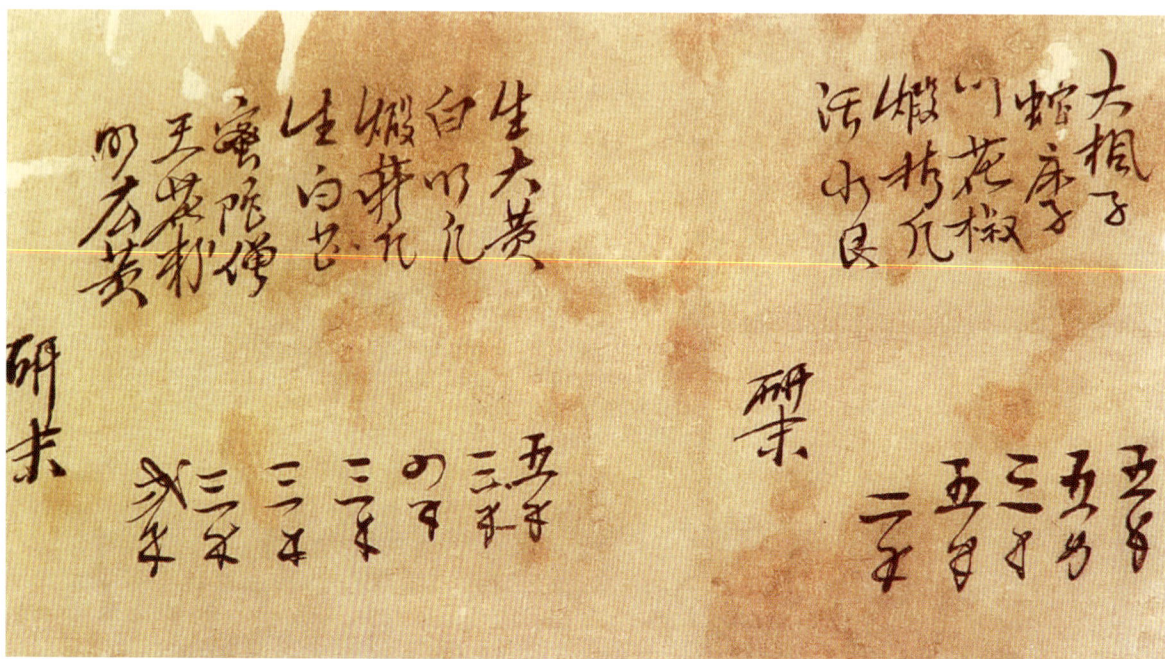

**046　太平天国吴习玖处方原迹**

　　晚清。长 11.7 cm，宽 20.5 cm。苏州市博物馆藏。
　　为太平天国高级官员戎天义吴习玖阁内中药处方笺。

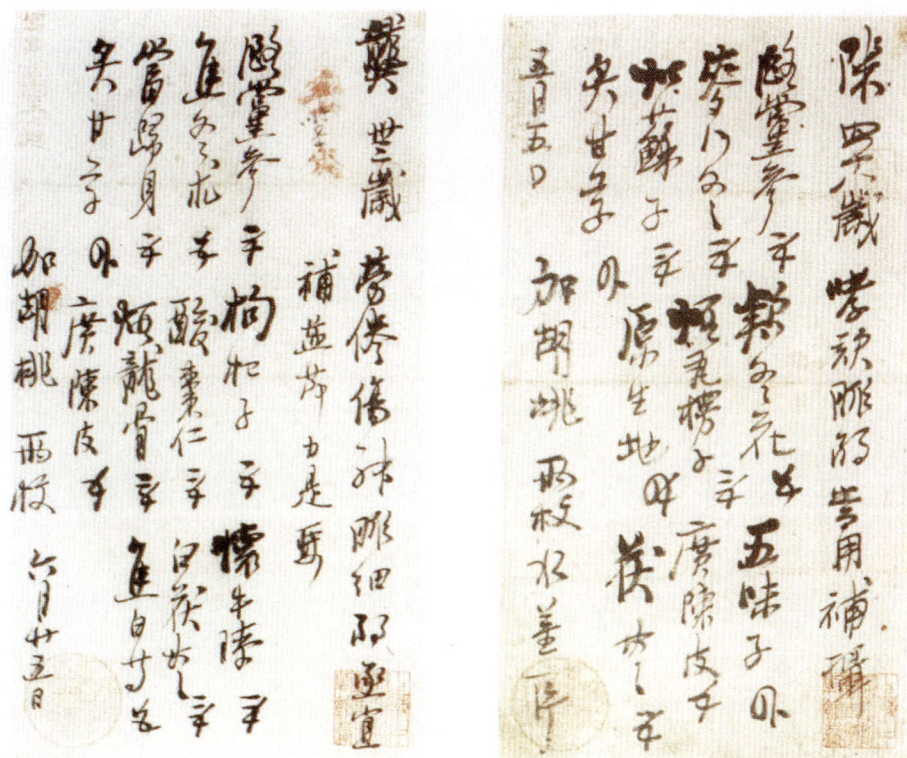

047　何鸿舫处方手迹

清。长 23 cm，宽 10.2 cm。上海中医药大学医史博物馆藏。

何鸿舫（1821—1889），原名昌治，后改长治，一字补之，晚号横柳病鸿。青浦（今属上海）人。清代医家。世为医，已历二十四代。曾续其父所著之《医人史传》《重固三何医案》。

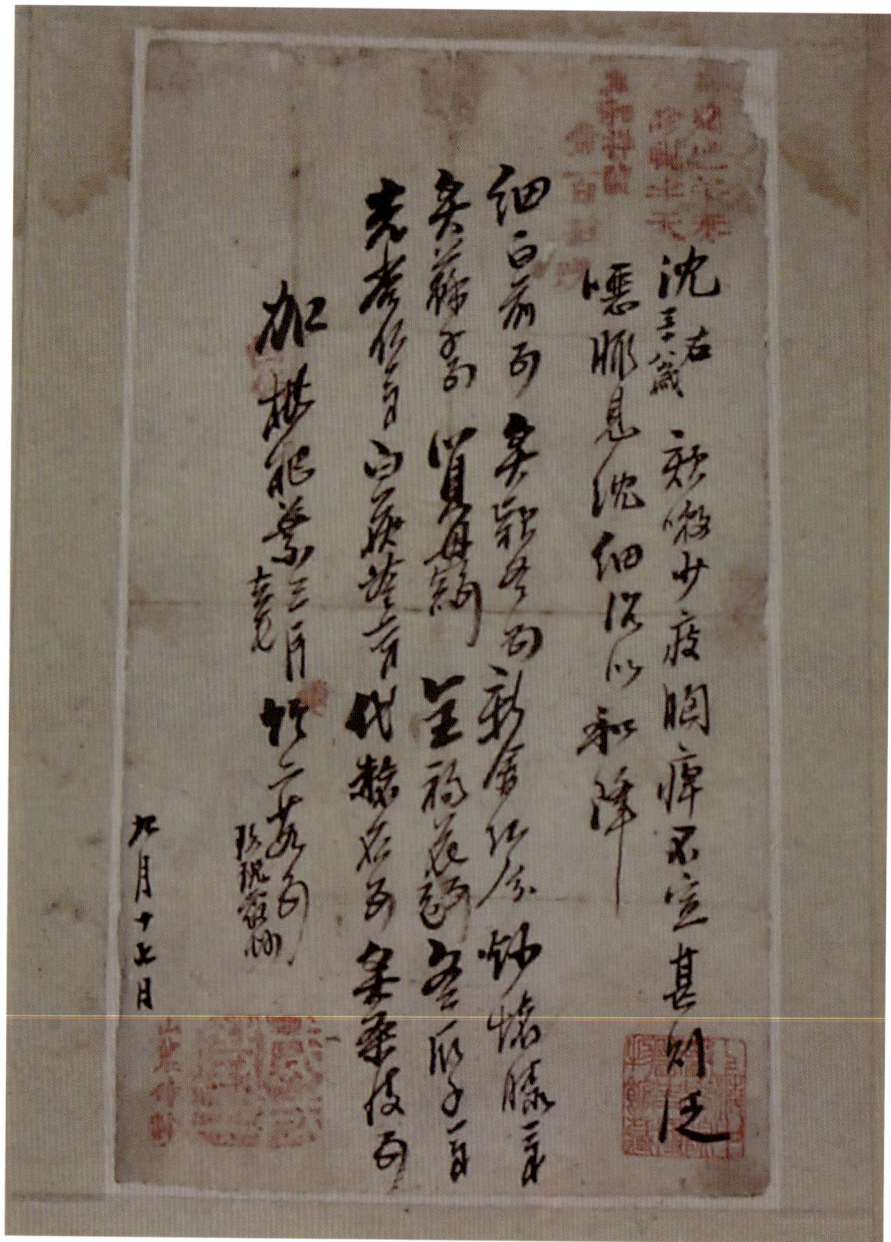

048　陈莲舫处方手迹

晚清。12.8 cm × 23.5 cm。上海中医药大学医史博物馆藏。

陈莲舫（1840—1919），名秉钧，别署庸叟，又号乐余老人。青浦（今属上海）人。清末医家。世代业医，至莲舫已历十九世。陈氏医名颇盛，曾数次奉诏进宫给光绪帝与慈禧太后疗疾。此为陈氏给 38 岁沈姓女性开的处方。

049　巢凤初处方手迹

晚清。12.5 cm × 23.7 cm。上海中医药大学医史博物馆藏。

巢凤初，武进孟河（今江苏常州）人。清末民初医家。擅内科，并精刀圭之术。此方系巢凤初为李氏所开处方，用巢氏专用处方纸写成，有"巢凤初拟"押记，上方钤"世儒医"章，下有后辈"巢念修藏"章。

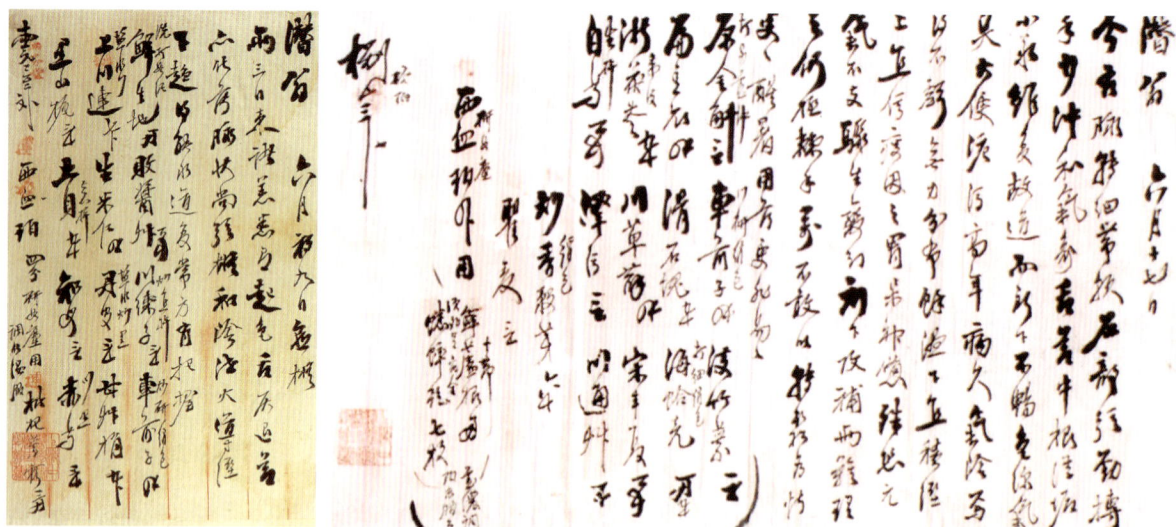

**050　曹沧洲处方手迹**

　　晚清。右图长 26 cm，宽 12 cm。上海中医药大学医史博物馆藏。

　　曹沧洲（1849—1931），名元恒，字智涵，晚号兰雪老人。江苏吴县（今苏州）人。清末民初医家。曾与陈
莲舫同征入京诊治光绪帝之疾。

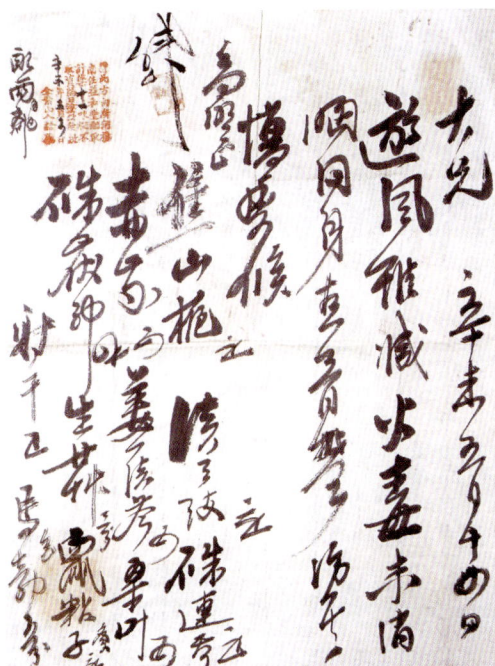

**051　张骧云处方手迹**

晚清。长 28 cm，宽 21 cm。上海中医药大学医史博物馆藏。

张骧云（1855—1925），清末民初上海名医，曾被苏州抚台陆元鼎誉为"江南第一名医"。

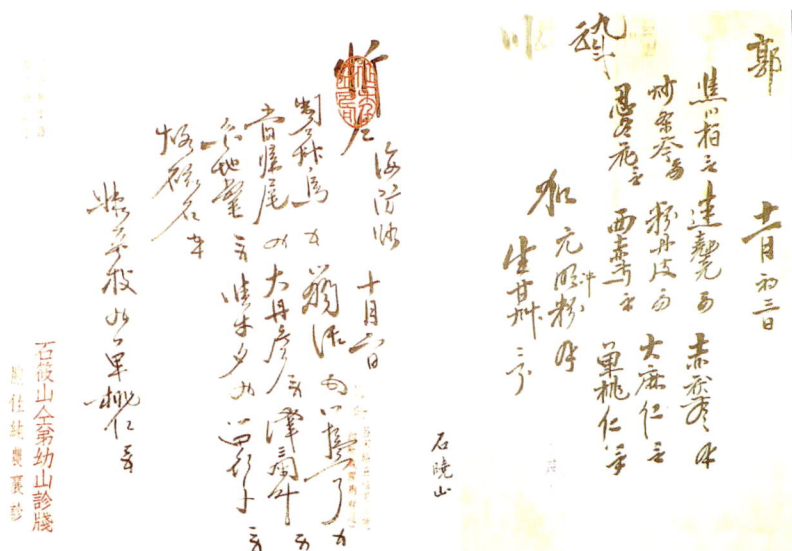

**052　石晓山及其子石筱山处方手迹**

清。右图为晓山方，长 23.5 cm，宽 14.5 cm；左图为筱山方，长 24 cm，宽 15 cm。上海中医药大学医史博物馆藏。

石晓山（1859—1928），原名石荣宗。江苏无锡人。伤科名医石兰田之子，得父传，兼习针灸、外科。石筱山为其子，也精骨伤科。

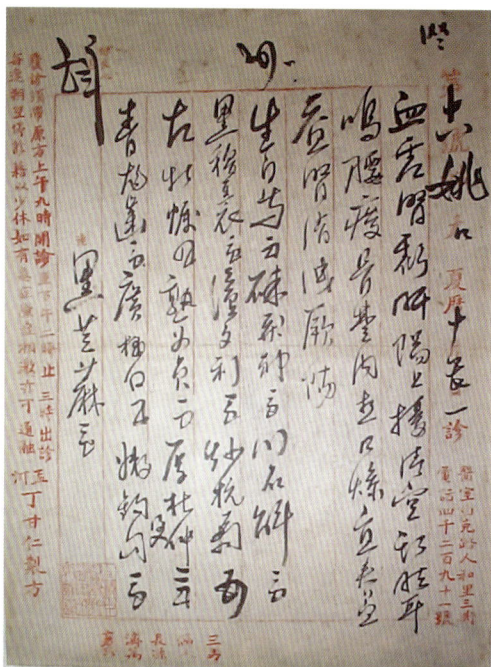

**053 丁甘仁处方手迹**

近代。长 26 cm，宽 18 cm。上海中医药大学医史博物馆藏。

丁甘仁（1864—1924），名泽周。江苏武进孟河（今江苏常州）人。清末民初医家。于中医教育用力颇勤，为民国时期"孟河医派"的重要人物。此系丁氏为"姚右"所开处方，用丁甘仁专用处方笺写成，左下印有"丁甘仁制方"字样。

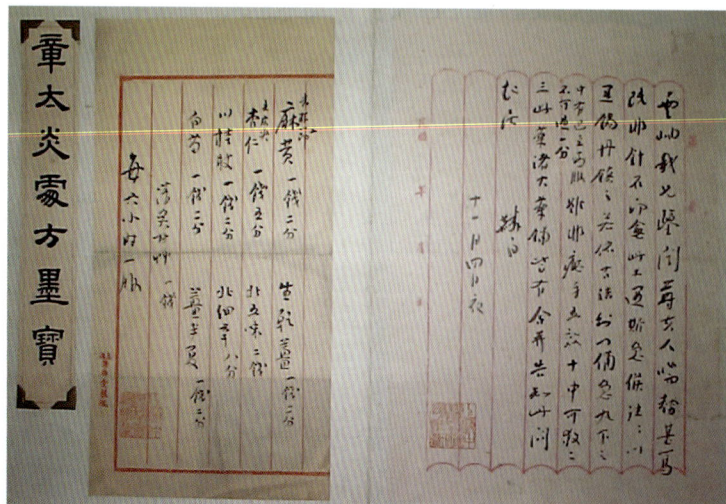

**054 章太炎处方手迹**

近代。25.5 cm × 13 cm。上海中医药大学医史博物馆藏。

章太炎（1869—1936），名炳麟，字枚叔，号太炎。浙江余杭人。近代民主革命家、思想家，亦通医。此系章氏为余云岫夫人诊疾的脉案和处方。

史迹探幽

**055　萧龙友处方手迹**

现代。长 26 cm，宽 19 cm。萧承惊赠，成都中医药大学医史博物馆藏。

萧龙友（1870—1960），原名方骏。四川三台人。近现代中医学家。曾任中国科学院学部委员。此系 1951 年萧氏亲笔处方。

**056　夏应堂处方手迹**

近代。长 26 cm，宽 17.5 cm。上海中医药大学医史博物馆藏。

夏应堂（1871—1936），近代医家。原籍江苏江都，悬壶上海，颇有医名，并好诗文、工书法。

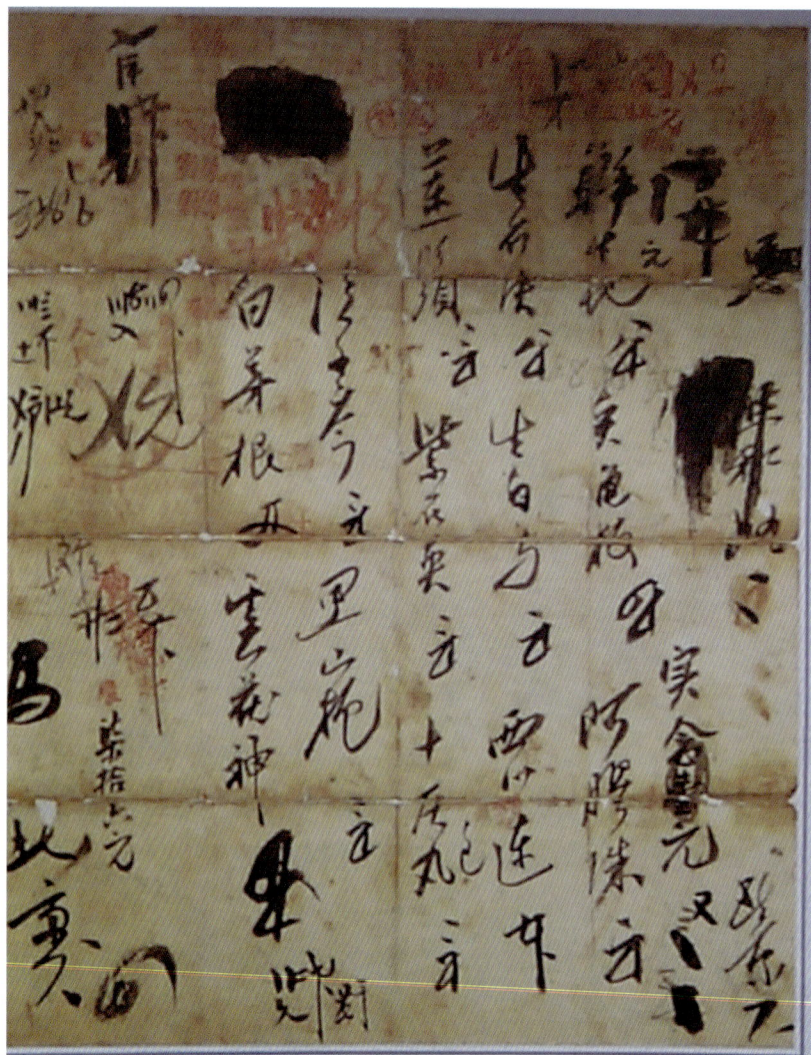

057　陈筱宝处方手迹

近代。21 cm×26.8 cm。上海中医药大学医史博物馆藏。

陈筱宝（1872—1937），浙江海盐人。近代中医妇科学家。悬壶上海，专擅妇科四十余年，临证经验十分丰富。此处方已装裱成册页，处方多处涂抹，未见患者名及款识，疑为处方之一部分。

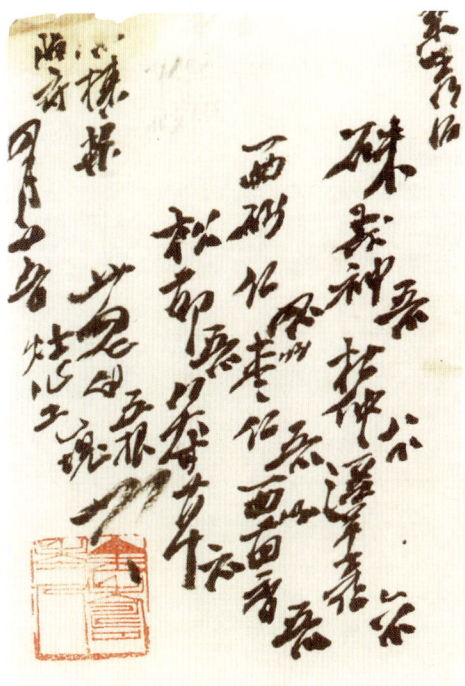

058 "金寿老人"卢铸之处方手迹

近代。长 20.5 cm，宽 13.5 cm。卢崇汉赠，成都中医药大学医史博物馆藏。

卢铸之（1876—1963），晚号金寿老人。四川德阳人。近现代医生。光绪中期拜名医郑钦安为师，光绪末年在成都开设养正医馆。继承郑钦安善用热药以扶阳的学术思想，人称"卢火神"。

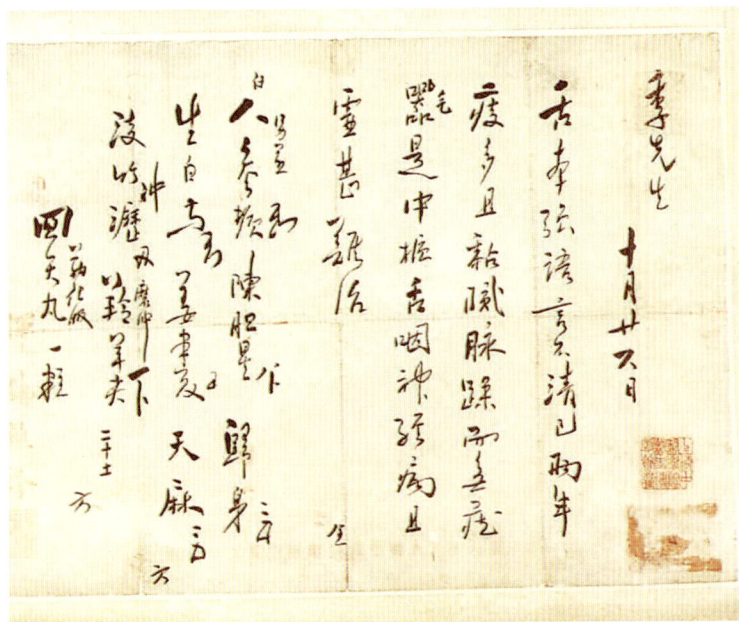

059 恽铁樵处方手迹

近代。长 25.2 cm，宽 36.2 cm。上海中医药大学医史博物馆藏。

恽铁樵（1878—1935），名树钰。江苏武进（今江苏常州）人。近代中医学家。早年从文，后改学医。1920 年在上海悬壶以医为业，且医学撰述颇丰。

**060 冉雪峰处方手迹**

现代。长 26.5 cm，宽 18.5 cm。王席国赠。成都中医药大学医史博物馆藏。

冉雪峰（1879—1963），原名敬典。四川巫山（今重庆）人。近现代中医学家。1923 年创办湖北中医专门学校，任校长。后在重庆开业行医。1949 年后任重庆中医进修学校校长。1955 年应聘到京，为中医研究院国家一级专家。一生著述甚丰，理论及临床造诣皆深。

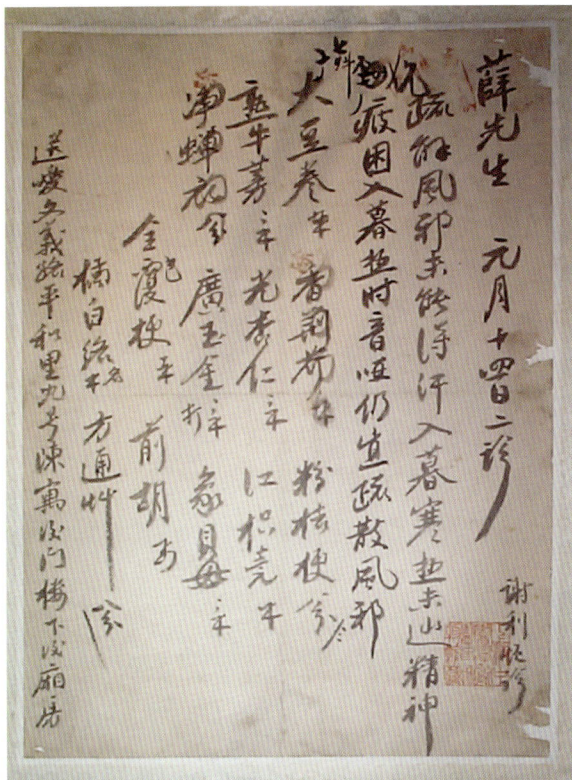

## 061　谢观处方手迹

　　近代。长 23 cm，宽 16 cm。上海中医药大学医史博物馆藏。

　　谢观（1880—1950），字利恒。江苏武进（今江苏常州）人。近现代医家。曾主持上海国医公会、中央国医馆工作。主编《中国医学大辞典》，反对废止中医案，著作较多，弟子甚众。此系谢观为薛先生所开处方，处方右下角有"谢利恒诊"字样，已装裱成册页。

## 062　王仲奇处方手迹

　　近代。长 12.8 cm，宽 7.5 cm。上海中医药大学医史博物馆藏。

　　王仲奇（1881—1945），名金杰，号懒翁。安徽歙县（今安徽黄山）人。近代医生。世医，以治内科杂病及妇科著称。

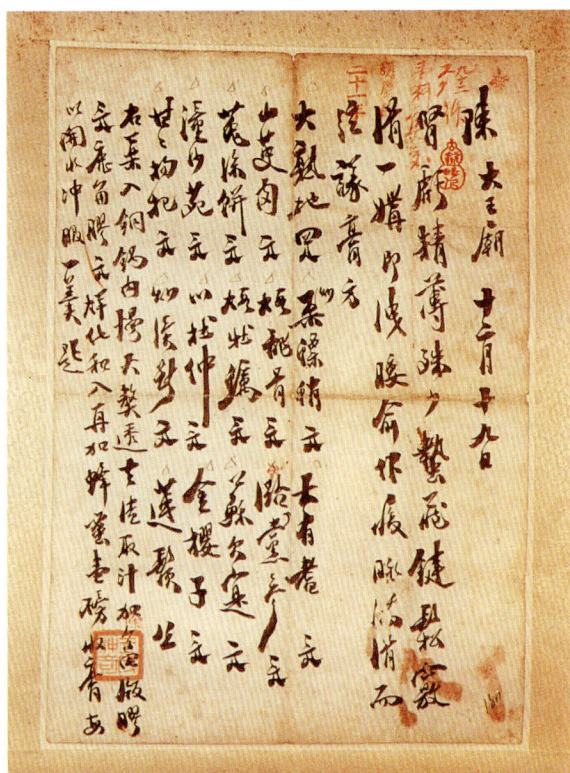

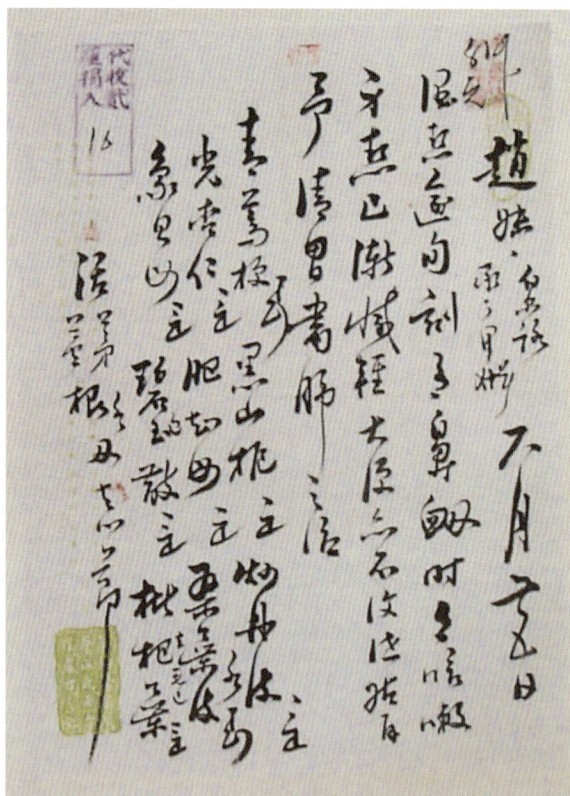

### 063　严苍山处方手迹

近代。长 18.6 cm，宽 26 cm。上海中医药大学医史博物馆藏。

严苍山（1898—1968），名云。浙江宁海人。近现代医生。1932 年被聘为中央国医馆发起人。精通医典，善治急症、重症。此为严氏于 1942 年后在法租界寓中为赵妹所开处方。有白文"宁海医家严苍山氏壬午后处方之记"草绿押记，并印有"门人郑衡若、翁韵竹、佴世英、张利彬、居澹秋、陈云帆侍诊"字样。

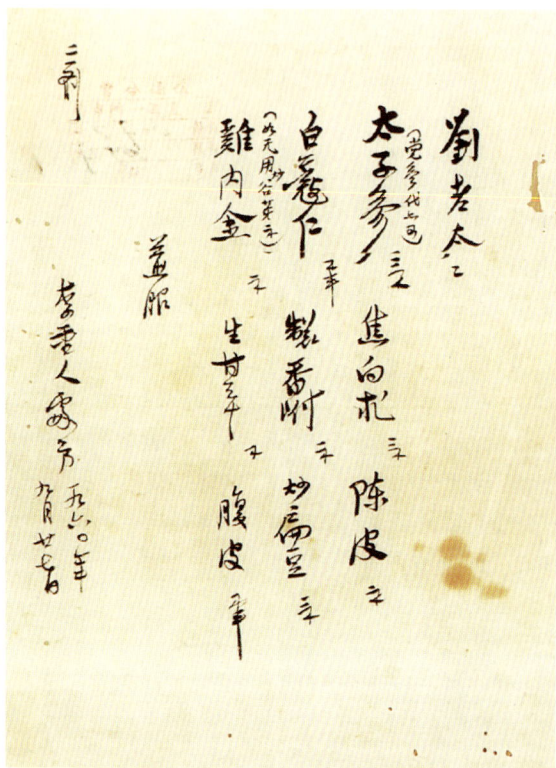

### 064　李重人处方手迹

现代。长 22.2 cm，宽 15.8 cm。成都中医药大学医史博物馆藏。

李重人（1909—1969），四川奉节（今重庆）人。近现代医生。曾在四川万县行医，1955 年后任卫生部教育科副科长与北京中医学院中医系副主任、副教务长等职。于诗词、书画、音乐等领域皆有较高修养。

065 "卢沟桥"木药驮子

现代。中国人民解放军总后勤部卫生部供稿。

此为抗日战争时期白求恩大夫设计的战时行军所用之药驮子，被抗日军民戏称为"卢沟桥"。能装供手术和换药的常用物。

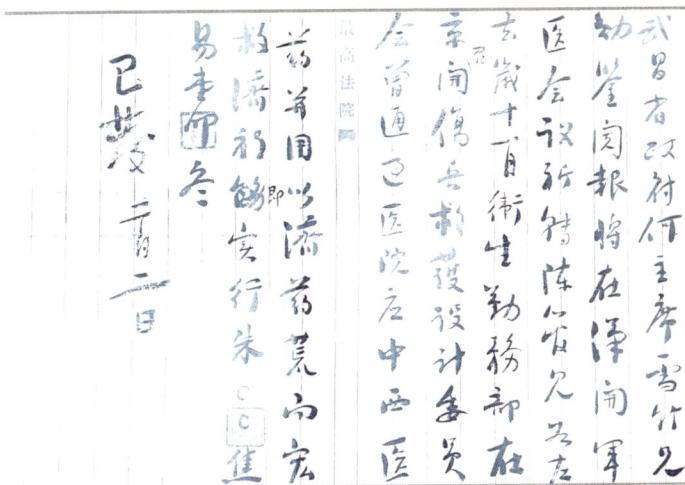

066 国民政府卫生勤务部倡"中西医药并用"文件

民国。中国第二历史档案馆藏。

国民政府卫生勤务部在南京召开伤兵救护设计委员会会议，通过"医院应中西医药并用，以济药荒而宏救济"案。

067　国立药学专科学校首届开学典礼合影

民国。中国药科大学档案室藏。

1936年9月国立药学专科学校（今中国药科大学前身）在南京成立，图为首届开学典礼时合影。

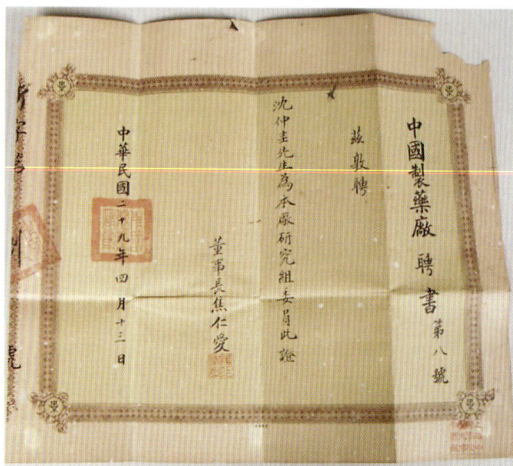

068　中国制药厂聘书

民国。33.6 cm × 30.1 cm。上海中医药大学医史博物馆藏。

此为1940年4月13日中国制药厂聘请沈仲圭为该厂研究组委员的证书。文末有该厂董事长落款及印章，并钤中国制药厂章。沈仲圭（1901—1987），浙江杭州人，早年从王香岩学医，曾任教于上海国医学院，新中国成立后曾工作于中医研究院。

貳

古代药物标本

中国陆上与水下考古现场不时发掘出古代药物实物，其中以矿物药和香料药为主。前者多与中国古代的服石炼丹现象有关，后者则是中国古代通过丝绸之路进行中外医药交流活动的一个反映。此外，还出土有少量的丹药成品与中成药。这些出土药物实物成为当今进行古代方药研究的宝贵资料。

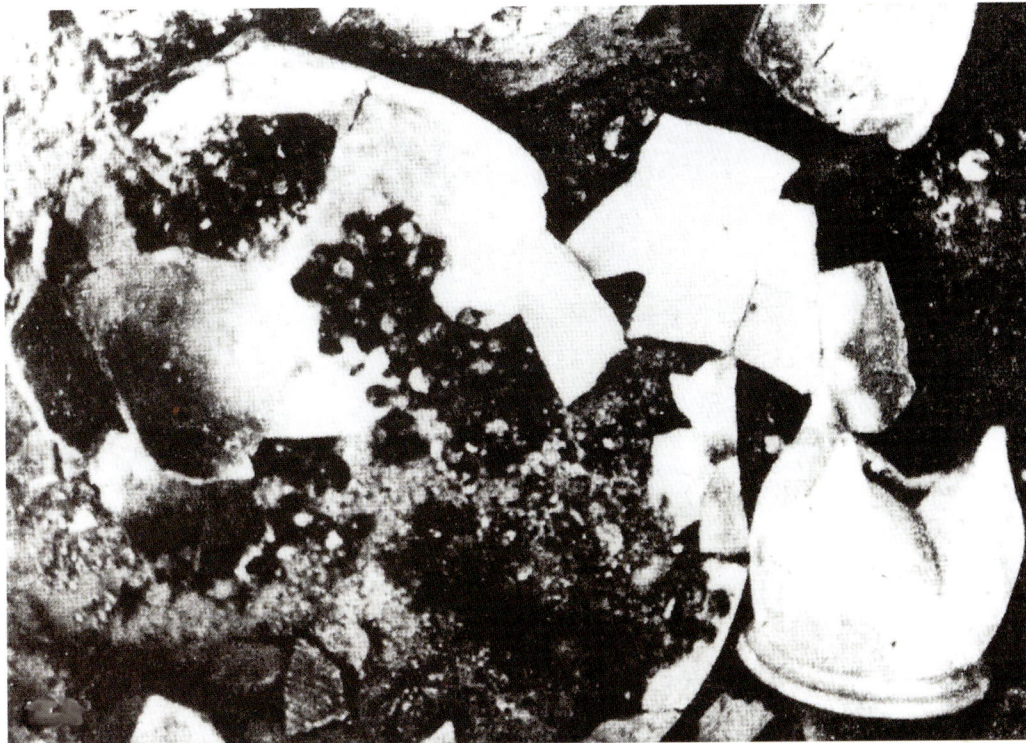

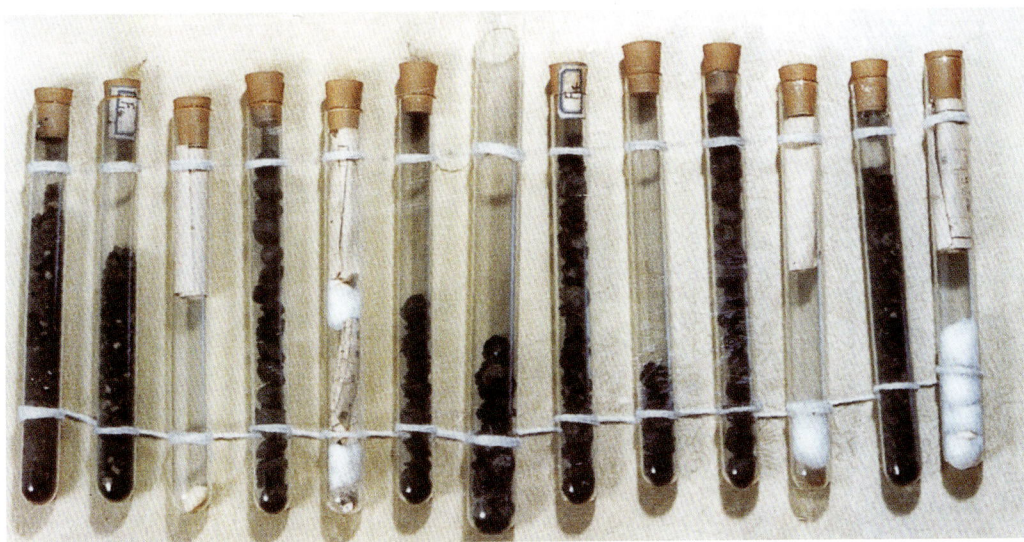

001　商代药材

商。1973 年河北藁城台西村商代第 14 号作坊遗址出土。河北省文物研究所藏。
上图为出土时情景。经鉴定，计有桃仁、郁李仁等药物。下图为商代药材标本。

## 002 西汉药材

西汉。1972年于湖南长沙马王堆一号汉墓出土。北京中医药大学中医药博物馆藏。

墓中女尸棺椁内有大量中草药，这是其中的茅香、佩兰、花椒、桂皮。这些药物对尸体防腐有一定的辅助作用。

## 003 茅香药材

西汉。条状。1973年于湖南长沙马王堆一号汉墓出土。上海中医药大学医史博物馆藏。

共计十余条，表面有轻度风化。

## 004 花椒药材

西汉。粒状。1973年于湖南长沙马王堆一号汉墓出土。上海中医药大学医史博物馆藏。

共计五粒，表面有轻度风化。

**005　桂皮药材**

西汉。小片状。1973 年于湖南长沙马王堆一号汉墓出土。
上海中医药大学医史博物馆藏。

共计五片，表面有轻度风化。

**006　薏苡药材**

东汉。1982 年于陕西韩城东汉墓出土。陕西医史博物馆藏。
图为薏苡实，薏苡仁已朽，仅余灰白色外壳。

**007　薄荷药材**

东汉。1982 年于陕西韩城东
汉墓出土。陕西医史博物馆藏。
薄荷已被切碎。

五色龙齿

大黄

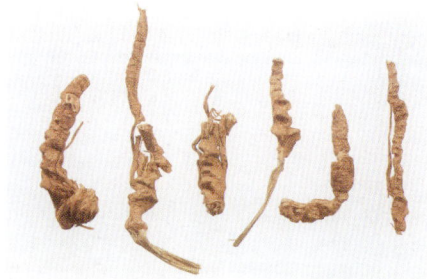

人参

远志

紫铆

桂心

雄黄

008　唐代药材

唐。日本奈良东大寺正仓院藏。

正仓院原是东大寺专门存放宝物的地方。756年日本圣武天皇逝世后，光明皇后将天皇一部分遗物施献给东大寺，存于正仓院。其中中药约60种，多是唐代由中国运往日本的。千余年来，这些药物被完好地保存下来。此为其中五色龙齿、大黄、人参、远志、紫铆、桂心、雄黄七种药物。

中国药学文物图集

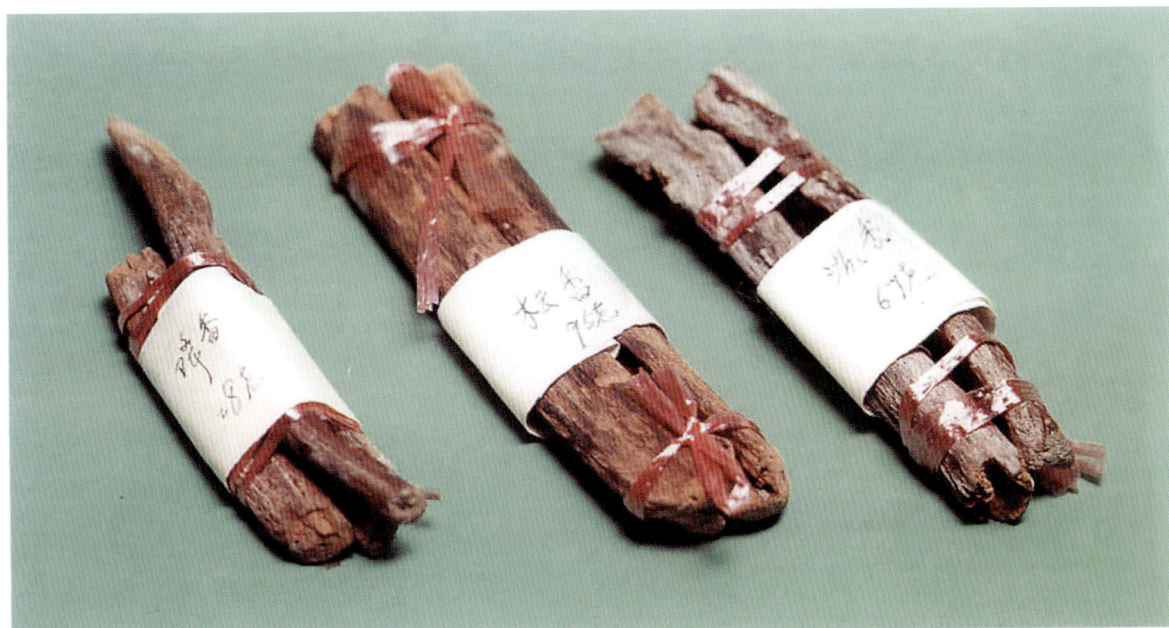

009　宋代药材

宋。1973 年 8 月于福建泉州湾后渚港宋代沉船中出土。北京中医药大学中医药博物馆藏。
从左至右为降香、檀香、沉香。

010　檀香药材

　　宋。段枝状。通长 32 cm，宽 3.9 cm，1973 年 8 月于福建泉州湾后渚港宋代沉船中出土。上海中医药大学医史博物馆藏。

　　此为东南亚所产檀香木枝干，表面有轻度风化。

011　香料

　　宋。粉末状有机物。1973 年 8 月于福建泉州湾后渚港
宋代沉船中发现。上海中医药大学医史博物馆藏。

012　香料

　　宋。颗粒状有机物。1973 年 8 月于福建泉州湾后渚港
宋代沉船中发现。上海中医药大学医史博物馆藏。

013　云母片

　　明·万历。片状。苏州市博物馆捐赠。上海中医药大学
医史博物馆藏。

014 天然木灵芝

清中期。通高 43.5 cm，宽 61.5 cm。故宫博物院藏。

芝盖呈赤褐色，芝阴呈浅黄色，芝朵丰满，为不规则半圆形，形如巨花。后有粗柄。芝屏背面有彭元瑞书的御制《芝屏赋》和一首御制《咏芝屏八韵》诗，文字排列规整、疏密得当。阴刻的字内填有蓝料，以使文字更为清晰。

015 桫椤药材

清。通高 32.8 cm，圆筒状。上海中医药大学医史博物馆藏。

中空，棕褐色，表面花纹清晰、规则、美观，有刀痕。

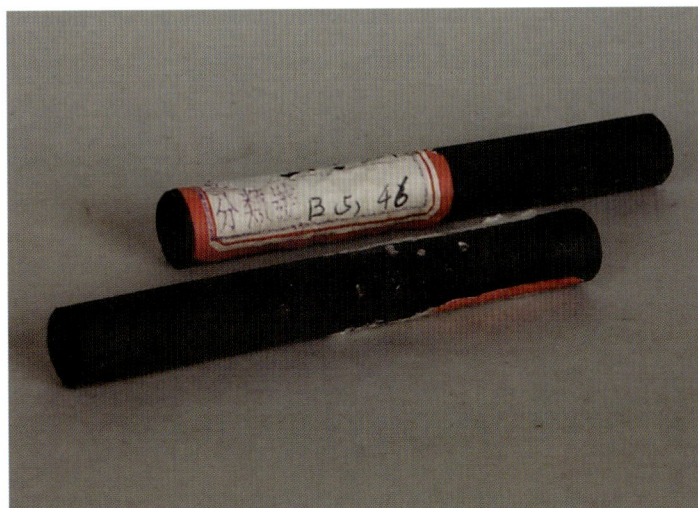

016 八宝药墨

清。8.4 cm × 2 cm × 0.8 cm，方柱形。上海中医药大学医史博物馆藏。

四面皆有字，分别刻"八宝药墨""药印川□""康熙乙酉"等字样。表面一端有水渍和小裂纹。

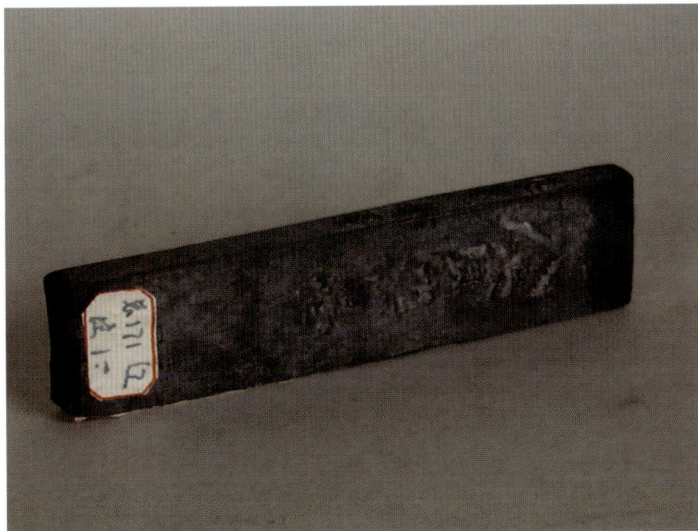

017 虔制药墨

清。通长 7.2 cm，径 1 cm，圆柱形。上海中医药大学医史博物馆藏。

表面刻"徽歙曹德酬孙云崖民监造""虔制药墨"字样，墨头一端刻"素功"两字。

018 天然琥珀

近代。通高 5.2 cm，长 2.3 cm，宽 1.7 cm，重 11 g。广东中医药博物馆藏。

琥珀系松柏树脂的化石，可入药，也可制成饰物。

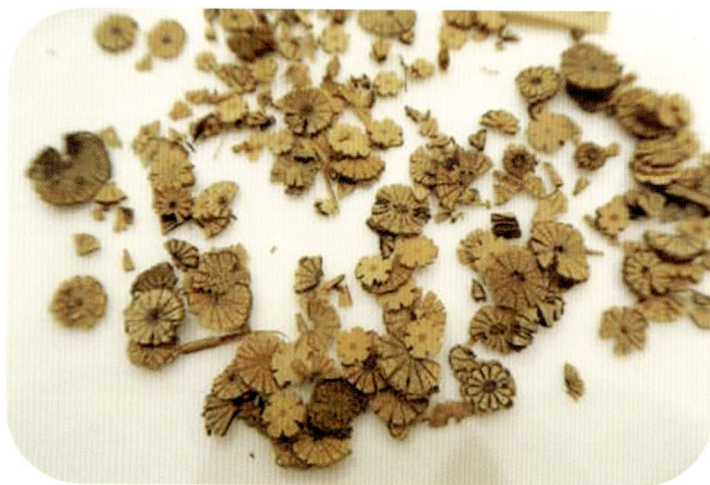

019　清代药材

清。大英博物馆所属伦敦自然历史博物馆藏。

英国斯隆爵士（Hans Sloane，1660—1753）收藏，为原东印度公司收集的中国产常用药材与饮片。存放于抽屉式样本箱或单个木盒。尺寸根据药材的形状有所不同。盒内每个样品都配有一个四位数的特定编码和当年的保管记录。采用法式拼音，如乌药注音为"ujo"、枳实注音为"cjxe"、藿香注音为"ho hian"。用于标注的纸片已经发黄、酥脆，但偶然可见正楷毛笔中文字的标记。下图木通药材（编号9658）经鉴定，为木通科植物木通 *Akebia quinata* (Thunb.) Decne，说明清代中期木通正品为木通科植物，而非导致安全性事件的马兜铃科关木通。

叁

采药制药工具

中药在临床应用之前，需经过若干特定的加工程序，如生药的采集、药材的前处理与炮制等，这些工序均需专门的工具。本篇所收，即这类采药制药工具，包括采药的药铲，切药的药刀，粉碎的药碾，研磨的磨盘、药臼、研钵、乳钵，炮制的药盆、药锅、药釜，以及网筛、药刷、药帚、药钳等，品种齐备，而质地则有玉、石、铜、铁、陶瓷等，较为丰富。

001　采芝玉铲

宋。通高 15.8 cm，宽 5.7 cm，厚 0.8 cm。上海中医药大学医史博物馆藏。

铲端有直径 1 cm的圆孔，下部横削便于铲土。铲体刻有篆文："玉之精，琢而成，三山五岳随我行，采芝采卉得长生。"

002 玉斧

明。通长 10.4 cm，宽 4.5 cm，厚 0.76 cm。重 60 g。广东中医药博物馆藏。
斧身长，刃略呈弧形，斧身刻有云纹，并刻有"子孙宝用""采药具"。

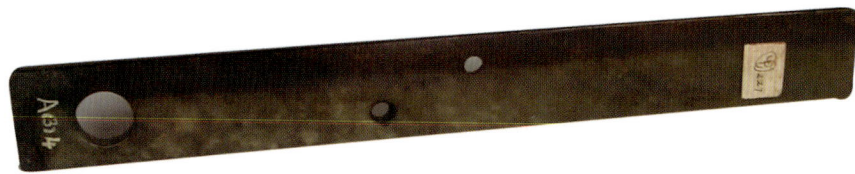

003 玉药铲

清。3.14 cm × 3.95 cm × 0.75 cm。长板形。上海中医药大学医史博物馆藏。
一端有磨制刃口，另一端钻有一大孔，中部钻有两小孔。通身磨制较好。

004　檀香木切药刀

清。长 19.5 cm，宽 6.5 cm。上海中医药大学医史博物馆藏。

切药刀以檀香木制成，有刃，可代替铁、铜制刀具用于切药。檀香木亦是名贵中药材。

005　沉香木切药刀

清。通长 19.4 cm，宽 6.3 cm。上海中医药大学医史博物馆藏。

切药刀用天然沉香木切削而成，此类质地的制药工具可避免药物与制药工具发生化学反应。

**006　铜膏药刀**

近代。长 26.5 cm，宽 3.1 cm。重 15 g。陕西医史博物馆藏。

麻花状把，舌状刀。

**007　铜切药刀**

清。通高 9.6 cm，长 19.2 cm。上海中医药大学医史博物馆藏。

分刀和刀架两部分，刀把木质。

**008　铁药刀**

清。长 24 cm，宽 17 cm。重 700 g。苏州雷允上药店征集。陕西医史博物馆藏。

切药刀带一圆木把，并带一镰刀状铁头。

**009　黄褐釉药碾**

汉。碾槽长 31.8 cm，宽 7.5 cm，高 6.2 cm；碾轮直径 10.5 cm。1973 年中华医学会捐献。首都博物馆藏。

碾槽、碾轮、钺形器三件一套，碾轮可在碾槽中滚动研磨药材，器形与唐代汉白玉药碾相近。专家考证其为医药器具中使用瓷器最早的一例。

**010　玉药碾**

唐。汉白玉。长 26.5 cm，宽 5.5 cm，高 8 cm；碾轮直径 9 cm；圆孔直径 1 cm；弧形槽深 2 cm。1984 年于河北省晋县唐墓出土。河北省晋州市文保所藏。

使用时可在圆孔中插入圆棒。配有插入型碾盖。

011　铁药碾

明。高 23 cm，长 131 cm，宽 25 cm。重 100 kg。陕西医史博物馆藏。

板足上有环状纹，碾槽面两端各有"大吉"及"大利"的铭文。

012　铁药碾

明。高 14 cm，长 78 cm，腹径 17 cm；碾轮直径 30 cm。陕西医史博物馆藏。

一板足残。抗日战争后期至解放战争时期曾为青化砭保健药社所使用。

013　铜药碾船

清。高 8 cm，长 32 cm，槽深 4.8 cm。上海中医药大学医史博物馆藏。

船形，暗黑色，板足。

**014　小铁药碾槽**

清。通高 13 cm，长 44 cm。重 11.8 kg。陕西医史博物馆藏。
船形，带一碾饼。医药器具。

**015　铁药碾槽**

近代。通高 15.5 cm，口径长 70 cm，宽 20 cm。重 2 kg。陕西省延安市征集。陕西医史博物馆藏。
船形，有残。槽身有波浪纹，两足。制药工具。

中国药学文物图集

### 016　青花药碾

清。长 36 cm，宽 8.5 cm，高 11 cm；碾轮直径 17 cm。民间征集。成都中医药大学医史博物馆藏。

船形，造型精美。平口，半圆形腹，八字形对足。口部饰青花回形纹，腹部饰青花人物和缠枝花纹，足部亦绘有青花缠枝纹和回形纹，碾轮中上部位及把手饰有青花缠枝纹。

### 017　瓷药碾

清。通高 9.5 cm，长 32 cm，宽 7 cm。民间征集。成都中医药大学医史博物馆藏。

平口，半圆形腹，饰青花纹饰。

### 018　石湾窑三彩药碾

清。通高 6 cm，长 23 cm，宽 13 cm。邓禹藏。

小船形，上宽下窄成槽形，长方形座，两边各饰蓝、白、绿三彩相间的团花两朵。施粉蓝色釉，胎体厚重，造型古朴，为广东石湾窑制的碾药用器，该型制传世器甚少。

**019　石臼**

　　新石器时代。通高 20 cm，口径 20 cm，底径 16 cm。重 11.2 kg。陕西省澄城县征集。陕西医史博物馆藏。

　　上圆下方，完整无损。制药工具。

**020　石质研磨盘**

　　新石器时代晚期。长 15 cm，宽 11 cm。西藏拉萨曲贡遗址出土。西藏博物馆藏。

**021　玉臼、玉杵**

　　商。臼高 23.2 cm，口径 29.5 cm，孔径 16 cm，深 13 cm，壁厚 8 cm；杵长 28 cm。1976 年于河南安阳殷墟妇好墓出土。河南安阳殷墟博物馆藏。

　　臼孔周壁有朱红色，鉴定为朱砂残迹。杵为棕色，圆柱形，有使用痕迹。当为研药器具。朱砂既可作颜料，亦可作药物。

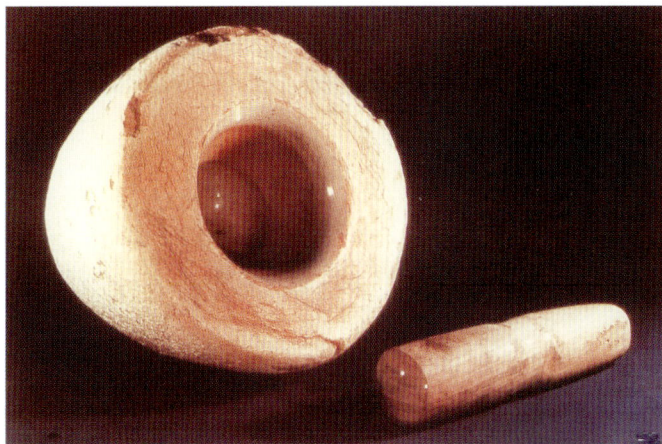

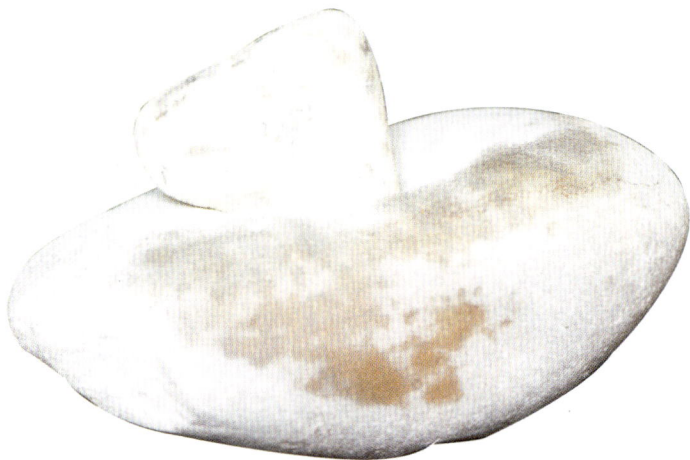

022 石药臼

西汉。通高 11 cm，长 27 cm。陕西西安十里铺新石器遗址出土。陕西医史博物馆藏。

不规则扁圆形，带天然石杵一件。

023 铁药臼（附杆）

西汉。通高 18 cm，口外径 14.8 cm。陕西户县西汉遗址出土。陕西医史博物馆藏。

圆口，鼓腹，两耳（一残），方足。腹有两道线纹。

024 铜药臼（附杆）

西汉。臼高 14.4 cm，口径 9.5 cm，腹围 42 cm；杆长 30.8 cm，头径 3.3 cm。20 世纪 70 年代初于陕西咸阳北杜出土。陕西医史博物馆藏。

臼腰有带状纹饰，杆上中部有带状纹。器物完整精致。

## 025 铜药臼（附杵）

西汉。臼高 13.6 cm，口径 15 cm，口厚 5.7 cm，底径 11 cm；杵长 36 cm，一端直径 3.6 cm，另一端直径 2.4 cm。臼重 5.2 kg，杵重 2.25 kg。山东巨野出土。山东省巨野县文化馆藏。

臼为圆筒形，方唇，腹下部渐收平底，底缘外折呈假圈足状，腹上部有凸棱一圈，口沿一侧铭刻"重廿一斤"四字。杵龟裂变形，棒状，中刻铭文"重八斤一两"五字。

## 026 铜臼、铜铁杵

西汉。带环铜臼高 13.5 cm，口径 12.4 cm，底径 10 cm；素壁铜臼高 12 cm，口径 11.5 cm，底径 10 cm；铜杵长 35.5 cm，大端直径 3.2 cm，小端直径 2.6 cm；铁杵长 35 cm，大端直径 3.7 cm，小端直径 2.2 cm。广州西汉南越王墓出土。广州西汉南越王墓博物馆藏。

**027 铜药臼**

西汉。通高 11 cm，腹径 11 cm，口径 9.9 cm。1988 年于四川成都天回镇大湾汉墓出土。成都中医药大学医史博物馆藏。

侈口鼓腹，复盘型假圈足，腹部饰凸纹三道，并有兽头形铺首两个，左右对称。紫红色，外形厚重拙朴。

**028 铁药臼（附杆）**

汉。高 9.5 cm。成都市考古队征集。成都中医药大学医史博物馆藏。

直口束颈，腹微鼓，中部有两根凸旋纹，环绕一周，其上有两个铺首纹，饼形足。器物造型端庄，线条简捷流畅，色泽沉稳，是件珍贵的药用文物和艺术精品。

**029 铁药臼（附杆）**

晋。臼高 23.5 cm，口径 10 cm，腹围 45 cm；杆长 30 cm，直径 3 cm。1989 年陕西澄城善化采集。陕西医史博物馆藏。

鼓腹，蹼足。腹有三道环纹。

**030 陶研钵**

汉。高 8.5 cm，口径 21 cm，底径 11 cm。上海中医药大学医史博物馆藏。

厚重，胎体坚硬。可用于研磨药物。

**031 瓷研钵**

晋。通高 4.1 cm，口外径 11.4 cm，底径 7.6 cm，腹径 13.1 cm，腹深 3.4 cm。重 308 g。广东中医药博物馆藏。

带玉杵。用于研细药物。

**032 点釉研钵**

唐。通高 8.12 cm，口径 12.7 cm，腹径 15.1 cm，足径 6.6 cm。陕西咸阳出土。陕西医史博物馆藏。

通体白胎，只在外肩饰黑釉数点，简洁明快。

采药制药工具

063

033  龙泉窑乳钵

宋。高 5 cm，口径 12.5 cm，底径 5 cm。上海中医药大学医史博物馆藏。

整器外施以绿釉，带流。

034  青瓷研钵（附杵）

宋。高 6.5 cm，口径 20 cm。广东中医药博物馆藏。

035  龙泉研钵

宋。通高 6.5 cm，口外径 16.7 cm，底径 5.27 cm，腹深 5.5 cm。重 545 g。广东中医药博物馆藏。

白胎，钵口及钵背面饰有瓜裂纹。用于研碎药物。

中国药学文物图集

036　瓷研钵

　　宋。通高 14 cm，口径 8 cm，底径 6 cm。上海中医药大学医史博物馆藏。

037　瓷研钵

　　宋。通高 7 cm，口径 14.5 cm，底径 6.5 cm。上海中医药大学医史博物馆藏。

　　外层涂以薄层炒米黄色釉，腰以下露出灰白色胎体，腹内划有不规则线槽，便于研药。

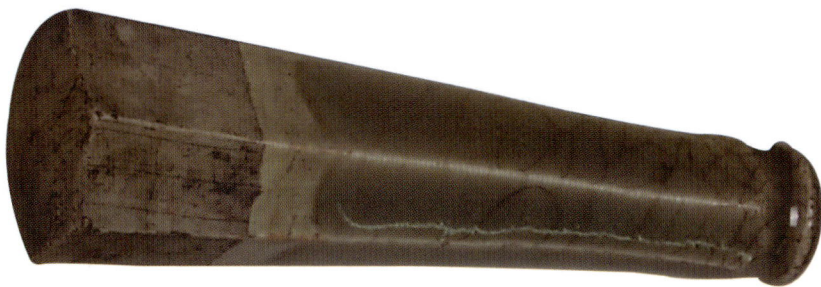

038　青瓷研杵

　　宋。通长 12.2 cm，杵径 3.45 cm。上海中医药大学医史博物馆藏。

　　为龙泉窑瓷杵，呈不规则六棱柱形，下粗上细收窄为圆形纽。杵头无釉，有使用痕迹。杵柄施灰绿釉，有开片。制药工具。

039　黑釉瓷研钵

元。口径 18 cm，通高 6 cm，底径 9.6 cm。重 700 g。陕西省咸阳市秦都区征集。陕西医史博物馆藏。
敞口，扁腹，圈足，钵内及底无釉。制药器具。

040　带流瓷药钵

元。通高 7.1 cm，口外径 14.3 cm，口内径 12.7 cm。上海中医药大学医史博物馆藏。
碗形，口沿下伸出一流，内外旋纹明显，底无款识，工艺较粗糙。外层施黄绿釉，施釉不匀，圈足和底均
无釉。

041　龙泉窑擂钵

明。通高 5.28 cm，口外径 14.9 cm，底径 8.9 cm，深 5.3 cm。重 397.5 g。广东中医药博物馆藏。
用于研细药物。

042　龙泉窑擂钵（附杵）

明。擂钵高 8.23 cm，口外径 15.26 cm，底径 5.05 cm，深 5.5 cm；杵长 13.9 cm，直径 2.14 cm。擂钵重 535 g，
杵重 120 g。广东中医药博物馆藏。
用于研细药物。

**043　青花研钵**

明。通高 8.1 cm，腹径 14.45 cm，底径 8.4 cm，口外径 13.35 cm，口内径 12.1 cm。上海中医药大学医史博物馆藏。

钵内旋纹明显，有使用痕迹。钵表面绘人物故事图，钵底无款识。钵内面及底均无釉。制药工具。

**044　陈实功研钵**

明。南通博物馆藏。

陈实功（1555—1636），字毓仁，号若虚。江苏南通人。明代医学家。著有《外科正宗》。此为陈氏制药之研钵。

045　铜药臼

明。通高 14 cm，口径 10 cm。上海中医药大学医史博物馆藏。

自口沿起至底足有三条直线，分开阳纹画面三幅：一为篆书长寿字；二为自山崖横出的黄耆；三为莲花。

046　船形玉药臼杵

清。通高 7.5 cm，长 18.5 cm，宽 11 cm。杵长 10 cm。新疆维吾尔自治区莎车县征集。北京中医药大学中医药博物馆藏。

此玉药臼杵是新疆莎车县维吾尔医院维医依明·阿吉木家传研药用具。外形像小船，臼内呈枣核状、圆弧形。

047 木药臼（附杵）

清。通高 17.3 cm，腹径 12.7 cm；杵长 24.5 cm，杵头直径 5 cm。上海中医药大学医史博物馆藏。
外部为木原色，旋制，外表和底均有旋纹。使用磨损较多，下部已开裂。带杵。

**048　圆木盘**

清。通高 11.1 cm， 外径 34.9 cm。上海中医药大学医史博物馆藏。

系槁桃木制成，平底座，直口。选料上乘，制作精美。有使用痕迹，为制药工具。

**049　木砧盘**

清。通高 6.3 cm，砧面直径 4.5 cm，外径 28 cm。上海中医药大学医史博物馆藏。

系槁桃木制成，平底直口，盘中央凸起一砧，砧面镶铜板。选料上乘，制作精美。有使用痕迹，为制药工具。

050 矾红色龙纹瓷擂钵（附杵）

清。口外径 16.18 cm，底径 9.07 cm，深 6.4 cm；杵长 12.06 cm。擂钵重 710 g，杵重 98 g。广东中医药博物馆藏。

用于加工药物。

051　青花擂钵（附杵）

　　清。擂钵口外径 17.38 cm，底径 9.48 cm，深 5.75 cm；杵长 14.3 cm。擂钵重 460 g，杵重 115 g。广东中医药博物馆藏。

　　用于加工药物。

052　青花擂钵（附杵）

　　清。擂钵通高 5.2 cm，口外径 12.6 cm，底径 7.11 cm，深 3.8 cm；杵长 9.36 cm。擂钵重 345 g，杵重 47.5 g。广东中医药博物馆藏。

　　用于捣碎研细药物。

**053 黑釉擂钵（附杵）**

清。擂钵通高 7.5 cm，口外径 18.3 cm，底径 9 cm，深 7.1 cm。擂钵重 750 g，杵重 68 g。广东中医药博物馆藏。

白色杵头，木质杵柄。用于加工药物。

**054 仿哥窑大擂钵（附杵）**

清。擂钵口外径 24 cm，底径 13.5 cm，深 9.5 cm；杵长 21 cm。擂钵重 2 200 g，杵重 510 g。广东中医药博物馆藏。

用于加工药物。

**055 石研钵（附杵）**

清。通高 9.8 cm，口外径 18.5 cm，口内径 13.5 cm，底径 12 cm；杵长 12.5 cm，杵径 5 cm。上海中医药大学医史博物馆藏。

碗状，上口有残缺。制药工具。此类石质研钵可以使某些药材在研制时不与铜铁等金属材料接触，以免发生化学反应。

中国药学文物图集

**056　青花研钵（附杆）**

清。通高 13 cm，底径 5 cm，杆长 18 cm。上海中医药大学医史博物馆藏。
钵身绘团鹤纹。

**057　青花研钵（附杆）**

清。通高 4 cm，口径 8.5 cm，底径 4.5 cm。上海中医药大学医史博物馆藏。

**058　青花瓷研钵**

清。通高 9.5 cm，口径 26 cm，底径 14 cm。重 1 300 g。陕西医史博物馆藏。
侈口，斜腹，平底，青花缠枝纹。研药工具。

**059　瓷研钵（附杵）**

清。通高 8 cm，口径 13 cm，底径 4 cm。重 350 g。陕西省汉中市征集。陕西医史博物馆藏。
弇口，斜腹，平底，小兰花图。带一杵。研药工具。

**060　青花瓷研钵（附杆）**

清。通高 18 cm，口径 27.5 cm，底径 12.5 cm。重 3 650 g。三级文物。江苏扬州征集。陕西医史博物馆藏。
直口斜腹，圈足，口沿处一圈云纹，腹为缠枝纹。带一杆。研药工具。

**061　青花研钵**

清。通高 4 cm，底径 5.8 cm，口外径 10.95 cm。上海中医药大学医史博物馆藏。
平底敞口，绘青花缠枝纹，底无釉无款。制药工具。

062　瓷研钵（附杵）

　　清。通高 7.6 cm，口径 18.7 cm。上海中医药大学医史博物馆藏。

　　粗瓷制成，质料重实便于研磨。口沿内侧及钵外上半部施黄绿釉，足及底无釉；杵柄上半部亦施釉。制药工具。

**063　白釉研钵（附杵）**

　　清。通高 8.9 cm，口外径 24.6 cm，口内径 21 cm。上海中医药大学医史博物馆藏。

　　平底敞口，一端有流，嘴略弯曲，肩部有两系四孔，底无款，配瓷杵。壶内面露土褐色胎，通身施白釉，钵口外侧一处标青花字母"CY"组成图案。制药工具。

**064　白釉研钵（附杵）**

　　清。口外径 22.6 cm，底径 13.8 cm，深 6.2 cm；杵长 16.64 cm。擂钵重 955 g，杵重 27 g。广东中医药博物馆藏。

　　木质杵柄。用于加工药物。

065 玛瑙研钵及杵

清。通高 4.5 cm，口径 10 cm；杵长 7 cm，最大直径 3.5 cm。上海中医药大学医史博物馆藏。

玛瑙质地坚硬，制成钵、杵，可用于研细一些较坚硬的药材。

066 象牙研钵

清。通高 6.5 cm，口径 8 cm。上海中医药大学医史博物馆藏。

某些药材不宜同铁、铜接触，用此研磨。

067 青花乳钵

清。通高 7.5 cm。四川省文物商店征集。成都中医药大学医史博物馆藏。

圆口，平底，腹内收，饰青花枝叶纹。

中国药学文物图集

**068　青花药臼（附杵）**

　　清。通高 6 cm，口径 8 cm，杵长 11 cm。民间征集。成都中医药大学医史博物馆藏。
圆口，直腹，下部内收，平底，施青花枝叶纹装饰。

**069　青花药臼（附杵）**

　　清。通高 7 cm，口径 17.5 cm，杵长 17 cm。民间征集。成都中医药大学医史博物馆藏。
圆口，腹内收，平底，腹部有青花缠枝纹饰。

**070　青花药臼**

　　清。通高 5 cm，口径 14 cm。民间征集。成都中医药大学医史博物馆藏。
圆口，腹稍内收，平底，外壁有青花缠枝纹饰。

　**071　青花药臼**

　　清。通高 7 cm，口径 21 cm。民间征集。成都中医药大学医史博物馆藏。
圆口，斜直腹，平底，外壁有青花缠枝纹饰。

072　研药机

　　清。瓷、木组合。通高 108 cm；瓷研钵口径 40 cm，高 12.2 cm；研杵长 17 cm。三级文物。江苏省扬州市同松堂药店征集。陕西医史博物馆藏。

　　研钵固定于一柜形本架上，并装有木制齿轮传动装置，使研药省力、方便。研钵完整，木支架稍残。

073 铁药臼（附杵）

清。通高 20.7 cm，口径 16.3 cm，底径 16.8 cm。民间征集。成都中医药大学医史博物馆藏。

鼓腹，圈足形底，肩部及下腹部饰旋纹，腹中部有"光绪二十一年三月十五日"铭及花草纹饰。

074 铜药臼（附杵）

清。通高 10.4 cm，口径 9.2 cm，底径 6 cm。重 1.3 kg。陕西医史博物馆藏。

敞口，直腹，平底，带一铜杵。完整无损。

075 铜药臼（附杵）

清。通高 8.5 cm，口径 9.5 cm，底径 8 cm；杵长 9 cm。民间征集。成都中医药大学医史博物馆藏。

敞口，直腹，饼形足。杵中部有节与臼相印合。

076　铜药臼（附杵）

　　清。通高 11.5 cm，口径 9.5 cm，底径 11 cm。
重 5 kg。陕西医史博物馆藏。
　　平口沿，鼓腹，倒喇叭座，腹有两道弦纹，带一
铜杵。完整无损。

077　铜药臼（附杵）

　　清。通高 15 cm，底径 6 cm，腹径 23 cm。上海中
医药大学医史博物馆藏。

078　石研钵（附杵）

　　近现代。通高 4 cm，口径 10.7 cm，底径
4.9 cm；杵长 7.7 cm。上海中医药大学医史博
物馆藏。
　　由赭红色天然石料加工制成，外呈八角
形，内呈圆钵形，通体磨光，配圆柱形杵。制
作精细，造型美观。制药工具。

079 青釉乳钵

民国。通高 10 cm，口径 22 cm。民间征集。成都中医药大学医史博物馆藏。

圆口，平底，腹稍内收。器物表面有青色釉，釉上有冰裂纹。

080 木臼（附杵）

民国。通高 14 cm，口径 12 cm；杵长 17 cm，杵端径 6 cm。成都中医药大学医史博物馆藏。

圆口，直腹，圈足。杵为棒锤形，尾端成球状，柄上绘刻线纹，有一对穿孔，为系绳之用。在药物加工中常使用木杵臼，与"药物不犯铜铁器"的说法有关。保存完好。

081 铜药臼（附杵）

近代。通高 6 cm，口径 6 cm，底径 4.8 cm。重 400 g。陕西医史博物馆藏。

直口，鼓腹，平底，中腹有凸棱。带一杵。完整无损。

082　卵石药杵

　　清。长 13.3 cm，底径 4 cm。民间传世品。成都中医药大学医史博物馆藏。

　　已经流传使用三世，呈黑褐色。

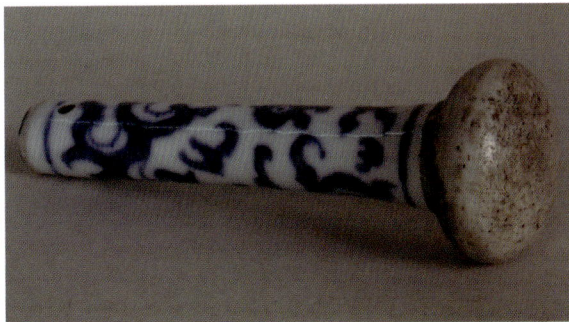

083　青瓷研杵

　　清。通长 11.2 cm，杵头径 3.7 cm，杵柄径 1.6 cm。上海中医药大学医史博物馆藏。

　　青花云龙图案。制药工具。

084　铜药锤

　　清。长 2.8 cm。重 500 g。哑铃状。陕西医史博物馆藏。

　　一端稍大呈椭圆形，一端半球形作捣物用，底面平整。完整无损。

085　木锤

　　清。通长 28.2 cm，锤头径 3.9 cm。上海中医药大学医史博物馆藏。

　　槁桃木质，锤头两端镶黄铜片，有使用痕迹。做工考究，造型美观，保存完好。制药工具。

086 药物过滤网

清。通长 15.6 cm，宽 10.5 cm。上海中医药大学医史博物馆藏。

竹柄，棉纱网，铁丝圈。柄部书"春生堂"字样。制药工具。保存基本完好。

087 竹质医用细筛

清。通高 17 cm，筛筒粗 8.6 cm。圆筒形。上海中医药大学医史博物馆藏。

用竹筒制成，分三节，下部用于盛过筛药末，中部为内置细目铜筛网的筛体，上部为盖，结构简单实用。

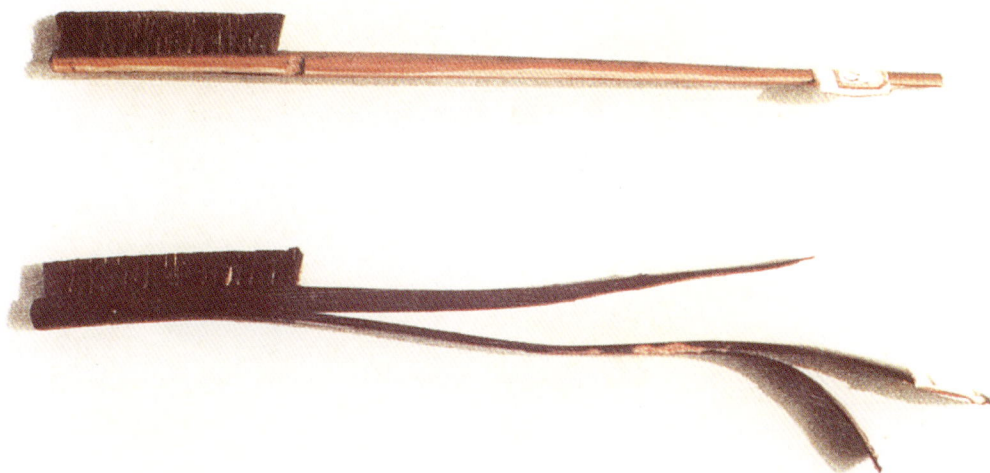

088  猪鬃穿牛角柄药刷

明。长 14.8 cm。江苏省江阴市夏颧墓出土。江阴市博物馆藏。
制药辅助工具。

089  药帚

近现代。4.95 cm × 9.8 cm。上海中医药大学医史博物馆藏。
帚柄为椭圆柱形角制，帚刷毛为黑色鬃毛。

090 "医工"铜盆

西汉。通高 8.3 cm，口径 27.6 cm，底径 14 cm。1968 年于河北满城中山靖王刘胜墓出土。河北省文物研究所藏。

此盆口沿两处、器壁一处均刻有"医工"两字，前者镌刻工整。口沿和底部有修补痕迹。应为制药工具。

091 铜药釜

西汉。通高 13 cm，口径 21.7 cm，底径 13 cm，腹围 67 cm。20 世纪 70 年代初于陕西省咸阳市北杜出土。陕西医史博物馆藏。

口微侈，腹有带状纹饰，两侧有兽面耳及提环。

092　铜膏药锅

明。通高 25 cm，直径 48.5 cm。陕西医史博物馆藏。
口沿上卷，折腹，半圆，底边上有浮雕图案。完整无损。

093　金铲银锅

清。金铲长 29 cm，铲宽 7 cm；银锅直径 29 cm，高 9 cm。金铲重 133 g，银锅重 1 835 g。杭州胡庆余堂中药博物馆藏。

金银质地高贵，性质稳定，加工炮制时不易发生化学反应，故历代太医院御药房及上层社会皆追求以金银制作药具。胡庆余堂加工"局方紫雪丹"，为确保其功能，专门制备金铲银锅。

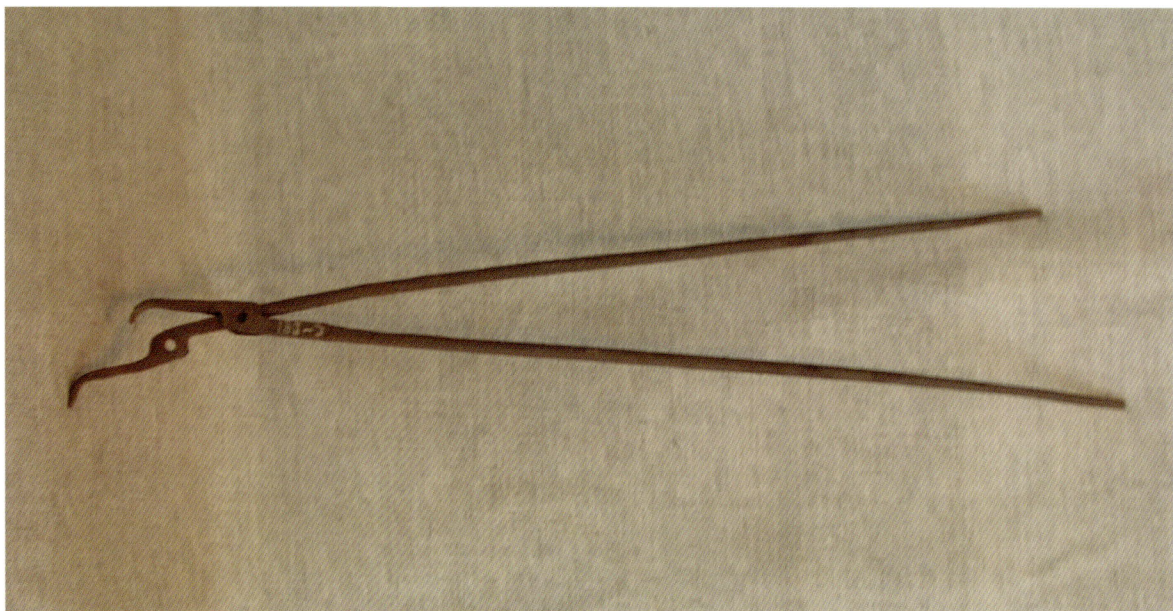

**094 铁药钳**

清。长 86 cm，宽 3.5 cm。重 1 400 g。陕西省三原县征集。陕西医史博物馆藏。长柄。完整无损。

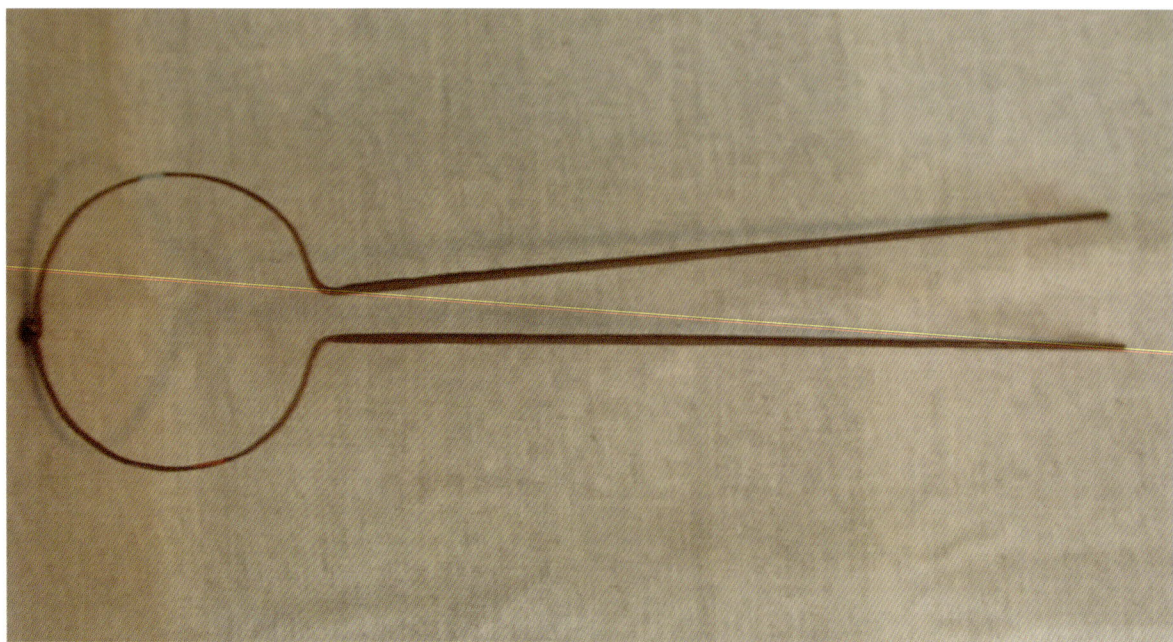

**095 铁锻药钳**

清。长 100 cm，宽 24.5 cm。重 1 050 g。陕西省三原县征集。陕西医史博物馆藏。头为圆环形，把较长。完整无损。

肆

盛药贮药器具

盛放贮存中药的器具，是广为应用的大宗药用器具，它们形制多样，尺寸各异，因之有药瓮、药瓿、药缸、药坛、药罐、药盒、药瓶等名称之别，质地也有玉、石、金、银、陶瓷、竹木以至玻璃等，丰富多彩。这些器具，既有考古发掘时之发现，如长沙马王堆汉墓、广州南越王墓、西安何家村唐代窖藏、江阴明代夏颧墓等均有出土，也有数量可观的传世品。明清以来药铺专门烧制的药坛、药瓶等常有款识，有时药铺也借用日用瓷坛等生活品。

001　陶瓮

战国。通高 39 cm，口径 19.5 cm，底径 15.8 cm。李澄坚藏。

泥质灰陶，胎质坚硬。用于盛药。

002　药瓿

　　西汉。通高 23.1 cm，口径 10 cm，腹径 22.4 cm，底径 15.3 cm，盖高 2.8 cm，盖径 11.8 cm。广州西汉南越王墓西耳室出土。广州西汉南越王博物馆藏。

　　同型陶瓿共三件，其中两件盛有药物，分别装有药丸 184 粒、229 粒。《史记·南越列传》记墓主 (赵昧) 多病，"后十余岁，胡实病甚，太子婴齐请归"。同室与医药有关的文物还有羚羊角、药材一堆 (地面) 以及五色药石、铜铁杵臼等。

003　瓷坛

　　宋。通高 15.3 cm，口外径 8.2 cm，底径 10.2 cm，腹径 18 cm，腹深 14.8 cm。重 1.35 kg。广东中医药博物馆藏。

　　大口，口唇外侈，鼓腹，圈足。用于盛药。

中国药学文物图集

004　青花药坛

明·成化。通高 11.4 cm，腹径 9.85 cm，口径 4.85 cm。盂形。上海中医药大学医史博物馆藏。
直口略翻沿，圈足，平底。青花釉，绘花草图案，底有"大明成化年制"款识。工艺较好。保存基本完好。

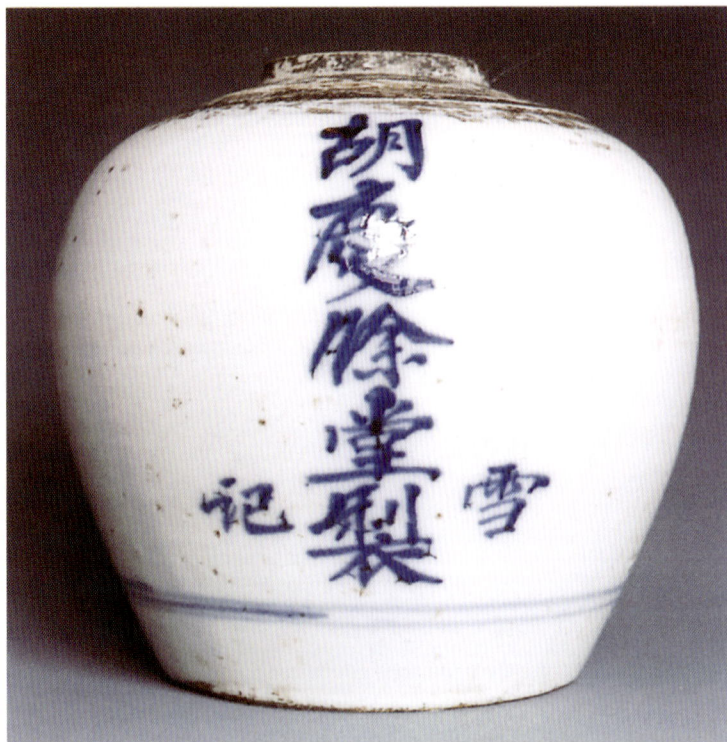

005　　"胡庆余堂"药坛

　　清。通高 12 cm，口径 3 cm，腹径 15 cm。上海中医药大学医史博物馆藏。

006　　五彩人物瓷药坛

　　清。通高 19 cm，口径 9.5 cm，腹径 23 cm。成都中医药大学医史博物馆藏。

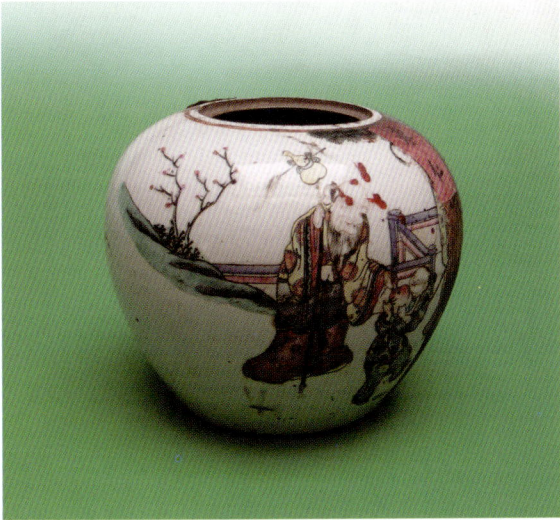

盛药贮药器具

007 瓷药坛

清。通高 19 cm，口径 9.5 cm，腹径 23 cm。民间征集。成都中医药大学医史博物馆藏。
敛口，鼓腹，平底，饰五彩人物图案。保存完整。

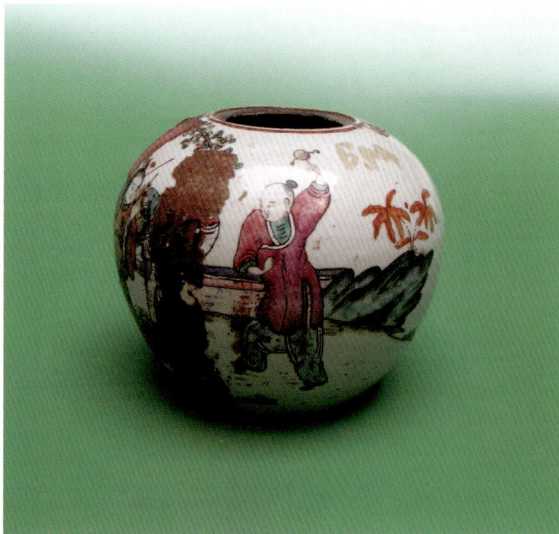

**008　瓷药坛**

清。通高 19 cm，口径 9.5 cm，腹径 23 cm。民间征集。成都中医药大学医史博物馆藏。

敛口，鼓腹，平底，盖已失。红胎白釉，绘五彩人物图案，人物活泼生动，色泽鲜艳而层次分明。坛上有纸贴标签，书有"调气散""苏菀"等字，应为盛装药物用品，此形制在川西中药房中十分常见。

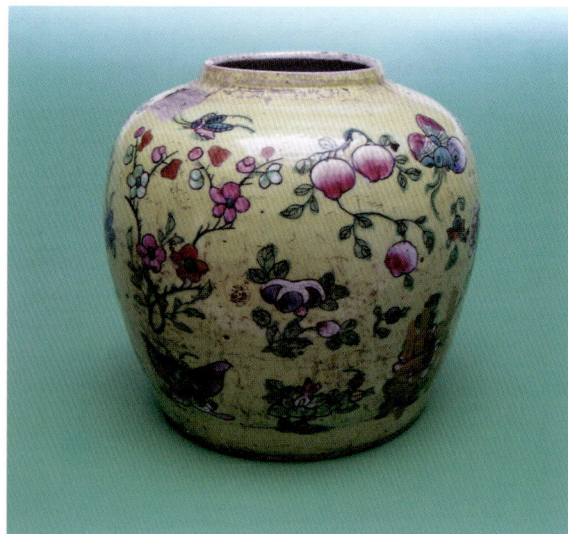

**009　瓷药坛**

清。通高 16 cm，口径 9.5 cm，底径 17 cm。民间征集。成都中医药大学医史博物馆藏。

直口，鼓肩，直腹，平底。施黄釉，饰粉彩桃叶纹饰，图案简洁，色彩艳丽而明快。器形端庄，保存较好。

**010　青花药坛**

清。通高 21 cm，口径 19 cm，底径 17.5 cm。民间征集。成都中医药大学医史博物馆藏。

直口，鼓腹，平底。饰青花山水纹饰。保存完好。

**011　青花人物药坛**

清。通高 21 cm，腹径 26 cm。成都中医药大学医史博物馆藏。

敛口，圆唇，丰肩，平底。白底青花，图案佳美。以盛放易潮湿的种子类药材为主。

012　青花加彩大药坛

　　清。通高 57 cm，口径 23 cm，底径 27 cm。上海中医药大学医史博物馆藏。

013　青花小瓷药坛

　　清。通高 6.2 cm，腹径 5 cm，口径 4.1 cm。南京中医药大学江苏省中医药博物馆藏。

　　有"醒消丸"标贴。

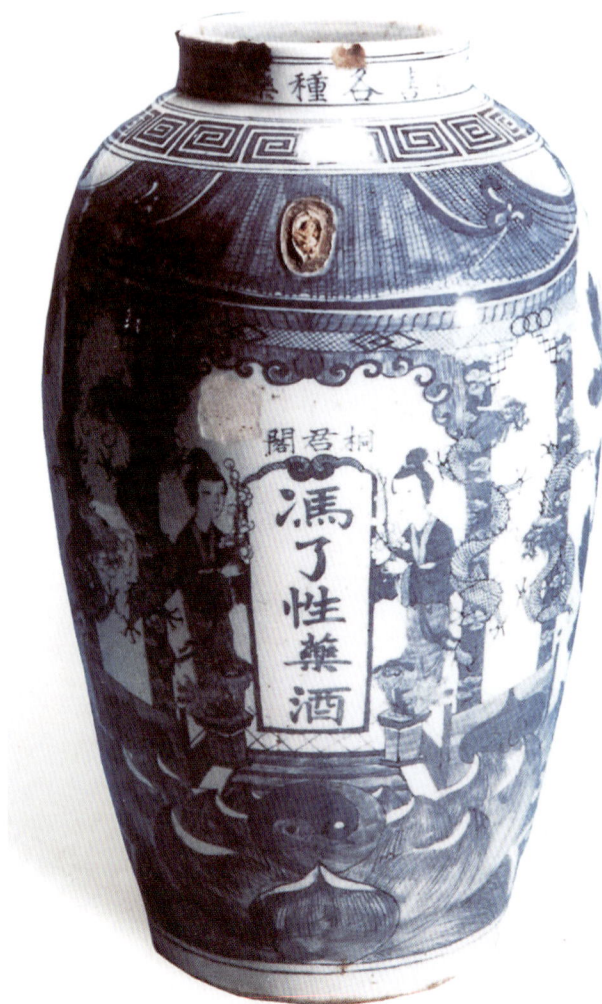

014　桐君阁药厂药酒坛

　　清末民初。通高 63 cm，口径 19.7 cm。成都中医药大学医史博物馆藏。

　　重庆桐君阁药厂建于 1908 年，是当时在全国有较大影响的中药厂家。此药酒坛直口，半肩，腹下渐收，平底，体型硕大。厂名、药酒名完整。

中国药学文物图集

**015　"孙介福堂"瓷药坛**

　　清末民初。通高 13 cm，腹径 11.2 cm，口径 4 cm。南京中医药大学江苏省中医药博物馆藏。

　　有"通州城内西街孙介福堂处制"字样。

**016　"张鹤年"瓷药坛**

　　清。通高 21 cm，腹径 20 cm，口径 9 cm。南京中医药大学江苏省中医药博物馆藏。

　　有"张鹤年"等字样。

**017　"蔡同德堂"瓷药坛**

　　清。通高 4.9 cm，腹径 4.4 cm，口径 3 cm。南京中医药大学江苏省中医药博物馆藏。

　　有"上海蔡同德堂""神效癣药"字样。

018  "念祖监制"瓷药坛

　　清。通高 8.6 cm，腹径 10 cm，口径 3.8 cm。南京中医药大学江苏省中医药博物馆藏。
　　有"姑苏益寿念祖监制"字样。

019  "万承志堂"瓷药坛

　　清末民初。通高 10 cm，腹径 9.4 cm，口径 3 cm。南京中医药大学江苏省中医药博物馆藏。
　　有"浙省万承志堂开张"等字样。

020  "不二价"款瓷药坛

　　清。通高 11 cm，腹径 11.2 cm，口径 3.5 cm。南京中医药大学江苏省中医药博物馆藏。
　　有"不二价"字样。

盛药贮药器具

021 青花药坛

民国。通高 20 cm，底径 17 cm。民间征集。成都中医药大学医史博物馆藏。

平底，腹中上部饰青花缠枝纹，底部饰青花回纹。保存完好。

中国药学文物图集

**022　瓷药缸**

清。通高 9 cm，口径 6.5 cm。民间征集。成都中医药大学医史博物馆藏。

器身呈圆筒状，深盘形盖，饰五彩人物图案。

**023　瓷药缸**

清。通高 12 cm，口径 10.5 cm。民间征集。成都中医药大学医史博物馆藏。

整器呈圆鼓形，盖与器身由子母口衔接，鼓腹，平底，饰五彩人物和树枝纹。

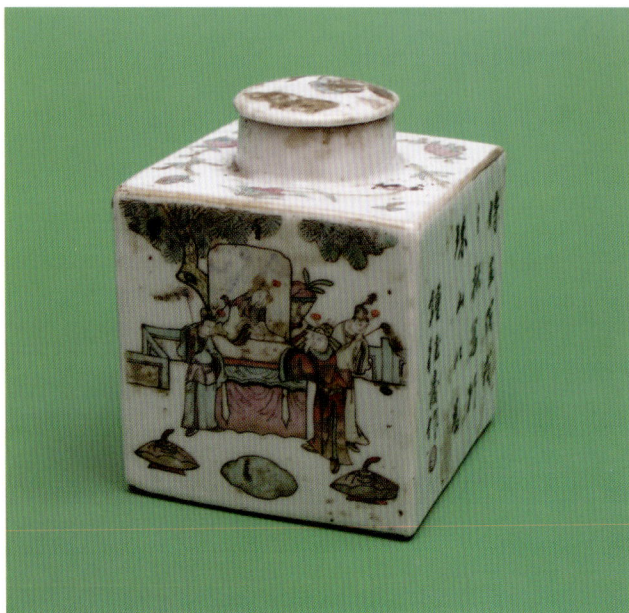

**024　瓷药缸**

清。通高 12 cm，宽 9 cm，口径 4.5 cm。民间征集。成都中医药大学医史博物馆藏。

器形呈正方形，上有圆井形口，口上有纽扣形盖。饰有彩绘人物图案和墨书文字。器物保存完好。

025  青花药缸

清。通高 11.5 cm，口径 10.5 cm，底径 6.8 cm。民间征集。成都中医药大学医史博物馆藏。

腹内收，平底；杯形盖，盖与器身由子母口相合。盖、身上分别饰有青花人物图案，色泽淡雅，线条流畅。器形保存完好。

026  青花药缸

清。通高 6 cm，口径 10.5 cm。民间征集。成都中医药大学医史博物馆藏。

敞口，平底。原应有盖，惜已失。饰青花人物、枝叶等纹饰。

027　瓷药缸

民国。通高 12 cm，口径 10.5 cm。民间征集。成都中医药大学医史博物馆藏。

平底，腹内收。杯形盖，上有圈足形纽，盖与器身由子母口相合。饰彩色人物图案。

　028　瓷药缸

民国。通高 20 cm，口径 18 cm。民间征集。成都中医药大学医史博物馆藏。

器身呈圆桶形，平底。有两个圆形贯耳。盖为穹隆状，上方有把，已残。腹上部有"彭保元堂"铭。

**029 陶药罐**

汉。通高 15 cm，口径 8 cm。成都市考古队征集。成都中医药大学医史博物馆藏。

圆口，束颈，鼓腹，平底。腹中部有三道旋纹，圆饼形盖。器身髹红色漆。保存完好。

**030 四耳壶**

晋。瓷质。通高 30.5 cm，口径 16 cm，底径 12 cm。浙江绍兴九岩镇出土。上海中医药大学医史博物馆藏。

据日本《支那青瓷史稿》载，日本法隆寺发现的越窑药壶同此，故此壶当也用于盛放药物。

**031 白瓷药罐**

唐。通高 8.4 cm，口径 9 cm，底径 6.7 cm。重 300 g。陕西省西安市古玩市场征集。陕西医史博物馆藏。

唇口，瓜棱腹，圈足。白釉泛青，施釉不到底。腹部有裂痕。

032 莲瓣纹提梁银罐

唐。通高 25.2 cm，口径 16.8 cm。1970 年于西安何家村唐代窖藏出土。陕西省博物馆藏。

出土时内装珊瑚、颇黎（玻璃）和玛瑙。

033 鎏金鹦鹉纹提梁银罐

唐。通高 24.2 cm，口径 12.4 cm，底径 14.4 cm。1970 年于西安何家村唐代窖藏出土。陕西省博物馆藏。

盖内有墨书题字"紫英五十两""白英十二两"，知为储存药物之用。

**034 青瓷药罐**

宋。通高 15 cm，腹径 11.1 cm，底径 7.05 cm，口外径 7.25 cm，口内径 3.7 cm。上海中医药大学医史博物馆藏。

口沿及罐底无釉，罐身有胎疤，旋纹明显，罐底无款识。

**035 木药罐**

明。左：通高 7 cm，无盖；右：通高 11.9 cm。江苏省江阴市夏颧墓出土。江阴市博物馆藏。

**036 瓷罐**

明。通高 13.4 cm，腹深 9.6 cm，外口径 5.25 cm，底径 6 cm，腹径 9.9 cm。重 329 g。广东中医药博物馆藏。

直口，平肩，圆腹，上鼓下敛，圈足。盖顶，宝珠纽。用于装细药。

**037 青花药罐**

明。通高 22 cm，口径 9 cm，底径 13.5 cm。重 2 400 g。陕西省三原县征集。陕西医史博物馆藏。

圆腹，圈足，子母口。有"寿"字图案及变形荷花。完整无损。

**038 青花药罐**

明。通高 40 cm，口径 17.5 cm，底径 22 cm。重 9 400 g。三级文物。陕西省泾阳县万灵堂药店征集。陕西医史博物馆藏。

圆唇，直颈，直腹，圈足。图案为松竹梅。

**039 青花药罐**

明。通高 16.3 cm，腹径 15.4 cm，底径 9.5 cm，口外径 7.3 cm，口内径 6.2 cm。上海中医药大学医史博物馆藏。

圈足，底无款识，配红木盖（上有雕刻）。绘花卉缠枝图案。工艺精良。

**040 青花药罐**

清。通高 28 cm，口径 8.5 cm，底径 14.5 cm。重 3 700 g。陕西省西安市藻露堂中药店征集。陕西医史博物馆藏。

子母口，圆腹，平底。云火龙图。标签为"七制香附丸"。完整无损。

**041 "明目还精丸" 签青花药罐**

清。通高 21 cm，口径 10 cm，底径 18 cm。重 2 700 g。陕西省西安市藻露堂中药店征集。陕西医史博物馆藏。

子母口，圆腹，圈足。通体为"缠枝菊花纹"。腹上标签为"明目还精丸"。完整无损。

**042 青花药罐**

清。通高 23 cm，口径 9.5 cm，底径 20 cm。重 2 550 g。陕西省西安市藻露堂中药店征集。陕西医史博物馆藏。

子母口，圆腹，圈足。四囍缠枝纹。标签为"麦味丸"。

**043 "天德堂"小瓷药罐**

清·道光。通高 6.4 cm，口外径 7.05 cm，底径 5.25 cm，腹径 7.77 cm，腹深 5.9 cm。重 125 g。广东中医药博物馆藏。

大口。两面书"天德堂""只此一家"款识。

**044 "斯颂堂"青花药罐**

清。通高 6.7 cm，腹径 6.6 cm，底径 3.05 cm，口外径 2.3 cm，口内径 1.6 cm。上海中医药大学医史博物馆藏。

除肩颈部外通身施釉。罐身书"上海东街斯颂堂张"字样，罐底无款识。

**045 "来仪堂"青花药罐**

清。通高 7.15 cm，腹径 6.8 cm，底径 4.1 cm，口外径 2.1 cm，口内径 1.45 cm。上海中医药大学医史博物馆藏。

除肩颈部外通身施釉，罐表面有胎疤。罐身有兽形图案，并书"松江来仪堂"字样，罐底无款识。

中国药学文物图集

046　"养真局制"款青花药罐

　　清。通高 16.3 cm，腹径 15.4 cm，底径 9.5 cm，口外径 7.3 cm，口内径 6.2 cm。上海中医药大学医史博物馆藏。

　　圈足，配瓷盖。绘双鱼团花图案，书"亥"字，底有"养真局制"款识。工艺精良。

047　青花龙纹圆形药用盖罐

　　清。通高 12 cm，直径 9.7 cm，瓶身高 9.1 cm。重 372 g。广东中医药博物馆藏。

　　圆形短颈，口唇外突出，平底。彩绘医药人物。

048　彩花药罐

清。通高 20.5 cm，口径 8.5 cm，底径 18 cm。重 2 200 g。陕西省西安市藻露堂中药店征集。陕西医史博物馆藏。

束口，圆肩，圆腹，圈足。图案为绿白菜红蝴蝶。

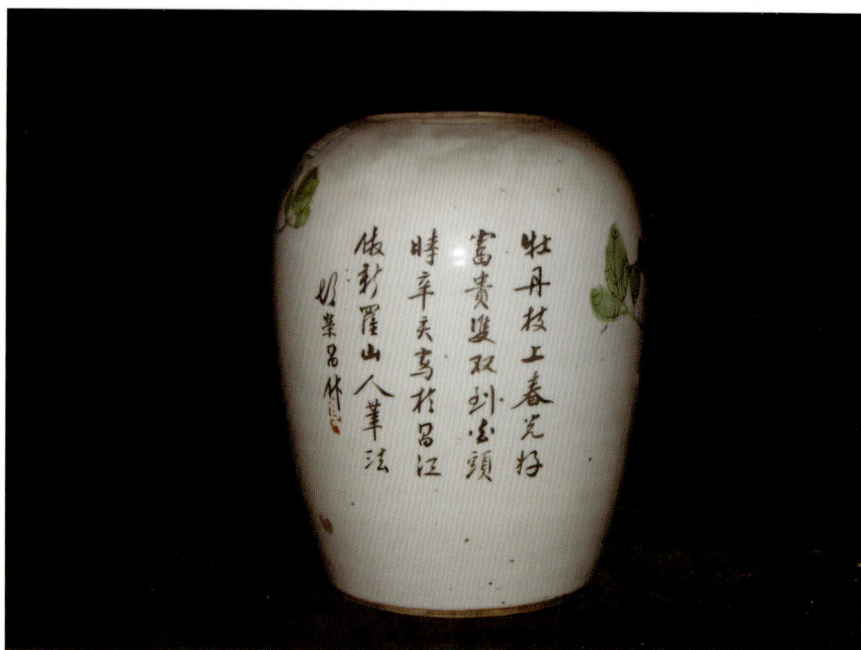

049　彩花药罐

清。通高 28.5 cm，口径 10 cm，底径 15 cm。重 2 500 g。陕西省西安市藻露堂中药店征集。陕西医史博物馆藏。

子母口，直腹，圈足。豆青底，牡丹小鸟红梅图题诗。

050　瓷药罐

清。通高 19.5 cm，口径 8.6 cm，底径 12 cm。重 1 150 g。陕西医史博物馆藏。

直口，鼓腹，圈足。博古图，底有"康熙年制"款识。

051　青花药罐

清。带盖高 17 cm，口外径 4.85 cm，底径 7.6 cm，腹径 13.8 cm，腹深 14.3 cm。重 700 g。广东中医药博物馆藏。

盖罐，用于存放易受潮的药物。

052　青花药罐

清。通高 17.5 cm，底径 14.5 cm，口外径 17.7 cm，口内径 16.9 cm。上海中医药大学医史博物馆藏。

圈足，底无款识。绘人物、动物、风景画。

053　青花药罐

清。通高 13.9 cm，腹径 13.1 cm，底径 1 cm，口外径 5.9 cm，口内径 5.1 cm。上海中医药大学医史博物馆藏。

圈足，配仿红木盖。绘松、竹、梅图案，底无款识。

054　青花药罐

清。通高 15.4 cm，腹径 15.8 cm，底径 11 cm，口外径 6.9 cm，口内径 6.2 cm。上海中医药大学医史博物馆藏。

绘花卉枝叶，底无款识。有残。

**055 黑瓷罐**

清。通高 18 cm，口径 13 cm，底径 16.5 cm。
重 1 550 g。陕西医史博物馆藏。

圆唇，平肩，直腹，平底。下腹一寸高处白胎
无釉。有"葶苈子""追风草"字样。

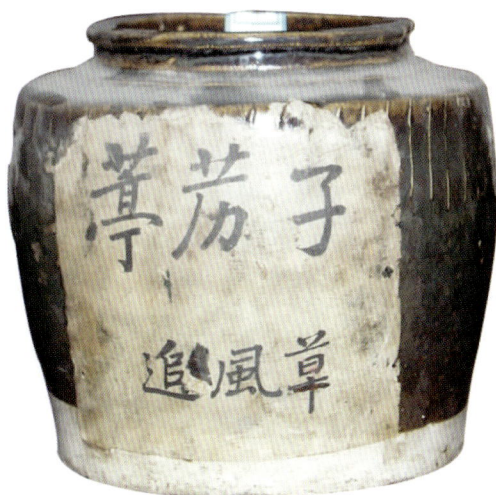

**056 紫砂药罐**

民国。通高 6.7 cm，腹径 10.2 cm，口径 5.4 cm。
南京中医药大学江苏省中医药博物馆藏。

有"洞天长春膏 电话九七二九四"字样。

**057 "济兴堂"青花药罐**

民国。通高 13 cm，口径 18 cm，底径 13 cm。重
1 750 g。三级文物。陕西省济兴堂药店征集。陕西医
史博物馆藏。

子母口，扁腹，圈足。盖上有"济兴堂药店 三
六年十二月"字样。

**058 "蔡同德堂" 紫砂药罐**

民国。通高 6.7 cm，腹径 10.6 cm，口径 5.3 cm。南京中医药大学江苏省中医药博物馆藏。

四耳。有"上海蔡同德堂 电话九七二九四"字样。

**059 "仁济"款白釉药罐**

民国。通高 23 cm，口径 12 cm。民间征集。成都中医药大学医史博物馆藏。

器身呈鼓形，平底。施白釉，腹部有"仁济"二字。

**060 "安福堂"白釉药罐**

近代。通高 24 cm，口径 8 cm，底径 13 cm。民间征集。成都中医药大学医史博物馆藏。

鼓肩，浅圈足。施白釉，腹部有"安福堂"铭。

**061 白瓷药盒**

唐。通高 2.5 cm，盖口径 8.5 cm，底径 9.5 cm。重 500 g。陕西省西安市何家村征集。陕西医史博物馆藏。

子母口，直腹，平底。白瓷无纹饰。有修补。

**062 银药盒**

唐。通高 4.6 cm，口径 16.7 cm。1970 年于陕西省西安市何家村唐代窖藏出土。陕西省博物馆藏。

盖内有墨书"次上乳十四两三分 堪服"字样。

**063 龟背纹银药盒**

唐。通高 2.4 cm，长 4.8 cm，宽 3.9 cm。重 30.1 g。1979 年于西安交通大学出土。西安市文物管理委员会藏。

大小相套。内盛水晶、玛瑙。

064 "都管七国"银药盒

唐。通高 5 cm，口径 7.5 cm。重 38.2 g。1979 年于西安交通大学出土。西安市文物管理委员会藏。大小相套，因盒盖图案上"都管七国"款识而得名。

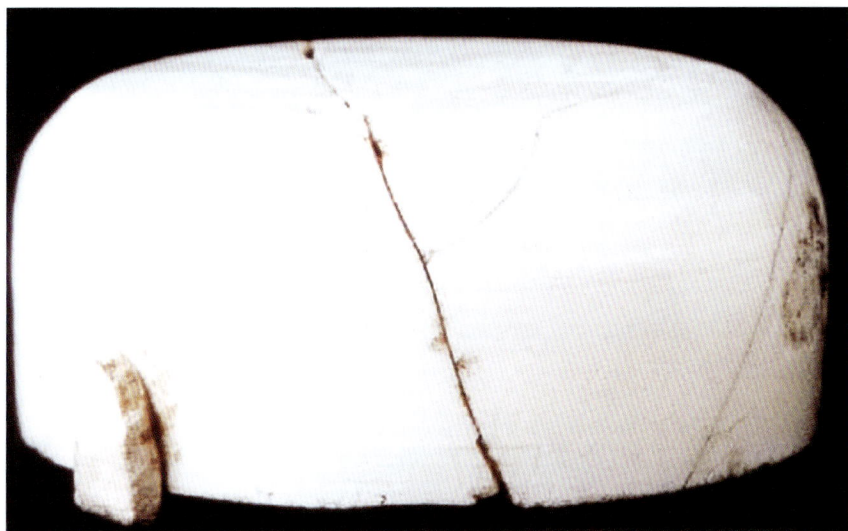

065 "尚药局"瓷盒

　　宋。瓷盒通高 6.5 cm，口径 7.2 cm；盒身口唇高 4 cm，口径 7.2 cm；盒盖高 3.2 cm，口径 7.2 cm。1986 年于河北曲阳涧磁村定会遗址发掘出土。河北省文物研究所藏。刘世枢供稿。

　　瓷盒由盒身与盒盖两部分组成，呈子母回扣合。盒盖顶面饰刻龙纹。盒身口沿自右向左横刻行书款"尚药局"，盒盖口沿亦横刻"尚药局"款。尚药局是宋代最高的医药行政机构，既往仅见文献记载，此次在末代名窑发现"尚药局"款瓷盒，弥足珍贵，为近年与医学有关的重要考古发现之一。

066 玉药盒

清。直径 5.36 cm，厚 2 cm。上海中医药大学医史博物馆藏。

由盒和盖两部分组成，扣合紧密，磨制精细。

067 瓷药盒

清·同治。通高 6.5 cm，口径 8 cm，底径 8 cm。重 150 g。陕西医史博物馆藏。

子母口，直腹，平底，白瓷带盖。腹有彩绘竹子小动物图，底有印章"同治年制"。

068 瓷药盒

清。通高 4.5 cm，口径 13 cm，底径 6.5 cm。重 250 g。陕西医史博物馆藏。

子母口，直腹，椭圆状。腹彩绘有八个人物。

中国药学文物图集

**069 青花带盖小药盒**

清。通高 7.5 cm，口径 8.5 cm，底径 7.5 cm。重 300 g。陕西省西安市藻露堂中药店征集。陕西医史博物馆藏。

子母口，斜腹，圈足。白釉，盒内无釉。绘小兰花。药签为"烦赭石"。

**070 兰花瓷药盒**

清。通高 8.5 cm，口径 10 cm，底径 5.5 cm。重 200 g。陕西省西安市户县谢家店中药店贮药用具。陕西医史博物馆藏。

子母口，直腹，圈足，无盖。腹上三圈花纹，上为菱纹，中为云纹，下为草纹。

**071　青花带盖小药盒**

　　清。通高 12 cm，口径 10.2 cm，底径 7 cm。重 300 g。陕西省西安市藻露堂中药店征集。陕西医史博物馆藏。

　　子母口，直斜腹，圈足。绘母子玩耍图案。

**072　青花带盖小药盒**

　　清。通高 12 cm，口径 10.2 cm，底径 7 cm。重 300 g。陕西省西安市藻露堂中药店征集。陕西医史博物馆藏。

　　子母口，直斜腹，圈足。绘山水垂钓图案。

073 青花梯形药用瓷盒

清。带盖通高 19.5 cm，口外径宽 17.9 cm，口外径厚 15.9 cm，底宽 16.8 cm，底厚 12.4 cm。重 2 750 g。广东中医药博物馆藏。

用于存放易潮药物。

074　藏医铜药盒

清。高 2.5 cm，径 8 cm。民间征集。成都中医药大学医史博物馆藏。

075　铜药盒

清。通高 7.7 cm，口径 7.8 cm，底径 7.8 cm。重 350 g。陕西省咸阳市废品站征集。陕西医史博物馆藏。
子母口，直腹，圈足。盒分为三部分：盖、中层与底层。

076　"石羊胆"签银药盒

清。通高 5.1 cm，宽 1.8 cm，厚 1.5 cm。方形。上海中医药大学医史博物馆藏。

为一组"石羊胆"签银药盒（共九盒）之一，用木盒套装。小药盒有抽拉式板状盒盖，盖上粘有"石羊胆"黄色标记。

**077 八卦竹节药用盖盒**

近代。通高 5.95 cm，直径 8.7 cm，边长 3.2 cm，重 87 g。广东中医药博物馆藏。
竹质，八卦形，带盖，用于装药。

078　红陶（夹砂）葫芦瓶

　　新石器时代。通高 23 cm，口径 2 cm，底径 6.8 cm。重 700 g。陕西医史博物馆藏。

　　小口葫芦状，平底，无纹饰。完整无损。传说东汉时期有一民间医生名壶翁，于市集上悬挂一葫芦，卖药治病。后世遂称医生开业行医为"悬壶"，葫芦亦成为传统中医药行业的象征之一。中药贮药器具多有做成葫芦状者。又，植物葫芦可入药。

**079 灰釉斑彩葫芦瓶**

唐。通高 24.6 cm，口径 3.5 cm，底径 9.5 cm。郏县窑产品。青岛市博物馆藏。

器呈葫芦形，小口，平底，附双耳。胎体厚重，色白。施灰釉不到底。腹部饰黑色斑彩，色彩醒目。

**080 白釉葫芦瓶**

唐。通高 29 cm，腹径 56 cm。1972 年于陕西西安小寨出土。西安市文物保护考古所藏。瓶内盛有朱砂（左）。

081　越窑青釉暗花花草纹八棱葫芦瓶

北宋。通高 7.7 cm，口径 1 cm，底径 2.4 cm。常州市博物馆藏。

瓶呈八棱葫芦形。每面均装饰划花卷草纹，线条纤细清晰。全器施青釉，釉色略泛灰，釉质清亮。瓶底无釉，胎色灰白。

**082 磁州窑小葫芦瓶**

宋。通高 5.7 cm，上腹径 2.4 cm，下腹径 3.8 cm。重 25 g。广东中医药博物馆藏。

平口，颈长直，圈足。盛细药或酒用。

**083 磁州窑小葫芦瓶**

宋。通高 6.1 cm；上部葫芦直径 2 cm，高 1.41 cm；下部葫芦直径 3.1 cm，高 2.74 cm。重 20 g。广东中医药博物馆藏。

平口，直颈，束腰，平底。盛药或酒用。

**084 磁州窑小葫芦瓶**

宋。通高 7.97 cm；上部葫芦直径 2.65 cm，高 2.05 cm；下部葫芦直径 3.57 cm，高 2.8 cm。重 30 g。广东中医药博物馆藏。

葫芦身呈瓜棱形，平口，束腰，平底。盛药用。

085　黑釉葫芦瓶

宋。通高 16.5 cm，口径 2.5 cm，底径 6 cm。陕西西安出土。陕西医史博物馆藏。

曾两次上釉，首为黑釉，次为透明釉。

086　黄釉青花葫芦瓶

明·嘉靖。通高 23 cm，口径 3 cm，底径 6.5 cm。泰安市博物馆藏。

圆盖圆纽，子母口，平底，矮圈足。通体施黄釉，釉下绘青花缠枝莲花、梅花及蝙蝠图样。底有青花楷书"大明嘉靖年制"款。清乾隆五十二年（1787）御赐岱庙作祭器。

087　"福寿康宁"青花葫芦药瓶

明。通高 50.5 cm，口径 5.5 cm，底径 14.5 cm。上海中医药大学医史博物馆藏。

上部绘以狮子戏球，灵气生动；中部以花枝组成"福寿康宁"四字；下部绘有松、柏、梅等图案，取意吉祥。

盛药贮药器具

**088　象牙葫芦药瓶**

清。通高 6.5 cm，腹围 9.5 cm。上海中医药大学医史博物馆藏。

瓶上刀刻阴书"痧气散""万灵丹"六字。

**089　"伤药"葫芦**

清。木质。通高 27 cm，口径 2.5 cm，腹径 12 cm。成都中医药大学医史博物馆藏。

外壁原涂金粉，现年久斑驳。腹壁外侧下方写有药品名称、剂量、用法、用量，计竖写九行四十二字。"伤药"两字偏大位于首行，后依次为"白熟附子、明天麻、川活、川防风、川白芷各乙，共研细末，用热陈酒冲服，每服三分"等，字迹多可辨认，个别模糊。

**090　象牙嘴葫芦药瓶**

清。天然植物配象牙。通高 8.9 cm，上腹径 2.3 cm，下腹径 3.4 cm，口径 0.8 cm。上海中医药大学医史博物馆藏。

器为天然葫芦。象牙瓶口，配螺旋口象牙盖，盖上有弦纹和小纽。工艺精细，造型美观。

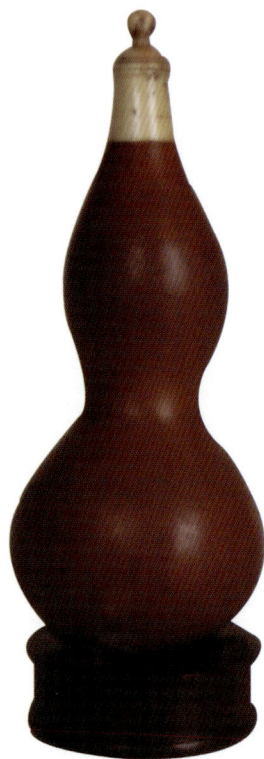

091 青玉童子葫芦瓶

　　清。通高 7.3 cm，底宽 10 cm。河北博物院藏。

　　带盖。瓶外壁雕刻有两只相向趴伏在枝叶上的蝙蝠；瓶下部两侧各有一双髻童子，作双手抱瓶状。

092 青玉葫芦药瓶

　　清。通高 8 cm，底径 3 cm。上海中医药大学医史博物馆藏。上有盖，双耳吊环。内置药粉。

盛药贮药器具

**093　玉葫芦**

清。通高 8.6 cm，上腹径 3.3 cm，下腹径 4.4 cm，腰径 1.8 cm，吊环直径 1.4 cm。上海中医药大学医史博物馆藏。

实心。玉质深绿，雕工细腻，磨制光滑，晶莹剔透，具较高观赏、收藏价值。

**094　玉葫芦瓶**

清。通高 13.25 cm，宽 6.7 cm，厚 3.1 cm。上海中医药大学医史博物馆藏。

有口无盖，口沿残。

095 五彩弈棋纹瓷葫芦瓶

　　清。通高 36 cm。日本石川美术馆藏。

　　通体白釉红绿彩装饰。弈棋纹绘于下腹部，图中有两小童围在棋盘旁对弈，另一小童在一边伸手指点，出谋划策；旁有一老者，弓腰观看。

096　铁拐李瓷葫芦坐像

清。通高 16 cm，底径 8 cm。上海中医药大学医史博物馆藏。

铁拐李，传说中的"八仙"之一，常在民间医治疾病。此像盘坐于葫芦上，双手置于膝上，脸上仰，面微笑，线条简练生动。

**097 蟠龙瓷葫芦药瓶**

清。通高 18 cm，口径 4 cm，底径 8 cm。上海中
医药大学医史博物馆藏。

酱黄色釉，饰以蟠龙图案。

**098 三口瓷葫芦瓶**

清。通高 14 cm，底径最宽 6 cm。上海中医药大
学医史博物馆藏。

顶有半圆形三口相连，内分三腔。葫芦腰部有系
带纹。

099　绿彩半葫芦瓷挂瓶

清。通高 16 cm，上腹径 6.5 cm，下腹径 9.8 cm。上海中医药大学医史博物馆藏。

绿釉，瓶面绘工笔粉蝶桃花图案，画工精细。盛药器具。

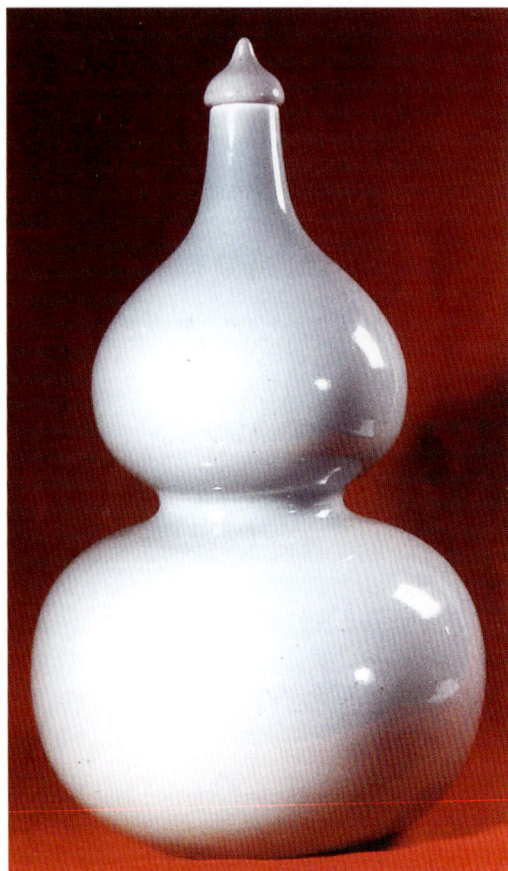

100　冬青釉葫芦药瓶

清。通高 35 cm，口径 3 cm，底径 10 cm。上海中医药大学医史博物馆藏。

上有盖。底部中部凹进，敷釉，有 2.5 cm 的款印。

## 101　天青釉葫芦瓶

清·乾隆。通高 22 cm。李牧之藏。

细口，束腰，上下丰圆腹，卧圈足，全身施天青色釉。底书"大清乾隆年制"六字楷书青花款。应是乾隆年间产自景德镇的官窑代表作品。

## 102　瓷葫芦瓶

清·乾隆。通高 21.5 cm，下腹径 11 cm，口径 3.2 cm。成都中医药大学医史博物馆藏。

瓷质莹润，釉色淡雅，大开片。豆青色。为清乾隆时佳品。

103　青花葫芦药瓶

清。通高 9 cm，底径 4.5 cm。民间征集。成都中医药大学医史博物馆藏。

104　瓷葫芦药瓶

清。通高 8.2 cm，口径 1.8 cm，底径 3.4 cm。重 100 g。陕西医史博物馆藏。

直口，圈足。蓝色图案。

105　青花仕女小葫芦药瓶

清·康熙。通高 6.38 cm，口外径 1.2 cm，底径 2.3 cm，上腹径 3.06 cm，下腹径 4.1 cm。重 42 g。广东中医药博物馆藏。

底部有矮圈足，束腰。

106　青花大葫芦药瓶

清。通高 21.8 cm，口外径 4.3 cm，瓶颈径 2.8 cm，下腹径 12.3 cm。重 618 g。广东中医药博物馆藏。

敞口。

107　青花缠枝花纹葫芦药瓶

清。通高 34 cm，底径 20 cm。上海中医药大学医史博物馆藏。

有盖，盖上塑一虎纽。青花缠枝花纹繁而不乱。

108 黑釉小葫芦药瓶

清。通高 6 cm，底径 3 cm。上海中医药大学医史博物馆藏。

平底。饰树木、山石、飞燕图案。

109 茶末釉葫芦瓶

清·乾隆。通高 26 cm，口径 3 cm。传世品。扬州博物馆藏。

束腰部分有凸起的纹饰带，两节腹间置细长对称的双曲柄，圈足底。胎灰黑，满施茶末色釉，釉有细细的流淌痕迹。底钤阴文三行方形"大清乾隆年制"印，为景德镇官窑瓷器。

**110　象牙微雕葫芦瓶**

　　清。通高 7 cm，宽 3 cm，厚 1 cm。上海中医药大学医史博物馆藏。

　　表面微雕有山水及文字，制作精细，具较高观赏收藏价值。

**111　"广仁号"瓷葫芦药瓶**

　　近代。通高 9.1 cm。广东中医药博物馆藏。

　　广仁号系近代广东汕头之名中药店，此瓶系该店装贮健脾祛痰之常用中成药参贝陈皮膏的葫芦形药瓶。

**112 红釉葫芦药瓶**

近代。通高 16.5 cm。民间征集。成都中医药大学医史博物馆藏。

**113 瓷葫芦药瓶**

民国。通高 25 cm。民间征集。成都中医药大学医史博物馆藏。
施青釉，有冰裂纹。

**114 小陶药瓶**

北朝。通高 4.8 cm，口径 2 cm，底径 2.3 cm。重 50 g。陕西省西安市户县征集。陕西医史博物馆藏。

小口圆唇，折肩，直腹，拱壁底上三分之二处有灰釉。

## 115 白瓷药瓶

唐。通高 6.5 cm，口径 3.6 cm，底径 4 cm。重 50 g。陕西省西安市古玩市场征集。陕西医史博物馆藏。

小喇叭口，圆肩，圆腹，圈足。通体白釉，绘有小青花。

## 116 白瓷药瓶

唐。通高 7.7 cm，口径 2.5 cm，底径 2.7 cm，颈高 2 cm，腹围 7 cm。1958 年于陕西省西安市韩森寨出土。陕西医史博物馆藏。

邢窑出品。

## 117 棕釉圆药瓶

唐。通高 2.9 cm，口径 2.2 cm，底径 2.3 cm。重 20 g。陕西省咸阳市征集。陕西医史博物馆藏。

唇口，束颈，折腹，平底。瓶内及瓶外上半部施釉。

118　黑釉瓷药瓶

　　唐。通高 4 cm，口径 1.7 cm，底径 1.8 cm。陕西省咸阳市旬邑唐代窑址出土。陕西医史博物馆藏。

119　黑釉瓷药瓶

　　唐。通高 4.2 cm，口径 1.7 cm，底径 2.1 cm。陕西省咸阳市旬邑唐代窑址出土。陕西医史博物馆藏。

120　白瓷扁瓶

　　元。通高 7.1 cm，口径 2.6 cm，底长 4.5 cm。重 50 g。陕西省咸阳市征集。陕西医史博物馆藏。直口，扁腹，扁足，肩上有双耳，腹有浮雕白瓷，印花兽面纹。贮药器具。

中国药学文物图集

**121 甜白瓷盖瓶**

明。通高 15 cm，口外径 4.5 cm，底径 6.1 cm，腹径 9.55 cm，腹深 10.4 cm。重 395 g。广东中医药博物馆藏。

直口，平肩，鼓腹，鼓腹下敛，圈足。盖顶，宝珠纽。用于装细药。

**122 白釉盖瓶**

明。通高 32.5 cm，口外径 7.3 cm，底径 8 cm，腹径 15.2 cm，腹深 23.2 cm。重 2 300 g。广东中医药博物馆藏。

用于储存药物。

123　瓷药瓶

明·成化。通高 7 cm，口径 1.1 cm，底径 2.1 cm。重 3 600 g。陕西省西安市临潼征集。陕西医史博物馆藏。
直口，折肩，直腹，圈足。釉红人物图，底有"成化年制"款识。

**124　影青小口药瓶**

明。通高 14.1 cm，口外径 6.01 cm，底径 12.05 cm，腹径 14.13 cm，腹深 13.1 cm。重 850 g。广东中医药博物馆藏。

敞口，削肩，腹部上鼓下敛，平底。

**125　影青白瓷盖瓶**

明。通高 16.97 cm，口外径 4.19 cm，底径 7.9 cm，腹径 8.74 cm，腹深 12.8 cm。重 410 g。广东中医药博物馆藏。

直口，圆肩，腹部上丰，中部微束，平底，底边外侈。带盖，盖顶塔尖纽。用于装置细药。

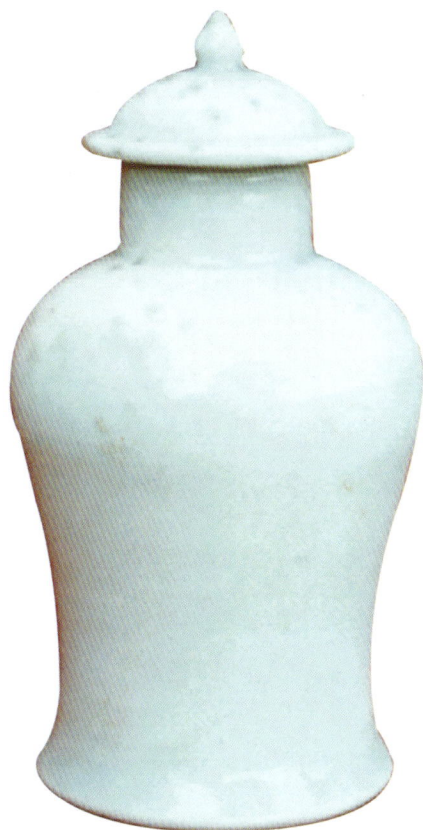

盛药贮药器具

126　青花药用瓷瓶

明。通高 14.2 cm，口外径 3.8 cm，底径 4.3 cm，腹径 5.9 cm，腹深 9.5 cm。重 175 g。广东中医药博物馆藏。

直口，削肩，鼓腹，其下收敛，平底。盖顶兽形（狗）纽。

**127　青花药用盖瓶**

　　明。通高 12.1 cm，口外径 6 cm，底径 6.4 cm，腹径 10.2 cm，腹深 7.9 cm。重 320 g。广东中医药博物馆藏。

　　直口，平肩，圆腹，上鼓下敛，平底。盖顶宝珠纽。

**128　青花药用盖瓶**

　　明。通高 8.7 cm，口外径 3.6 cm，底径 4.1 cm，腹径 6.7 cm，腹深 6.4 cm。重 111 g。广东中医药博物馆藏。

　　直颈，平口，肩圆，腹部上鼓下敛，平底。

盛药贮药器具

155

129 祭蓝药用瓷盖瓶

明。通高 13 cm，口径 4.87 cm，底径 5.8 cm，腹径 8.4 cm，腹深 8.9 cm。重 240 g。广东中医药博物馆藏。平口，口唇外侈，削肩，鼓腹，上鼓下敛，平底。带盖，盖顶珠与盖形相似。

## 130　木药瓶

清。通长 6.7 cm，瓶径 1.7 cm。上海中医药大学医史博物馆藏。

瓶身外形似蝉，用于储存粉末状药物。瓶盖连一小匙，以便存取药粉。

## 131　木药瓶

清。通高 7.15 cm，宽 3.5 cm，厚 1.4 cm。上海中医药大学医史博物馆藏。

用于储存粉末状药物。瓶盖连一小匙，以便存取药粉。

## 132　石榴形象牙小药瓶

清。通高 6 cm，底径 4 cm。上海中医药大学医史博物馆藏。

瓶身外形似石榴，用于储存粉末状药物。瓶盖连一小匙，以便存取药粉。

133  "万医丸" 粉彩药瓶

清。通高 13 cm，口径 4.5 cm，底径 5 cm。上海中医药大学医史博物馆藏。
敞口，粉彩，上有"万医丸"字样。

134 "水银"签瓷药瓶

清。陕西省周至广育堂征集。陕西医史博物馆藏。
小直口，圆肩，鼓腹，圈足，蓝花回纹饰。腹部
贴有"水银"标签。

135 "彭泰和"小瓷药瓶

清。通高 5.1 cm，口径 1.8 cm，底 1.8 cm × 1.4 cm。重 19 g。陕
西省西安市古玩市场征集。陕西医史博物馆藏。
平口沿，短颈，扁腹，浅圈足。腹部有"彭泰和如意丹"字样。

136 "人和堂"圆形瓷药瓶

清。通高 6.3 cm，口径 1.6 cm，底径 2.1 cm。重 30 g。陕西省西安市古玩市场征集。陕西医史博物馆藏。
平口沿，束颈，折肩，直腹，平底，圆柱状。带有小木盖。腹部有"佛镇人和堂""八宝丹"字样。

盛药贮药器具

**137 "蝉酥丸"瓷药瓶**

清。通高 4.05 cm，宽 2.3 cm，厚 1.55 cm。上海中医药大学医史博物馆藏。

通身施乳白釉，口沿施棕黄釉。瓶口内有纸塞。瓶身书有黑字"上洋王大吉""蝉酥丸"。

**138 "宋公祠"瓷药瓶**

清。通高 4.9 cm，腹径 5.6 cm，口外径 2.5 cm，口内径 1.9 cm。上海中医药大学医史博物馆藏。

施乳白釉，瓶颈与圈足皆无釉。瓶底无款识，瓶身有"宋公祠内参贝陈皮""益寿□制"蓝字。

中国药学文物图集

**139　"同仁堂" 瓷药瓶**

　　清。通高 4.9 cm，口径 1.4 cm，底 1.8 cm × 1.5 cm。重 18 g。
陕西省西安市八仙庵市场征集。陕西医史博物馆藏。

　　平口沿，扁腹，浅圈足。腹部有 "同仁堂" 款，颈和两侧有
条纹。

**140　"同仁堂" 瓷药瓶**

　　清。通高 5.5 cm，口径 1.5 cm。民间征集。成都中医药大学
医史博物馆藏。

　　平底。腹部有 "同仁堂" 款和印章。

**141　"同仁堂" 瓷药瓶**

　　清。通高 5.1 cm，口径 1.4 cm，底径 1.5 cm。
重 14 g。陕西省西安市八仙庵市场征集。陕西医
史博物馆藏。

　　平口沿，平腹，平底。颈部、底部有两道弦
纹。腹部有 "同仁堂" 款及印章。

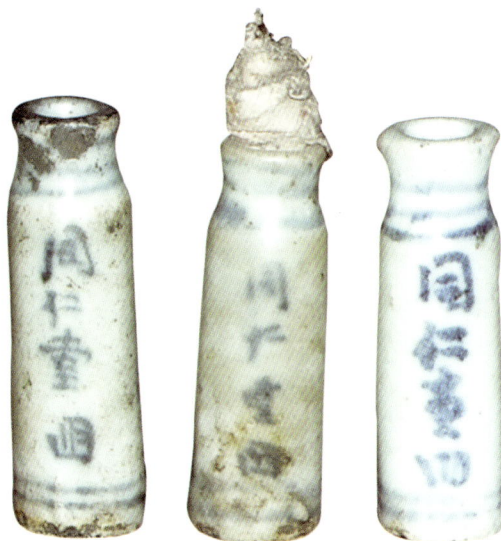

142　"衣生堂"酱釉药瓶

清。通高 13.3 cm，口径 1.5 cm，长底径 5 cm。重 100 g。陕西省西安市古玩市场征集。陕西医史博物馆藏。直口，扁腹，圈足。酱釉，底部白釉。瓶腹有"衣生堂记"字样。

143　"陈仁和"瓷药瓶

清。高 6.4 cm，口径 1.7 cm，底 2.2 cm × 1.8 cm。重 40 g。陕西省西安市古玩市场征集。陕西医史博物馆藏。平口沿，直口，扁椭圆型腹，平底。腹部有"汉镇五圣庙上陈仁和制"字样。

144 "至德堂"瓷药瓶

清。高 5.5 cm，口径 1.5 cm，底 2 cm×1.6 cm。重 30 g。陕西省西安市古玩市场征集。陕西医史博物馆藏。
平口沿，扁腹，平底。腹部有"汉镇至德堂吴亮金"字样。

145 "至德堂"瓷药瓶

清。重 26 g。江苏省苏州市文物市场征集。陕西医史博物馆藏。
平口沿，扁腹，圈足。腹部有"汉口至德堂吴亮金"字样。

盛药贮药器具

**146 "诵芬堂"瓷药瓶**

清。通高 6.5 cm，口径 5 cm，厚 2 cm。民间征集。成都中医药大学医史博物馆藏。
器身为方形，圆井形口。腹部有"诵芬堂雷"铭文。

**147 "诵芬堂"瓷药瓶**

清。通高 8 cm，口径 3 cm。民间征集。成都中医药大学医史博物馆藏。
器身为方形，圆井形口。腹部有"诵芬堂雷"铭文。

**148 "苏阊门内天库前"款瓷药瓶**

清。通高 4.6 cm，宽 2.65 cm，厚 1.5 cm，口外径 1.6 cm，口内径 6.5 cm。上海中医药大学医史博物馆藏。

瓷瓶表面较粗糙，通身施乳白釉，底部缺釉。瓶身有"苏阊门内天库前"蓝字。

**149 "同保康"瓷药瓶**

清。通高 3.6 cm，宽 3.85 cm，厚 1.4 cm。上海中医药大学医史博物馆藏。

通身施乳白釉。瓶身有"上海同保康制"蓝字。

**150 "叶种德堂"小白瓷药瓶**

清。通高 4.4 cm，口径 1.4 cm，底径 1 cm。重 17 g。陕西省西安市古玩市场征集。陕西医史博物馆藏。

平口沿，扁腹，浅圈足。口沿施黄釉。腹一面有"杭城"字样，另一面有"叶种德堂"字样。

151　甜白暗花瓷药瓶（带底座）

清·康熙。通高 9.29 cm，口外径 1.2 cm，底径 3.55 cm，瓶深 9.2 cm。重 72 g。广东中医药博物馆藏。
平底，口微敞，束颈。

152　甜白釉圆柱形瓷药瓶

　　清。通高 13.2 cm，口外径 4.34 cm，腹径 5.84 cm，底径 5.84 cm，瓶深 12.4 cm。重 182.5 g。广东中医药博物馆藏。

153　仿宋长颈小瓷药瓶

　　清。通高 11.2 cm，口外径 2.3 cm；腹身高 6.5 cm，长 7.35 cm，宽 3.3 cm；瓶颈长 4.75 cm。重 115 g。广东中医药博物馆藏。

　　扁圆形，鼓腹，细长颈，平口，圈足。上书"富""贵"字样。

154 瓷药瓶

清。通高 12 cm，口径 4.5 cm。民间征集。成都中医药大学医史博物馆藏。

盘形口，细长颈，鼓肩，斜直腹，平底。施白釉，饰红色花果纹和寿字纹。为盛装小型或粉状药物的用具。

155 方形瓷药瓶

清。通高 7 cm，宽 4.2 cm，厚 1.9 cm，口径 1.5 cm。成都中医药大学医史博物馆藏。

器形呈扁平形，圆井形口，腹部为上小下大的梯形，平底。造型匀称，线条流畅。腹部饰有彩绘花鸟图案，颜色较暗，腹侧有墨书文字。为盛装小型药物的用具。

156　方形瓷药瓶

　　清。通高 5 cm，口外径 1.35 cm；底宽 1.8 cm，厚 1.1 cm；腹身宽 2.2 cm，厚 1.35 cm。重 22 g。广东中医药博物馆藏。

　　上绘彩色人头像。

157　方形瓷药瓶

清。通高 12.5 cm，口径 4 cm，底径 9.1 cm。重 400 g。
陕西医史博物馆藏。

直口，长方形腹，平底。四面彩绘，正面为人物图。

158　粉彩人物方形药瓶

清·同治。通高 7.82 cm，口外径 1.95 cm，瓶身长
5.12 cm，瓶身宽 2 cm，瓶身高 6.5 cm。重 92 g。广东中
医药博物馆藏。

削肩，细直颈，平底。彩绘人物像。

159　彩绘药瓶

清。通高 7.8 cm，边长 2.9 cm，口径 1.5 cm。上海中医药大学医史博物馆藏。
平底直口，造型美观。彩绘云龙纹。

<br>

中国药学文物图集

160　瓷药瓶

　　清。通高 8.15 cm，腹径 3.7 cm，口外径 1.6 cm，口内径 1.05 cm。上海中医药大学医史博物馆藏。
　　瓶底无款识，瓶身绘有人物青花图案。

161　瓷药瓶

　　清。通高 5.1 cm，宽 4.9 cm，厚 1.8 cm，口径 1.6 cm。扁瓶状。上海中医药大学医史博物馆藏。
　　直口，平底。白釉，彩绘有骑士、小桥、母鸡、草木等图案，简洁美观。

162　瓷药瓶

　　清。通高 5.58 cm，宽 4.65 cm，厚 2.9 cm，口外径 1.6 cm，口内径 0.7 cm。扁瓶状。上海中医药大学医史博物馆藏。
　　药瓶上有突起之绿釉祥龙图案。

163　双鱼纹五彩药瓶

清。通高 8.1 cm，宽 5.2 cm，底径 3.1 cm，口径 1.8 cm。上海中医药大学医史博物馆藏。平底，直口，双鱼鳍装饰耳，造型别致美观。

164 青花人物小药瓶

清。通高 7 cm，底径 3 cm。上海中医药大学医史博物馆藏。

165 青花百子小药瓶

清。通高 6 cm，底径 5 cm。上海中医药大学医史博物馆藏。

直口，圆肩。上有青花幼童图案。

166 青花婴戏图药瓶

清。通高 7 cm，底径 3 cm。上海中医药大学医史博物馆藏。

以青花绘有婴戏图案，活泼可爱。

**167 彩绘瓷药瓶**

清。通高 3.9 cm，口径 1.7 cm，腹径 3.7 cm。上海中医药大学医史博物馆藏。直口，平底，配扣盖。通身施绿釉，彩绘花卉。小巧玲珑。

**168 古翠绿小瓷药瓶**

清·康熙。通高 7.61 cm，口外径 1.63 cm，底径 3.02 cm，腹径 6.27 cm，腹深 6.9 cm。重 94 g。广东中医药博物馆藏。

169 青花药瓶

清。通高 23 cm，口径 8 cm，底径 8.5 cm。重 800 g。陕西省汉中市公兴大药店征集。陕西医史博物馆藏。
盖口，颈部有双耳，腹稍直，圈足。腹身饰菊花图。

170 青花人物药瓶

清。通高 8.5 cm。民间征集。成都中医药大学医史博物馆藏。
呈下方上圆形，寓意天圆地方。饰青花人物纹。

**171　瓷药瓶**

　　清。通高 6.1 cm，宽 2.2 cm，厚 2 cm。上海中医药大学医史博物馆藏。

　　配有木塞为盖。瓶底无款识，瓶身绘有婴戏草青花图案。

**172　瓷药瓶**

　　清。通高 8.95 cm，腹径 3.2 cm，口外径 1.5 cm，口内径 0.9 cm。上海中医药大学医史博物馆藏。

　　有纸卷盖。瓶底无款识，瓶身绘有青花图案。

173　彩花大瓷瓶

　　清。通高 24 cm，口径 13 cm，底径 20.05 cm。重 5 kg。陕西省西安市藻露堂中药店征集。陕西医史博物馆藏。

　　子母口，圆肩，圆腹，圈足，带盖。豆绿底，绘两仕女戏蝶图。贮药器具。

盛药贮药器具

174　青花百寿药瓶

清。通高 16.5 cm。广东中医药博物馆藏。

上有不同写法的"寿"字。

175 青花圆形药瓶

清。通高 13.6 cm，口外径 2 cm，底径 5.4 cm，瓶深 11.4 cm。重 180 g。广东中医药博物馆藏。

**176 瓷药瓶**

清。通高 8.3 cm，腹径 2.2 cm。上海中医药大学医史博物馆藏。小开片。瓶底无款识，瓶身绘老叟教童子课的青花图案。

**177 瓷药瓶**

清·雍正。通高 8.15 cm，腹径 3.1 cm。上海中医药大学医史博物馆藏。

青花瓷。瓶身有动物图案，瓶底有"雍正年制"款识。

**178 瓷药瓶**

清·雍正。通高 7.2 cm，腹径 3.3 cm。上海中医药大学医史博物馆藏。

青花瓷。瓶身有人物故事图案，瓶底有"雍正年制"款识。

**179 瓷药瓶**

　　清·乾隆。通高 6.7 cm，腹径 2.7 cm。上海中医药大学医史博物馆藏。

　　青花瓷。瓷胎细腻，烧制上乘。瓶身有菊花缠枝图案，瓶底有"大清乾隆年制"款识。

**180 瓷药瓶**

　　清。通高 10.2 cm，腹径 4.7 cm，口外径 2 cm，口内径 1.1 cm。上海中医药大学医史博物馆藏。

　　青花小开片。施乳白釉，瓶底无款识，瓶身绘菊花缠枝图案。

**181 瓷药瓶**

　　清。通高 7.3 cm，腹径 2.7 cm。上海中医药大学医史博物馆藏。

　　青花瓷。金属盖连带一象牙药勺。瓶身有双龙云海图案。

中国药学文物图集

182 青花药瓶

清。通高 5 cm，口径 3.8 cm，底径 4.7 cm。民间征集。成都中医药大学医史博物馆藏。

平口圆唇，束颈，腹微敞，平底。腹饰青花缠枝纹。

183 青花药瓶

清。通高 5 cm，口径 3.8 cm，底径 4.7 cm。成都中医药大学医史博物馆藏。

平口圆唇，束颈，腹微敞，平底。腹饰青花缠枝纹。为盛装较小型药物的用具。

184 青花药瓶

清。通高 11.11 cm，口外径 4.3 cm，底径 8.26 cm，腹深 9.7 cm。重 252 g。广东中医药博物馆藏。

盘口，削肩，平底。

185 青花大药瓶

清。通高 32 cm，口径 12 cm，底径 17 cm。重 3 100 g。陕西省西安市藻露堂中药店征集。陕西医史博物馆藏。

直口，圆肩，圆腹，圈足。标签"大胃丸"。

186　十二生肖青花药瓶

　　清。单个通高 5.6 cm，口径 0.6 cm，宽 4.2 cm。上海中医药大学医史博物馆藏。

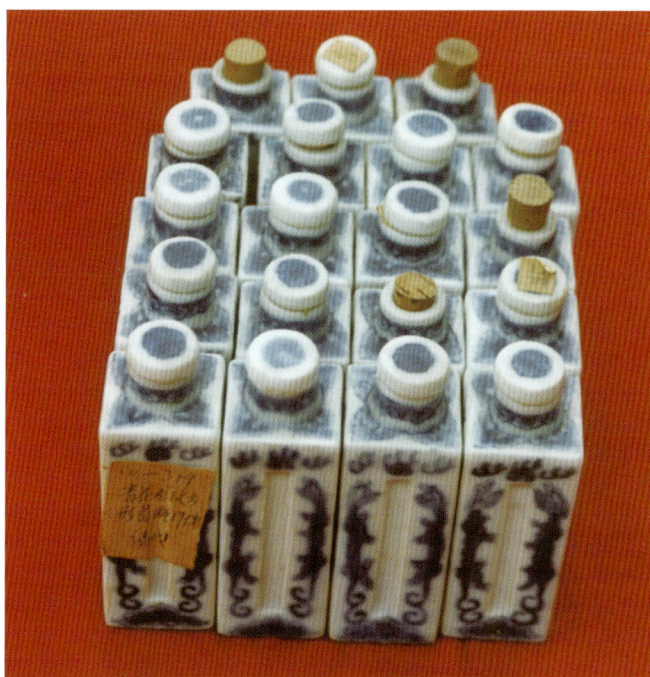

187　青花方形龙纹小药瓶

　　清。单个通高 8.8 cm，瓶身高 7.2 cm，长 2.7 cm，宽 2.7 cm，重 60 g。广东中医药博物馆藏。
计十九件。

188  祭蓝圆形小瓷药瓶

清。通高 7.68 cm，口外径 1.57 cm，底径 3.23 cm。共重 110 g。圆柱形。广东中医药博物馆藏。
短颈，平口，平底。

**189　粉彩人物联体药瓶**

　　清·道光。通高 6.9 cm，口外径 1.05 cm，腹径 2.66 cm，腹深 6.2 cm。重 75 g。广东中医药博物馆藏。

　　细直颈，圈足。彩绘人物像。

**190　青花双龙戏珠双连药瓶**

　　清。通高 7 cm，底径 4 cm。上海中医药大学医史博物馆藏。

　　两瓶联体，上为双龙戏珠图案。

**191　联体瓷药瓶**

　　清。上海中医药大学医史博物馆藏。

　　两瓶联体，无盖。通身绘菊花缠枝纹，底部书"雅致"二字。

盛药贮药器具

192 半圆铜药瓶

清。通高 5.5 cm，口径 0.6 cm，底径 3 cm。重 50 g。陕西医史博物馆藏。
直口，腹为半圆，平底。

193 铜扁药瓶

清。通高 3.6 cm，口径 0.25 cm，底径 0.4 cm。重 50 g。陕西医史博物馆藏。
半圆，腹为椭圆状。有纹饰。

194  象牙药瓶

清。通高 5.7 cm，宽 2.6 cm，厚 1.6 cm。扁方状。上海中医药大学医史博物馆藏。
褐色，瓶身刻有山水。用于储存粉末状药物。瓶盖连一小匙，以便存取药粉。

195　"麝香" 签玻璃药瓶

　　清。通高 11.3 cm，宽 5.6 cm，厚 5.15 cm。上海中医药大学医史博物馆藏。

　　由无色透明玻璃制成，瓶身一面贴纸标签写有"麝香"字样。

196　"麝香" 签玻璃药瓶

　　清。通高 17.2 cm，宽 9.65 cm，厚 7.35 cm。上海中医药大学医史博物馆藏。

　　由无色透明玻璃制成，有玻璃盖。瓶身一面贴纸标签写有"麝香十两"字样。

197　"灵应痧药" 签玻璃药瓶

清。通高 5.5 cm，宽 2.65 cm，厚 2.45 cm。故宫博物院捐赠。上海中医药大学医史博物馆藏。

由无色透明玻璃制成，瓶身一面贴纸标签写有"灵应痧药一瓶"字样。

198　"万应锭" 签玻璃药瓶

清。通高 6.05 cm，宽 2.6 cm，厚 2.5 cm。故宫博物院捐赠。上海中医药大学医史博物馆藏。

由无色透明玻璃制成，瓶身一面贴纸标签写有"御制古墨万应锭一瓶"字样。

199　"樟脑鸦片酒" 签玻璃药瓶

清。通高 8.65 cm，宽 4 cm，厚 4 cm。上海中医药大学医史博物馆藏。

由无色透明玻璃制成，瓶身一面贴纸标签写有"樟脑鸦片酒"字样。

200　"薄荷油" 签玻璃药瓶

清。通高 6.7 cm，宽 1.6 cm，厚 1.45 cm。上海中医药大学医史博物馆藏。

由无色透明玻璃制成。

201　"醒消丸"瓷药瓶

民国。通高 9 cm，长 7.1 cm，宽 4.8 cm。上海中医药大学医史博物馆藏。

通身施乳白釉，瓶底未施釉呈棕黑色，瓶身烧蓝字"醒消丸"。

202　"至宝丹"瓷药瓶

民国。通高 9 cm，长 7.1 cm，宽 4.8 cm。上海中医药大学医史博物馆藏。

通身施乳白釉，瓶底未施釉呈棕黑色，瓶身烧蓝字"至宝丹"。

203　"珠黄散"瓷药瓶

民国。通高 9 cm，长 7.1 cm，宽 4.8 cm。上海中医药大学医史博物馆藏。

通身施乳白釉，瓶底未施釉呈棕黑色，瓶身烧蓝字"珠黄散"。

204　"珠黄吹候（喉）散"瓷药瓶

民国。通高 9 cm，长 7.1 cm，宽 4.8 cm。上海中医药大学医史博物馆藏。

通身施乳白釉，瓶底未施釉呈棕黑色，瓶身烧蓝字"珠黄吹候（喉）散"。

205 "珍珠散"瓷药瓶

　　民国。通高 9 cm，长 7.1 cm，宽 4.8 cm。上海中医药大学医史博物馆藏。

　　通身施乳白釉，瓶底未施釉呈棕黑色，瓶身烧蓝字"珍珠散"。

206 "月白珍珠散"瓷药瓶

　　民国。通高 9 cm，长 7.1 cm，宽 4.8 cm。上海中医药大学医史博物馆藏。

　　通身施乳白釉，瓶底未施釉呈棕黑色，瓶身烧蓝字"月白珍珠散"。

207 "珍珠八宝丹"瓷药瓶

　　民国。通高 9 cm，长 7.1 cm，宽 4.8 cm。上海中医药大学医史博物馆藏。

　　通身施乳白釉，瓶底未施釉呈棕黑色，瓶身烧蓝字"珍珠八宝丹"。

208 "口疳十宝丹"瓷药瓶

　　民国。通高 9 cm，长 7.1 cm，宽 4.8 cm。上海中医药大学医史博物馆藏。

　　通身施乳白釉，瓶底未施釉呈棕黑色，瓶身烧蓝字"口疳十宝丹"。

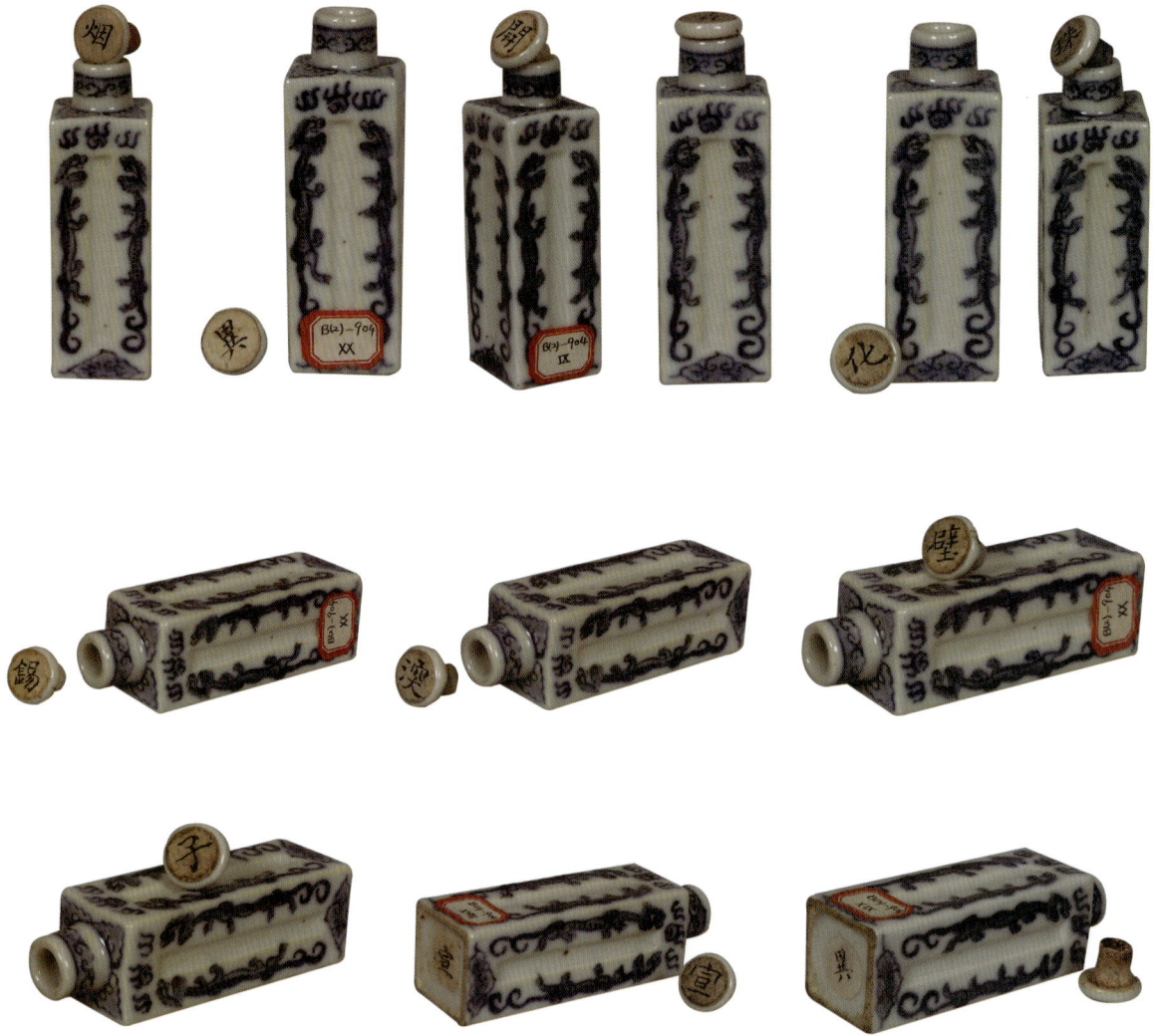

209 青花方药瓶

近现代。上海中医药大学医史博物馆藏。

直口，平底。通高 8.6 cm，长 2.6 cm。上配瓷瓶盖，每个瓶盖上粘有药名标签。瓶身绘双龙戏珠纹。做工精细，造型美观。为上海南翔近代中医师张志方中药室红木药箱内所配瓷药瓶。

210　"泰和堂"瓷药瓶

　　民国。通高 7 cm；底宽 3 cm，厚 2 cm；腹宽 6 cm，厚 2.5 cm；口径 1.8 cm。民间征集。成都中医药大学医史博物馆藏。

　　口部呈圆井形，平口，直肩，圆鼓形腹，圈足底。腹部书"泰和堂制"字样。

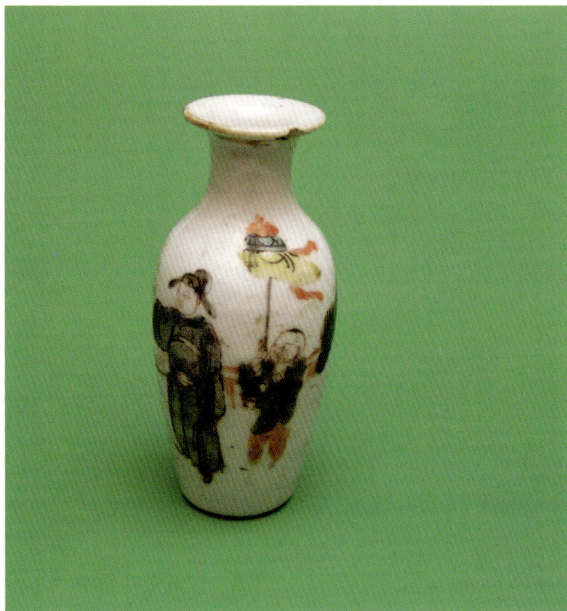

211　瓷药瓶

　　民国。高 14.5 cm。民间征集。成都中医药大学医史博物馆藏。

　　盘口，细长颈，鼓肩，直腹，平底。饰五彩人物图案。

212　瓷药瓶

　　民国。高 14.5 cm。民间征集。成都中医药大学医史博物馆藏。

　　盘口，细长颈，鼓肩，直腹，平底。饰青花山水纹。

213　瓷药瓶

　　近代。高 3.8 cm，宽 2.5 cm，深 1.2 cm。北京中医药大学中医药博物馆藏。

　　瓶身为八边形，正反两面均绘阴阳八卦图。

214　大照康制药小瓷瓶

　　近代。左：通高 6.4 cm，口外径 3.1 cm，底径 3.8 cm，腹径 4.8 cm；重 89 g。右：通高 6.2 cm，口外径 2.7 cm，底径 3.7 cm，腹径 4.8 cm；重 85.5 g。广东中医药博物馆藏。

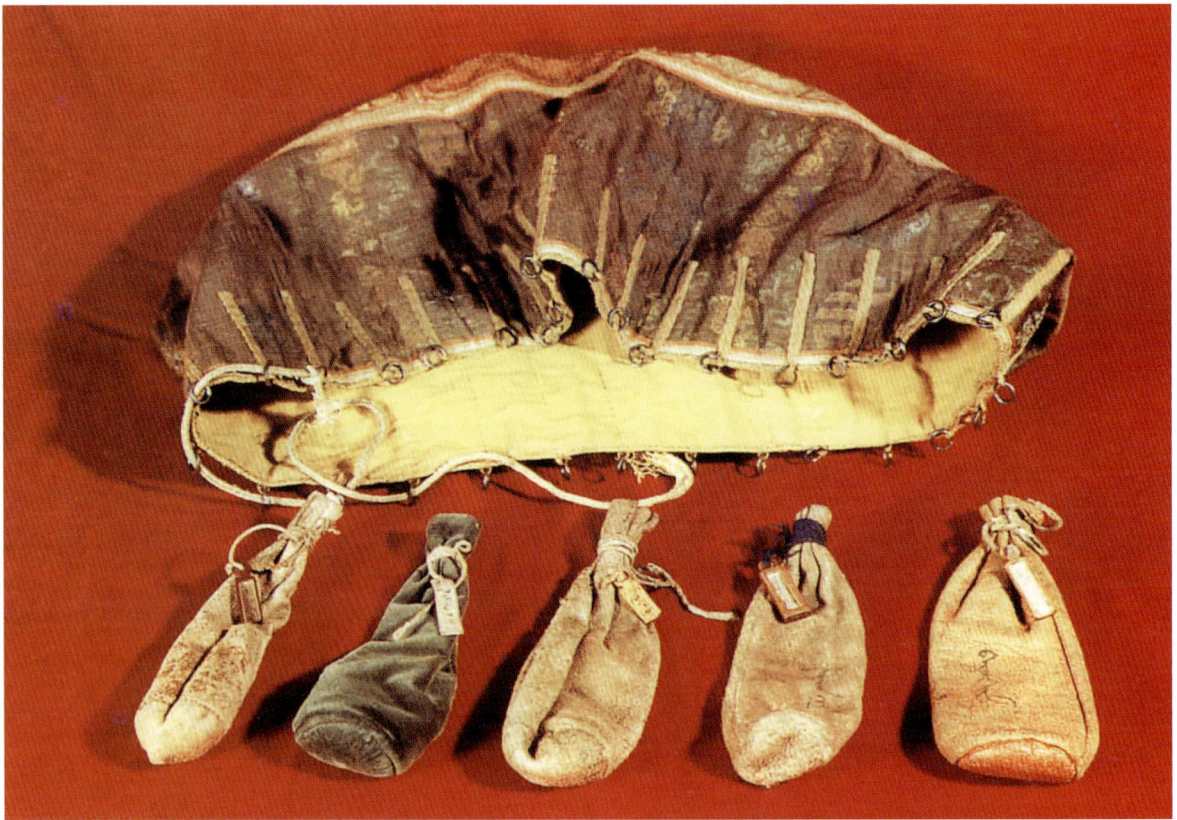

215 蒙医皮药包

清。中国医史博物馆藏。
此包为蒙医草原巡诊时用。内有一些羊皮革质的装药小袋，每一小袋上各书所装药末之名。

216 牛角药瓶

民国。长 22 cm。民间征集。成都中医药大学医史博物馆藏。

# 伍

药物量具

量药器是指量取或秤取药物的度量衡器具。在中国古代较早时期，量取粉末状药物的器具曾有刀圭、方寸匕、钱匕、一字等名称，都是用当时的钱币或仿钱币形制的器具来大致量取药物。此类器具还有小型药铲等。药勺则是量取粉末状药物时较为正规的器具。药铺所用的称药衡器，学名是"戥秤"，俗称"戥子"，因为称取药物要求准确且分量不大，所以药用戥子一般小而精致。

001　亚□匕

　　商代后期。通高 20.2 cm，宽 3.8 cm。重 140 g。故宫博物院藏。

　　边棱由后往前渐趋隐没，上有短线纹。器体上部有一行两字铭文。匕是挹取饭食或牲肉的器具，后世量取药末的勺、匕等量具与此有渊源关系。

002　铜匕

　　清。长 8.5 cm。民间征集。成都中医药大学医史博物馆藏。

**003　两用铜药勺**

汉。长 13 cm。首都博物馆藏。
一端为药勺，另一端为镊子。镊子至今仍有弹性。

**004　铜药匙**

宋。长 22.6 cm，宽 3.1 cm，柄长 15 cm。四川省剑阁道教墓出土，剑阁县文物保护管理所调拨。成都中医药大学医史博物馆藏。
匙体扁平，中间内凹；柄较细长，呈弧形，尾部下弯。部分地方锈蚀较严重。

**005　铜药匙**

宋。长 22.4 cm，宽 2.8 cm，柄长 14.7 cm。四川省剑阁道教墓出土，剑阁县文物保护管理所调拨。成都中医药大学医史博物馆藏。
匙体扁平，中间内凹；柄较细长，呈弧形，尾部下弯。器物锈蚀较严重，泛铜绿色。

**006　青玉药匙**

明。通长 15 cm，深 2.5 cm。重 118 g。广东中医药博物馆藏。
圆角；有柄，柄呈竹节状。

**007　铜药匙**

明。长 15 cm，宽 2.5 cm。首都博物馆藏。
药把上刻有"天字号药匙"。

**008　玉药勺**

清。通长 13.05 cm，勺宽 1 cm，勺厚 0.9 cm。上海中医药大学医史博物馆藏。
白玉制成，勺柄有螺旋纹。

009　琥珀药勺

清。长 15.4 cm，宽 3.3 cm。上海中医药大学医史博物馆藏。

琥珀质地优良。勺柄和勺部用金属连接，全勺通体磨光，加工工艺较好。

010　铜药匙

清。长 18.5 cm，宽 2.5 cm。重 50 g。陕西医史博物馆藏。药匙头呈圆状，柄为长圆形。

011　铜药勺头

清。长 3.5 cm，口径 2 cm。重 10 g。内蒙古中蒙医院研究所征集。陕西医史博物馆藏。

勺头深，勺柄细短。

**012　月王铜药勺**

大者长 20.5 cm，勺口径 3.5 cm，勺深 3.5 cm；小者长 15 cm，勺口径 2.2 cm，勺深 1.5 cm。传世品。甘肃省甘南藏族自治州征集。北京中医药大学中医药博物馆藏。

藏医取药用具。大勺的外部刻有荷花瓣花纹，勺柄一端铸有藏族崇敬的古代月王像。小勺柄的另一端月王像头上铸有一弯曲的手掌形药勺，两端可分别取用不同剂量的药末。

**013　蒙医银药勺**

长 20.5 cm。传世品。内蒙古自治区阿拉善左旗征集。北京中医药大学中医药博物馆藏。

此勺一端为圆勺，另一端为长勺，用以取用不同剂量的药物。

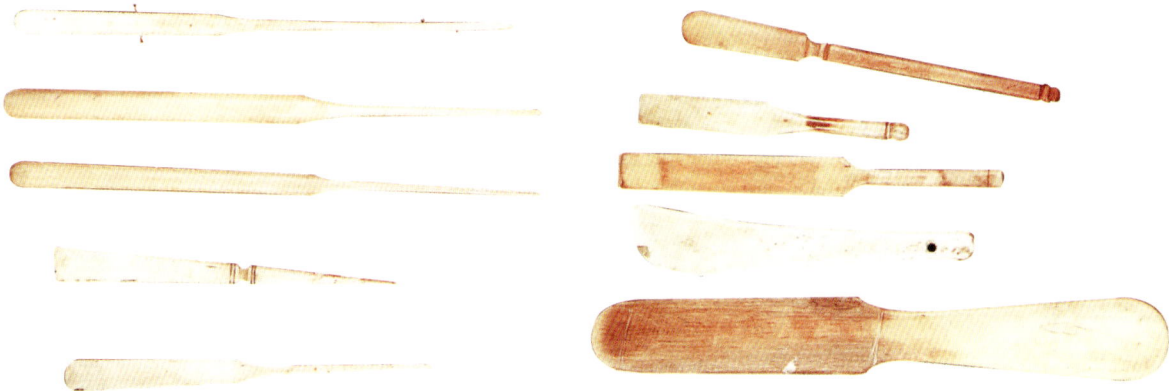

**014　象牙药匙**

清。上海中医药大学医史博物馆藏。

长 15.7 cm, 宽 0.7 cm,
厚 0.2 cm

长 16.4 cm, 宽 0.9 cm,
厚 0.3 cm

长 16.4 cm, 宽 0.8 cm,
厚 0.2 cm

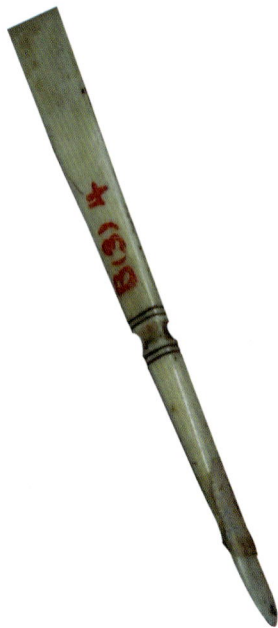

长 10.7 cm, 宽 1 cm,
厚 0.5 cm

长 11.2 cm, 宽 1 cm,
厚 0.2 cm

015  骨药勺

清。上海中医药大学医史博物馆藏。

中医药历来讲究药用工具的质地，通常选用骨、角、陶瓷、玻璃和石制品等材料。这种用动物骨骼制作的药勺在中药的炮制和使用中，可以避免药物与工具产生化学反应。

长 12.6 cm，宽 1.1 cm，
厚 0.3 cm

长 8.9 cm，宽 1.1 cm，
厚 0.5 cm

长 12.6 cm，宽 1.2 cm，
厚 0.4 cm

长 18.5 cm，宽 2.6 cm，厚 0.6 cm

016　骨药铲

清。上海中医药大学医史博物馆藏。

017 铜药匙

近代。长 14 cm。重 10 g。陕西医史博物馆藏。
药匙头呈铲状，柄为长圆形。

长 21.2 cm，宽 2.2 cm，重 50 g

长 21.2 cm，宽 2.2 cm，重 50 g

长 14 cm，宽 3 cm，重 50 g

018 铜药勺

近代。内蒙古征集。陕西医史博物馆藏。
勺头小且深。勺柄前端细圆，后柄呈扁平状。个别有残。

019　戥子

清。长 35 cm。重 200 g。陕西省礼泉县征集。陕西医史博物馆藏。
木质秤杆，铜秤盘。

020　戥子

清。左一长 29.5 cm，重 200 g；左二长 32 cm，重 200 g；左三长 36 cm，重 200 g；左四长 35 cm，重
200 g。陕西省礼泉县征集。陕西医史博物馆藏。
象牙秤杆，铜秤盘。

021 药戥

近代。木盒长 40 cm，宽 7.8 cm；秤杆长 36.7 cm，径 0.7 cm。民间征集。成都中医药大学医史博物馆藏。

图中药戥由对称的两部分组成，内錾凹槽，用以盛装药秤。秤杆为象牙质。药戥小而精致，能满足中药处方分量轻且要求精准的需要，是常见的药房用具。

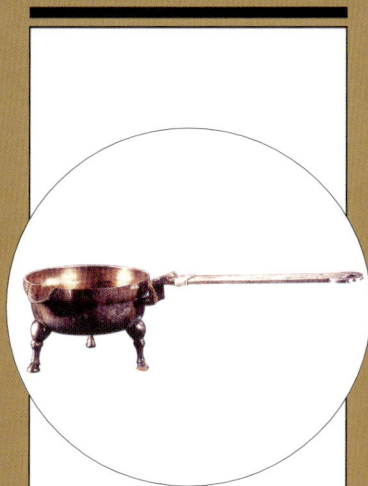

陆

煎药服药工具

此类用具，包括熬煮药物用的药罐、药壶、药锅与药炉等，以及温药服药用的药壶、药铛等。温药是指熬煮后所取药汁并非一次服尽，除当次所服药量外，剩下的药汁再服时需加温，以免影响肠胃吸收功能，从而保证药效。汉唐文献中对此多有明示，如《伤寒论》于方后常有"分温三服"一类说明。

### 001　鸮面罐

新石器时代·齐家文化。夹砂陶质。口径 10.5 cm，高 18.5 cm，底径 7 cm。青海省柳湾遗址出土。青海省博物馆藏。

罐口有两个滤孔，可用于煎煮药物。通体造型与今柳湾所用之煎药砂锅十分相似。

### 002　"太医"陶药罐底部铭文

汉。药罐口径 5.5 cm，通高 12.5 cm，底径 8 cm。1979 年河南省孟县（1996 年撤县建市，设立孟州市）韩庄岭出土。

药罐为葫芦形，圆腹，平底，尖嘴略外撇。底部中心有一长 2.8 cm、宽 1.4 cm 的框，内有阳文"太医"两字。图为该药罐底部阳文的当代拓片。

### 003　铜温器

汉。口径 20 cm，通长 31.5 cm，柄长 12 cm。重 600 g。陕西医史博物馆藏。

平口沿，直腹，平底，口沿处连接一空心长把。温药器具。有残。

**004　四耳瓷药壶**

晋。通高 29 cm，腹围 67 cm，口外径 13.9 cm，口内径 7.7 cm。上海中医药大学医史博物馆藏。

肩部制四系，罐腹处还有胎补一处，无盖。口残。罐腹以上施草绿釉，下部及底无釉，平底无款。煎药器具。

**005　石煎药壶**

唐。高 14.8 cm，口径 8.5 cm，腹径 13.5 cm，底 10.5 cm，腹深 12 cm，把长 11 cm。首都博物馆藏。

由一完整石块雕凿而成。腹上端有一壶嘴，药水可倒出。手柄与壶身连接处的下端有一石环起连接和支撑作用。

**006　越窑药壶**

唐。高 8.6 cm，口径 5.6 cm，底 5.2 cm。1974年浙江省宁波市唐大中年间遗址出土。宁波市文物考古研究所藏。

肩前部有一六角形壶嘴，右侧有一銎把。灰陶施青黄釉。与药碾等伴出。可用作温药用具。

**007　陶壶**

宋。通高 15.5 cm，直径 14.1 cm，口外径 9.2 cm，口内径 7.1 cm。上海中医药大学医史博物馆藏。

夹砂粗陶，烧制火候较高。壶身旋纹清晰。壶肩部有壶嘴和壶把及四系，无盖。壶嘴部分施釉。底部无款。

中国药学文物图集

**008　银提梁锅**

　　唐。高 17.1～17.8 cm，直径 12.6～19 cm。陕西省西安市何家村唐代窖藏出土。陕西省博物馆藏。

　　同类银提梁锅共有 4 个。窖中还出土多种药物，以及贮药、加工药物、温药等各环节配套用具，据此分析，不可能独缺煎药器。耿鉴庭先生及陕西省博物馆认为，银锅应当是作煎药用的。

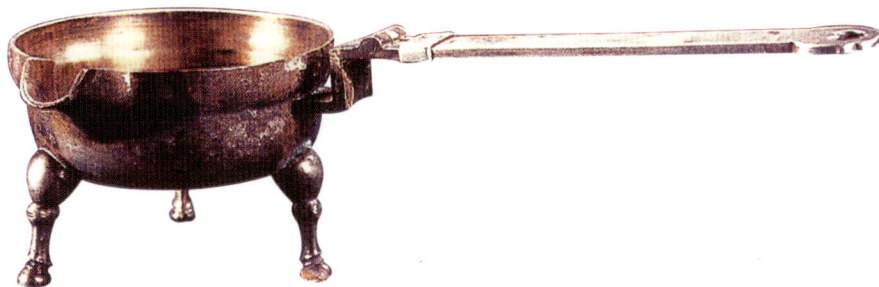

**009　单流折柄银铛**

　　唐。通高 9.8 cm，口径 13.2 cm，柄长 18.8 cm。陕西省西安市何家村唐代窖藏出土。陕西省博物馆藏。

　　铛沿有半圆形短流，腹部安有长柄。器内有墨书题字"暖药"，表明此器系唐代温药器。古代熬药每剂仅煎一次，分服时常需温热。窖中同时出土单流金锅等相关配套药具。

010　铜药炉

明。高 32 cm，口径 28 cm。上海中医药大学医史博物馆藏。
三立足，双耳吊环，兽面纹。

011　铜药炉

明。高 20 cm，口径 15.2 cm。上海中医药大学医史博物馆藏。

012　陶药罐

民国。高 19 cm，口径 24 cm。民间征集。成都中医药大学医史博物馆藏。
束颈，鼓肩，平底，肩腹部有一道旋纹，另有四个板桥形耳。

013　锡熬药罐

民国。高 21 cm。民间征集。成都中医药大学医史博物馆藏。
直口，鼓腹，平底，肩部有两个对称的环形耳，耳上系有饰纹状的提梁。腹部有一"把"，口部有"流"。
盖呈鸭嘴形，一端固定在口部。

014　陶煎药壶

现代。通高 18 cm，腹径 13.5 cm，口外径 9.2 cm，口内径 7.1 cm。上海中医药大学医史博物馆藏。

朱砂灰陶，胎较薄，旋纹清晰，表面施亮釉。有提梁。肩部有壶嘴，有盖。底部无款。为广东民间煎药用具。

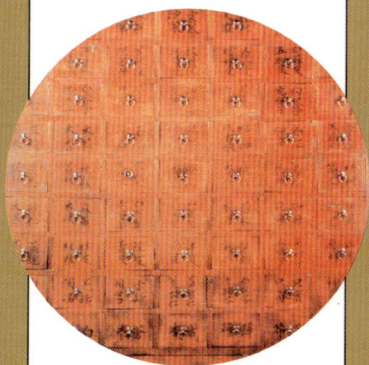

柒

中药店铺物件

药铺是中国古代社会市井常见的店铺，以宋代《清明上河图》中的"赵太丞家"为例，可见其中的柜台、药柜等布局，门外两旁还立着写有"大理中丸医肠胃冷""治酒所伤真方集香丸"的广告招牌等。这类古代中药铺的店招、匾额、对联、药柜、药台、药模、药物仿单等，是中医药文化信息的重要载体。它们直观地反映了古代中药行业的状态，有的还生动再现了药铺的营业特色，或者表达了药铺奉行的经营理念。

001    《清明上河图》之"赵太丞家"

宋。全图纵 24.8 cm，横 528 cm。原迹由台北故宫博物院藏。

《清明上河图》为北宋张择端所绘的一幅名画，真实生动地展现了当时京城开封及汴河两岸社会生活的场景。"赵太丞家"是其中的一部分，系开业医生的诊所兼药店。门前所立高大市招上书有"大理中丸医肠胃冷""治酒所伤真方集香丸"字样。

002　同仁堂紫檀木案

明。高 85 cm，横 233 cm，纵 93 cm。北京同仁堂乐氏家族传人乐东屏捐献。故宫博物院藏。
案面为长方形。直腿，附托泥，腿两侧委角，腿间以方格连接、支撑。通体光素。

003　藻露堂牌匾

清。陕西省西安市藻露堂中药店藏。
藻露堂中药店创建于明天启二年（1622），在今西安市碑林区五味什字，曾以妇科名药"培坤丸"驰名。此牌匾为清乾隆年间陕西著名书法家张玉德所书。

中国药学文物图集

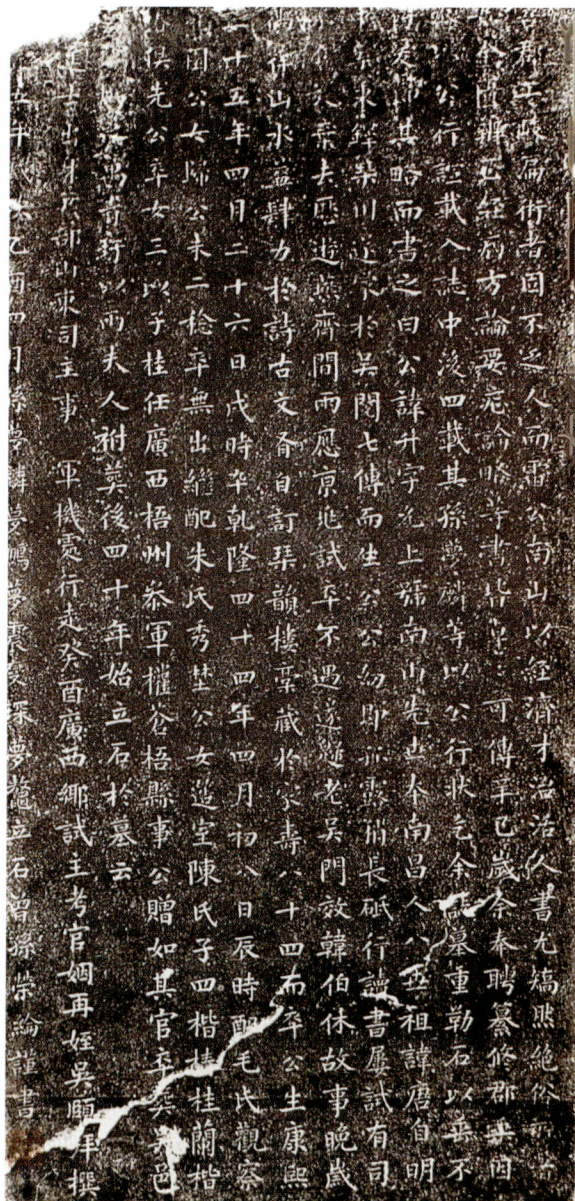

**004　雷允上墓志（拓片）**

清代拓片。长 69 cm，宽 33.5 cm。上海中医药大学医史博物馆藏。

雷允上，名大升，号南山，江苏吴县人。清乾隆元年（1736）起以医行世，尤精配制丸、散、膏、丹，开有"雷允上药铺"（今苏州雷允上制药厂），享誉海内外。

**005　苏州雷允上制药厂**

近现代。该厂的前身"雷允上药铺"由清代雷允上创立，座落于苏州老阊门内闹市区。以制售六神丸、行军散、痧药、蟾酥丸、玉枢丹、辟瘟丹等细料成药而蜚声海内外，是一家具有近300年历史的著名药铺。雷氏在乾隆元年行医、制药于"诵芬堂"，集医药于一处。时人合其医名与铺名，故有"雷允上诵芬堂"之称。

006　胡庆余堂的"戒欺"匾

清。纵 30 cm，横 110 cm。杭州胡庆余堂中药博物馆藏。

1878 年，胡雪岩创办胡庆余堂时亲书"凡百贸易均着不得欺字，药业关系性命，尤为万不可欺……"，以此作为办堂的宗旨。在用药选择上，胡庆余堂也以此号召来提高自身的信誉和社会声望。

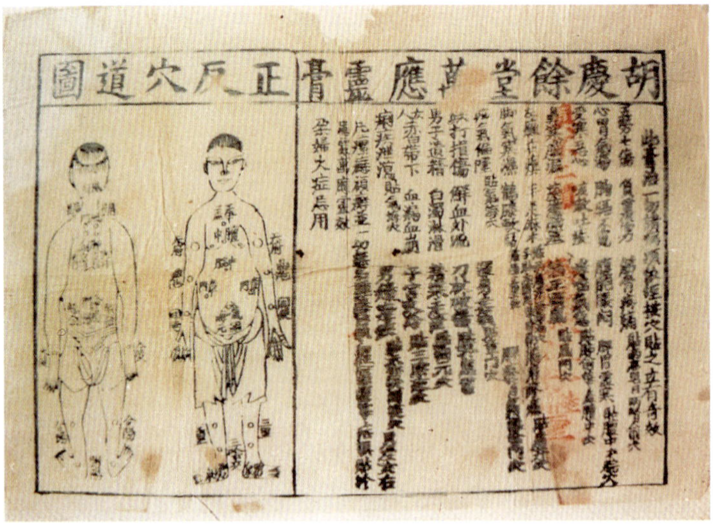

007　胡庆余堂仿单

清。史常永供稿。图为胡庆余堂"万应灵膏"的广告说明书。

008　杭州胡庆余堂中药博物馆

当代。左图为门景，右图为内景。

中国药学文物图集

009　伍舒芳香室木招牌

清。重庆市博物馆藏。

重庆伍舒芳香室是一家有 300 余年历史的膏药店，其膏药在重庆乃至西南地区较有影响，有"熊长泰的痧药，伍舒芳的膏药"之说。

010　伍舒芳香室木匾

清。重庆市博物馆藏。

上有"不二价　童叟无欺"字样。

中国药学文物图集

011　杏和堂陈李济木匾联

清。对联纵 155 cm，横 30 cm；匾纵 155 cm，横 60 cm。广州白云山陈李济药厂有限公司藏。

陈李济创立于明末清初，后成为全国著名老字号药店，产品为广药的中成药代表。传说当初南海人李升佐拾得同乡陈德全金，坐候终日待陈。二人遂齐心创办此堂。此匾联自清同治年间沿用至今。

**012　步景堂木匾**

清。横 112 cm，纵 50 cm，厚 3 cm。陈氏亲属捐赠。成都中医药大学医史博物馆藏。为著名眼科医家陈达夫（1906—1979）家传匾额。

**013　木药柜**

清。高 238 cm，宽 285 cm，厚 48 cm。民间征集。成都中医药大学医史博物馆藏。

材料较好，制作精细，上部雕刻精美。

**014　木药柜**

近代，约 1880 年制。中国医史文献研究所供稿。

此为木制中药柜，柜上计有 77 个小药屉、3 个大药屉。每屉外书中药名，屉内有所藏中药之较详细的说明书。

中药店铺物件

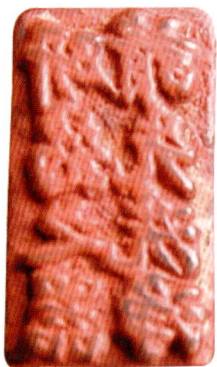

015 周小农药室木印章

近代。长 2.2 cm，宽 1.2 cm，厚 4 cm。南京中医药大学江苏省中医药博物馆藏。

为近代名医周小农使用过的印章，上刻"研药之器 请先洗净"。

016 周小农药室木印章

近代。长 2.2 cm，宽 1.2 cm，厚 4.1 cm。南京中医药大学江苏省中医药博物馆藏。

为近代名医周小农使用过的印章，上刻"急症要药请先速检。"

017 周小农药室木印章

近代。长 8 cm，宽 8.5 cm，厚 2.2 cm。南京中医药大学江苏省中医药博物馆藏。

为近代名医周小农使用过的印章，上刻"神效痢疾药"的适用症及煎法。

018 中药铺"延和"木印记

民国。纵 7 ~ 8 cm，横 8.5 ~ 9 cm。广东中医药博物馆藏。

何氏中药铺"延和"印记。何汝湛（1911—1996），广东名老中医，南海人。

019 柳致和堂包装纸

近代。长 21.2 cm，宽 18.4 cm。南京中医药大学江苏省中医药博物馆藏。

为晚清名医柳宝诒（1842—1901）创立的致和堂所用包装纸。

中国药学文物图集

020  木药模

清。长 57 cm，通高 2.5 cm，宽 6 cm。重 600 g。陕西省汉中市征集。陕西医史博物馆藏。
长形木条上有 12 个圆孔，内有葵花纹。制药工具。

021  木药模

清。长 55 cm，通高 2.5 cm，宽 6 cm。重 500 g。陕西省汉中市征集。陕西医史博物馆藏。
长形木条上有 12 个圆孔。制药工具。

022  木药模

清。长 24 cm，宽 20 cm，通高 7.5 cm。重 800 g。陕西省华阴市征集。陕西医史博物馆藏。

长方形，木框式结构。制药工具。

023  木药模

清。长 34 cm，通高 6.5 cm，宽 31 cm。重 4.5 kg。陕西省户县谢家店中药店征集。陕西医史博物馆藏。

长方形药模，两块板结构。上板有两"把"。制药工具。

**024　藻露堂木药标模**

清。长 16.5 cm，通高 2.2 cm，宽 15.5 cm。重 500 g。陕西省西安市藻露堂中药店征集。陕西医史博物馆藏。

方形木板，上镶铅板，四角有"藻露堂记"字样。

**025　五味堂木药标模**

清。长 10 cm，通高 2 cm，底径 7.5 cm。重 100 g。陕西省西安市藻露堂中药店征集。陕西医史博物馆藏。

长方形木板，上有五味堂膏药零售店的铅板。

**026　培坤丸木药标模**

清。长 11.1 cm，通高 2 cm，宽 10.5 cm。重 200 g。陕西省西安市藻露堂中药店征集。陕西医史博物馆藏。

方形木板，上镶有铅板"培坤丸"。

**027　黄水疮药膏木药标模**

　　清。长 14 cm，通高 2 cm，宽 9 cm。重 150 g。陕西省西安市藻露堂中药店征集。陕西医史博物馆藏。

　　长方形木板，上镶铅板"黄水疮药膏（外用）"。

**028　黄水疮药膏木药标模**

　　清。长 16 cm，通高 2.4 cm，宽 10 cm。重 250 g。陕西省西安市藻露堂中药店征集。陕西医史博物馆藏。

　　长方形木板，上镶铅板。铅板为"黄水疮药膏"标板。

**029　木药标模**

　　清。长 14 cm，通高 2.1 cm，宽 9.5 cm。重 200 g。陕西省西安市藻露堂中药店征集。陕西医史博物馆藏。

　　长方形木板，上镶铅板。

**030　木药标模**

　　清。长 17 cm，通高 2 cm，宽 11 cm。重 400 g。陕西省西安市藻露堂中药店征集。陕西医史博物馆藏。

　　长方形木板，上有铅板。

031　仙传虎骨药酒铜药板

清。长 11.9 cm，宽 8 cm。重 50 g。陕西省西安市藻露堂中药店征集。陕西医史博物馆藏。

032　午时茶铜药模

近代。模腔长 5.2 cm，宽 3.5 cm，深 2.8 cm；模托长 11 cm。北京中医药大学中医药博物馆藏。

为药坊制作药砖的模具，刻有"午时茶"字样。制出的茶砖尺寸为 4.6 cm × 3 cm × 2.8 cm。

033　石镇

近代。上宽 10 cm，底宽 11 cm，通高 25 cm。重 9 kg。陕西医史博物馆收藏。

石镇上面刻有"公平秤"字样。药店用具。

034　石药兽

民国。高 24 cm。民间征集。成都中医药大学医史博物馆藏。

传说为药王采药时所带之物，能帮助药王辨识药物。此物在以前四川省的药铺中很常见。

中国药学文物图集

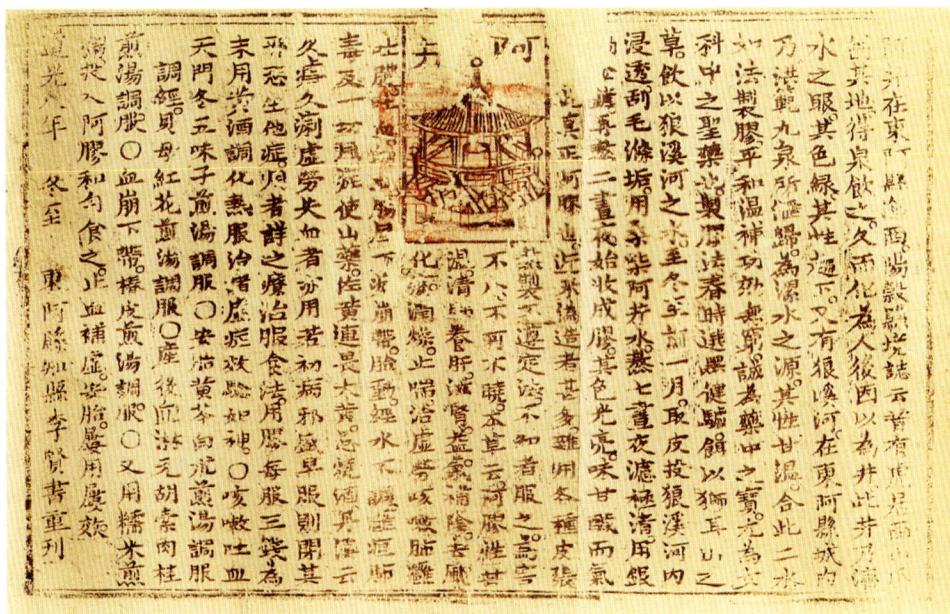

035  阿胶仿单

清。纵 25 cm，横 37.5 cm。香港浸会大学孔宪绍博士伉俪中医药博物馆藏。
为清道光八年（1828）版阿胶广告说明书。

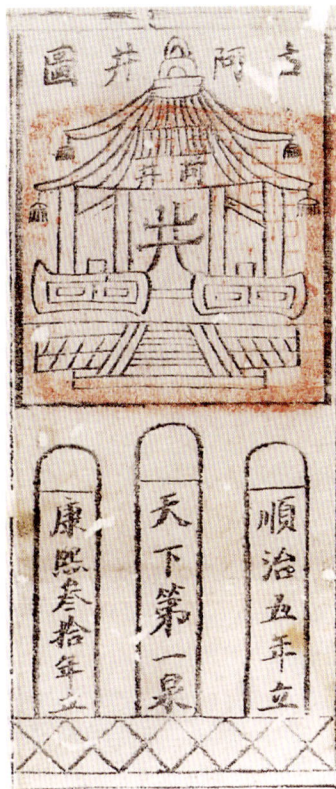

036  阿井商标

清。纵 18 cm，横 7 cm。王家葵藏。
为清道光八年（1828）版阿井商标。

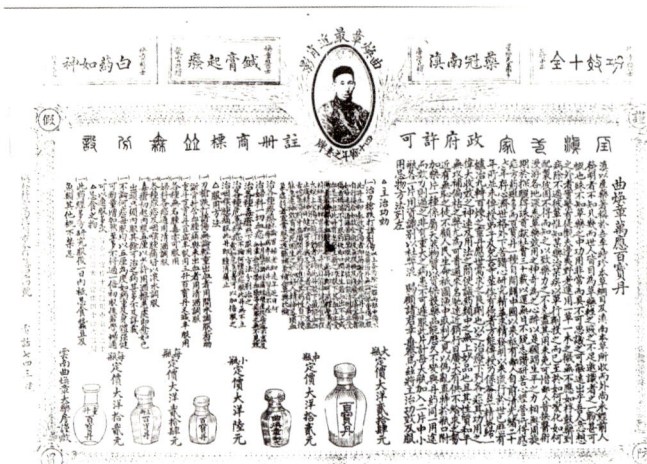

## 037 曲焕章百宝丹仿单

民国。1935 年印制。长 40 cm，宽 27 cm。曲家瑞藏。

曲焕章（1880—1938），云南省江川县（今玉溪市江川区）人，云南白药创始人。16岁学习草医，辛亥革命前后研制成云南白药（万应百宝丹），其疗效为国内外所瞩目。20世纪 20 年代初在昆明开设药房售药，1938 年因拒绝国民政府交出秘方的要求而被捕，后死于囚室。此仿单上端正中为曲氏像，两侧印有蒋介石、唐继尧、龙云、胡汉民的题匾，下方是曲氏自述制药缘起、主治功效、服法及售价等。

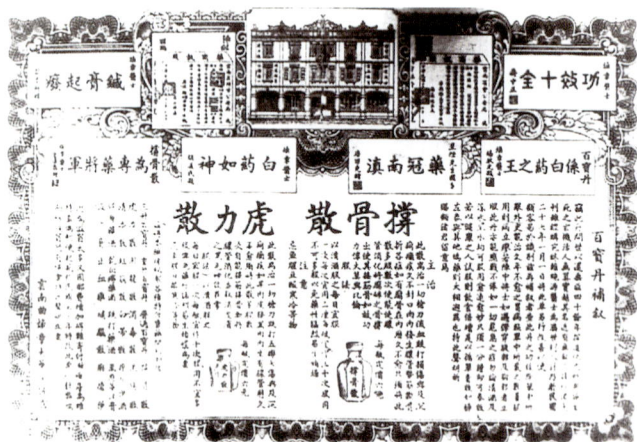

## 038 曲焕章百宝丹仿单

民国。1941 年香港印制。曲家瑞藏。

此单正反两面密布文图，正面印有曲焕章及其妻、子肖像，以及曲氏自述的制药缘起、药物价格、功效等。背面印有曲焕章大药房图、药商执照、名人题字等。

## 039 合生和药号广告瓷板

民国。纵 17.5 cm，横 25 cm。李澄坚藏。

广告瓷板是药房宣传自身的形式之一，因难以保存，留存至今者极少。此瓷板除绘有药号生产的主要药品外，还有发明人的肖像、姓名以及药房名称、地址、退换允诺等内容。

捌

宫廷药事

宫廷在一定历史阶段内握有的特权，能调动举国之资源，凝聚全社会的力量，创造出一流的物质产品与精神产品为其服务。因此，现存明清宫廷文物也是中国传统文化宝藏的重要组成部分。

　　宫廷药事的相关文物主要包括两大类。一类是贵重精美的药具。如从定陵明万历帝棺内出土的御药房金罐，用金量达895克；又如明太医院专用药柜黑漆描金云龙药柜，其制作描绘工艺精湛，柜上的双龙戏珠纹为皇家特有的纹饰。另一类是系统完整的药政文档。如在清朝近300年的历史中，宫廷内积累了数量可观的医药档，这些医药档中即有数量可观的各地进贡药材档、药材贮销清单、丸散膏丹配药档、进药底簿、用药底簿等药事文献。以上这两类文物在本篇中均有所提及。

001 "内府"黑釉大药坛

宋。高 57 cm，口径 29 cm，底径 42 cm。上海中医药大学医史博物馆藏。
胎体为灰黑色，釉色不露、极光亮，外壁有"内府"字样并涂以白釉。为宫内贮药容器。

002 "内府"瓷药坛

元。通高 33.5 cm，腹围 63.5 cm。上海中医药大学医史博物馆藏。
通身施乳白釉，小开片，釉面光亮，瓶口施棕色釉。圈足，底面无釉、无款识。肩部书有"内府"字样。
口沿有残。

中国药学文物图集

003　御药房金罐

　　明。通高 18.4 cm，口径 9.3 cm，底径 10.1 cm。重 895 g。明十三陵定陵出土。定陵博物馆藏。

　　直口，鼓腹，腹上部有錾把，镏金。除无流外，已具备明清以后中药熬药罐的基本特征。底部用双线刻"大明万历年御用……"铭文一周，腹部刻"上冠上用"四字。系御药房熬药器。器表有磕碰、磨损的痕迹，木柄黑光发亮。此金罐是万历帝生前御用器物。形制大小基本相同的共有两件，均出于万历帝棺内。

004　太医院铜药炉

　　明。长 40 cm，宽 22 cm，高 21 cm。中国历史博物馆（2003 年，该馆与中国革命博物馆合并重组为今中国国家博物馆，全书同）藏。

　　主炉堂由中空的双层壁及双层底组成，两旁各有一个小炉堂通过主炉堂的夹壁，与夹层底相通，起到保温的作用。为明太医院所用药炉。

005　太医院黑漆描金云龙药柜

　　明。长 78.9 cm，宽 57 cm，高 94.1 cm。中国历史博物馆藏。

　　柜内正中有一组八方旋转式药屉 80 格，两侧各有一组 10 格长屉，每屉分为 3 格，屉面写有药名。全柜可盛药 140 种。柜下部三屉用以存放处方及药具。柜背有金书"大明万历年制"款。系明太医院专用药柜，原存于太医院御药局御药库。

006 御药房石药碾、石杵臼

清。故宫博物院藏。
清宫御药房严格遵守古法炮制，一些药物加工不用铁器，而用青石药碾、青石杵臼。

007 太医院药具

清。包括药臼、研钵、药秤、煎药罐等。故宫博物院藏。

008  太医院铜药碾

清。总长 26 cm，宽 8.5 cm，高 8 cm；碾槽宽 5.5 cm，深 4 cm。中国历史博物馆藏。
梯形，扁足。

009  太医院铜药臼（附杵）

清。臼高 18 cm，腹径 19.5 cm，底径 14 cm，杵长 31 cm。中国历史博物馆藏。

010　太医院铜药锅

　　清。口径 26 cm，底径 22 cm，高 14 cm。故宫博物院藏。

011　太医院双耳铜药筛

　　清。直径 15.5 cm，高 8 cm。故宫博物院藏。

012 太医院锡盖碗药筛

清。底碗直径 12.5 cm，高 6.5 cm；筛直径 12 cm，高 3.5 cm；盖直径 12 cm，高 4 cm。故宫博物院藏。

013 御药房银温药壶

清。腹径 9 cm，口径 5.5 cm，高 26 cm。故宫博物院藏。
壶腹外壁刻有"御药房"字样。

014　乾清宫药房药材贮销清单

清。故宫博物院藏。

清宫各药房常贮各种药材备用，此为药房药材库藏和使用清单。

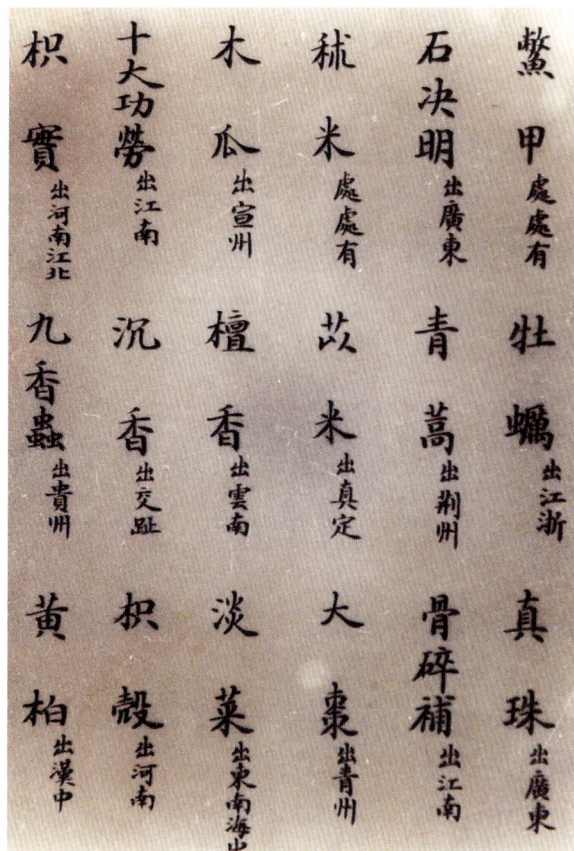

015　清宫应用各地进贡药材档

清。故宫博物院藏。

清宫供医用之中药材由各地进贡，宫中对此要求甚为严格，因而对各药之出处均有记载。此件为药材档中部分地道药材之出处记录。

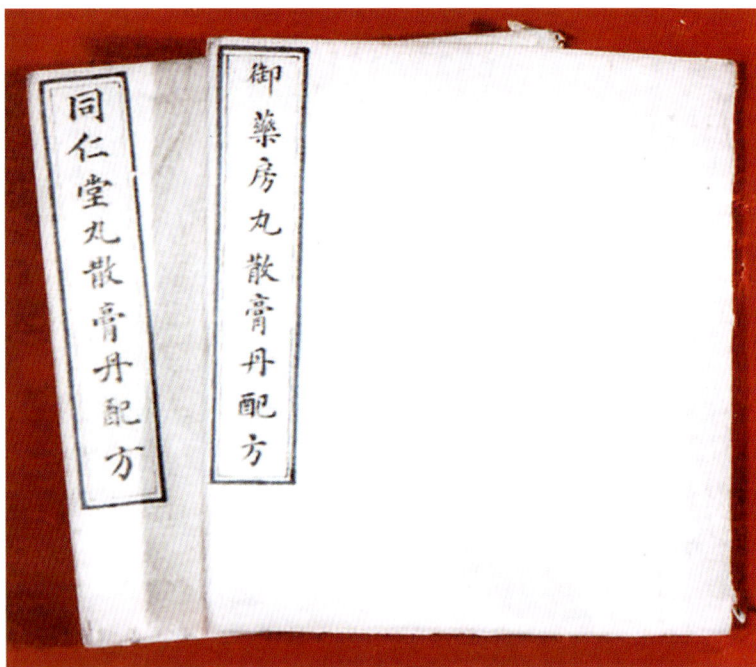

016　御药房及同仁堂丸散膏丹配方档

清。故宫博物院藏。

同仁堂为清代御前当差药店，故其配方本在宫中亦有存档。

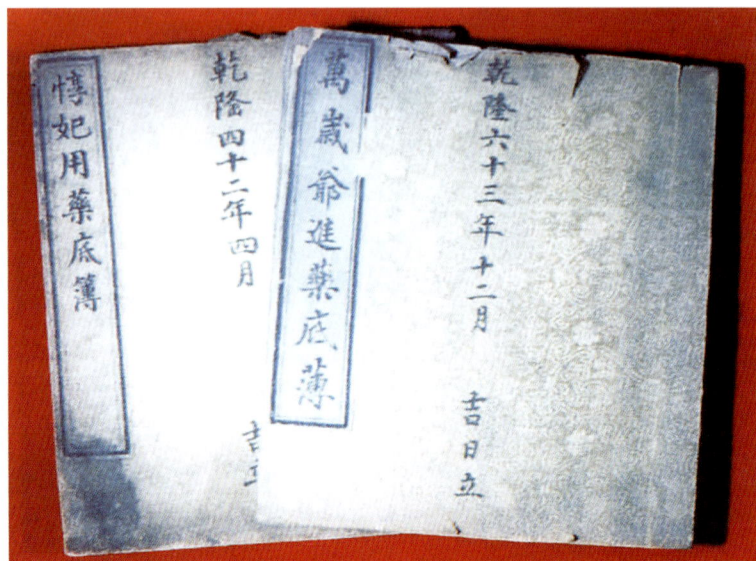

017　万岁爷（乾隆）进药底簿及惇妃用药底簿

清。故宫博物院藏。

图为乾隆六十三年十二月（1799 年 1 月）《万岁爷进药底簿》及乾隆四十二年（1777）四月《惇妃用药底簿》之封面。乾隆在位 60 年，后三年为太上皇，乾隆六十三年即嘉庆三年。

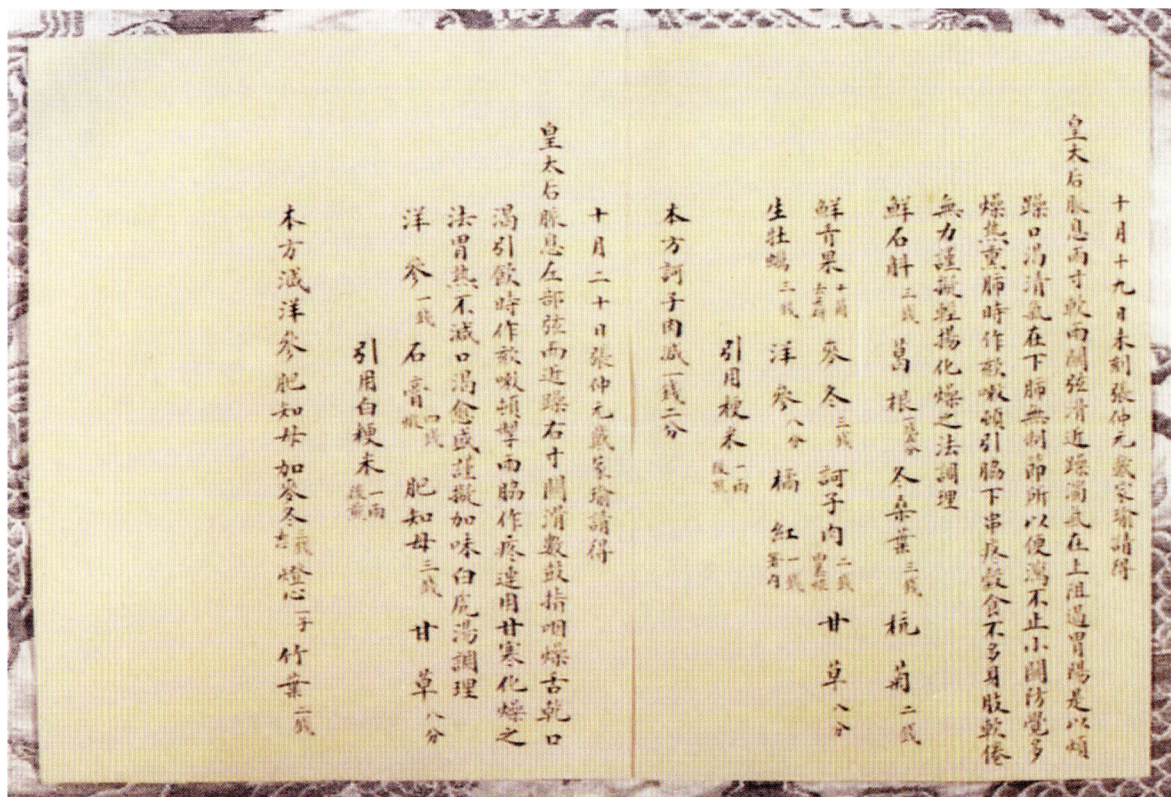

018　慈禧用西洋参脉案档

清。故宫博物院藏。

清宫脉案多见用西洋参者，在慈禧脉案中亦然，御医张仲元、戴家瑜等诊治慈禧疾患之处方中均有记载。

**019　内廷《灵芝赋》青玉屏**

清。宽 23 cm，高 32 cm，厚 1.1 cm。上海中医药大学医史博物馆藏。

正面顶部为半圆形，中间刻有篆书"寿"字，左右镂刻双钩蝙蝠，意为"福寿双全"。屏体以隶书刻乾隆皇帝所作《灵芝赋》。反面用工笔双钩刻灵芝和山石花卉，层缀相交，均填以金粉。系乾隆内廷供奉之物。

玖

临床药具

临床药具是临床用来直接施药以治病的器具。典型器如河北满城汉墓出土的银灌药器及银漏斗，就是作为危重病人的灌药用具。后世常用于五官科的灌药管、药鼓等亦属此类。熏罐则是通过加热药水来熏蒸双眼以治眼疾的器具。外科方面，有用于清洗的药壶、药洗，以及上药的药匙、药管等。另外，大夫出诊所用药箱一类也可归置本篇。

**001　银漏斗**

　　西汉。高 5.2 cm，口径 3.8 cm。重 66 g。西汉满城陵中山靖王刘胜墓出土。河北省博物馆（今河北博物院，下同）藏。

　　银漏斗侈口，口沿平折，漏口扁圆，尖底作漏，器身饰宽带纹一周。银漏斗与银匜配合使用，作抢救危重病人的灌药器。同形制共出土一对。

**002　长流银匜**

　　西汉。高 3 cm，口径 6.4 cm，流长 6.6 cm。1968 年西汉满城陵中山靖王刘胜墓出土。河北省博物馆藏。

　　口沿有一细长流，流底与匜底相通。器上有盖，形似覆盘，盖面有凸弦纹，中心有一乳钉。盖与身之间用活动环纽相连。银匜与银漏斗配合使用（亦可单独使用），作抢救危重病人的灌药器。

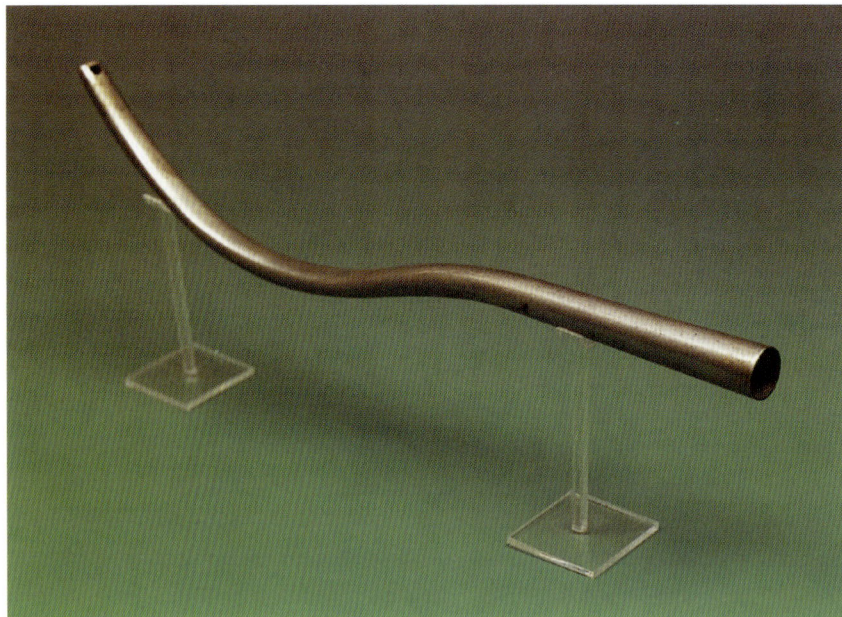

003　白铜灌药管

清。长 19.3 cm。北京中医药大学中医药博物馆藏。
北京鲁氏中医家传四代的医用器具之一，可作危重病人灌药之用。

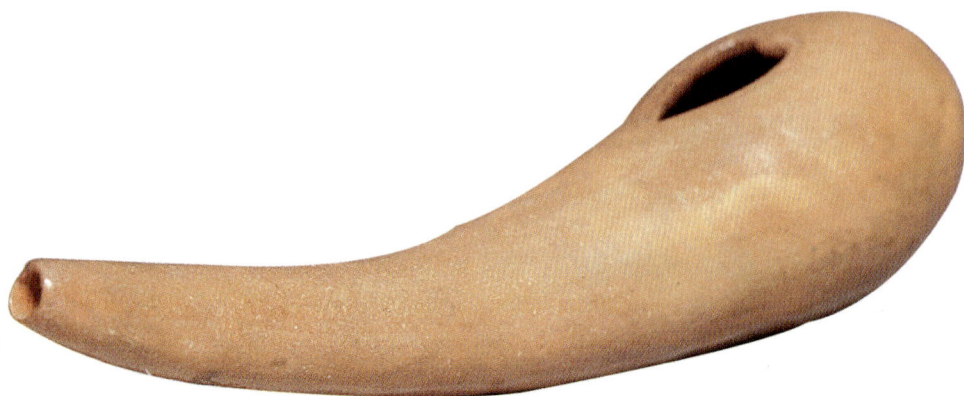

004　瓷灌药器

晋。长 25 cm，腹径 7.2 cm，口径 1 cm。侯宝璋捐献。首都博物馆藏。
用于灌装备用药水，一般用于外科、眼科。

005　细嘴瓷壶

　　明。高 11.9 cm，腹径 13.6 cm。江苏省江阴市夏颛墓出土。江阴市博物馆藏。
　　系以药液淋洗眼疾之器具。

006　瓷熏罐

　　明。高 8.3 cm，腹径 8.2 cm。江苏省江阴市夏颛墓出土。江阴市博物馆藏。
　　无盖，在罐肩上有对称的圆眼四个。罐内盛小斗放置药物，使蒸气从罐口和罐肩四个圆眼中排出，以熏治各类疾病。

007　太医院熏眼器

　　清。由白银熏锅与红木熏筒组成。通高 32 cm，宽 15 cm。熏锅高 8 cm，口径 6.5 cm，腹径 9.5 cm；熏筒高 24 cm。故宫博物院藏。
　　熏锅腹部两侧各有一半圆形环耳；熏筒下部为一凹形半圆，恰与熏锅口贴合。药气通过熏筒向上熏蒸，以治眼疾。

008　红木出诊药箱

近代。长 19 cm，宽 26.5 cm，高 23 cm。上海中医药大学医史博物馆藏。
有抽屉 10 个，内装小药瓶。此箱为上海南翔张志方医生出诊药箱。

　009　出诊药包

近代。长 33 cm，宽 17.7 cm，厚 4.4 cm。南京中医药大学江苏省中医药博物馆藏。
为近代丹阳名医贺季衡（晚年以"指禅"名其斋，自号"指禅老人"）使用。

010　牛皮药箱

近代。长 35 cm，宽 20 cm，高 12 cm。重 1.5 kg。陕北地区征集。陕西医史博物馆藏。

木质药箱，外包牛皮，内有木尺 1 件、剪刀 1 件、药物 2 种。

**011 青花药洗**

清。通长 19 cm，宽 4.1 cm，厚 2.05 cm。上海中医药大学医史博物馆藏。
手柄为方形，柄末端有一孔。通身施青花釉，绘有莲花、莲蓬图案。

**012 白瓷匜形药壶**

近代。长 16.2 cm，通高 6.1 cm。外口径长 6.3 cm，宽 3.1 cm；底口径长 6.3 cm，宽 4.3 cm。重 127 g。广东中医药博物馆藏。
一些危重病人的中药煎剂常需用此灌服。

**013 白瓷匜形药壶**

近代。长 12 cm，通高 4.9 cm。外口径长 3 cm，宽 2.2 cm；底口径长 4.5 cm，宽 3 cm。重 160 g。广东中医药博物馆藏。

中国药学文物图集

014 外科木药匙

清。通长 17 cm，匙长 6.5 cm，匙宽 1.2 cm，柄长 1.2 cm。上海中医药大学医史博物馆藏。
各种形状的大小药匙是外科最常用的上药器具。该药匙匙体轻微磨光，有使用痕迹。

015 金属外科药匙

清。上海中医药大学医史博物馆藏。
左一药匙通长 12.8 cm。匙长 2.9 cm，匙宽 0.7 cm；柄长 9.9 cm，柄宽 0.3 cm。左二药匙通长 14.6 cm。匙
宽 1.9 cm，柄宽 0.9 cm。左三药匙通长 8.1 cm。匙长 1.4 cm，匙宽 1.2 cm；柄长 7.1 cm，柄宽 1.2 cm。左四药
匙通长 10.9 cm。匙长 6.5 cm，匙宽 0.8 cm；柄长 4.4 cm，柄宽 0.3 cm。匙部均有使用痕迹，柄身可见轻微锈斑。

016  牛角外科药匙

清。通长 7.9 cm，匙宽 2.7 cm，柄深 0.9 cm。上海中医药大学医史博物馆藏。

匙部有使用痕迹，匙体轻微磨光。

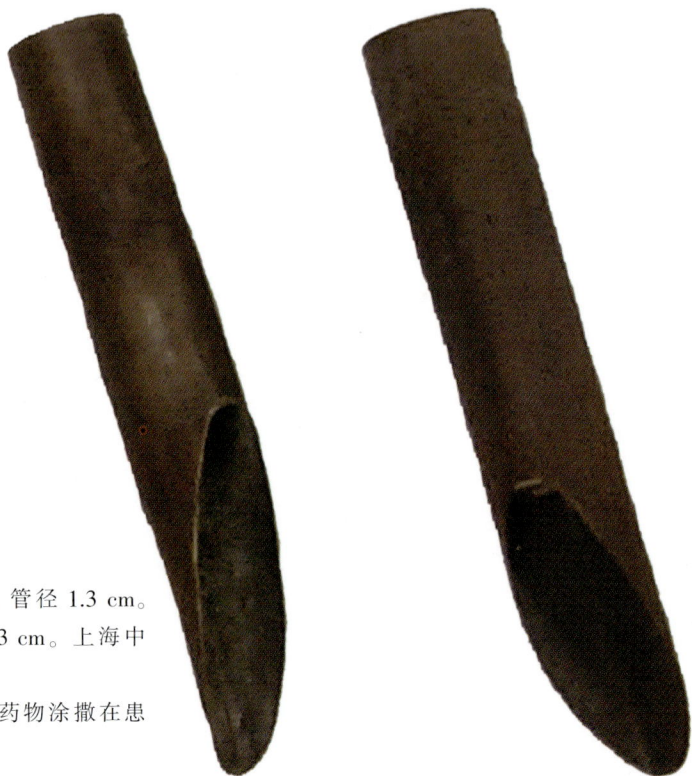

017  外科铜上药管

清。左药管通长 8.2 cm，斜口长 4 cm，管径 1.3 cm。右药管通长 7.6 cm，斜口长 6.5 cm，管径 1.3 cm。上海中医药大学医史博物馆藏。

药管一端为平口，另一端为斜口，便于药物涂撒在患处。管身轻微磨光，可以见到使用痕迹。

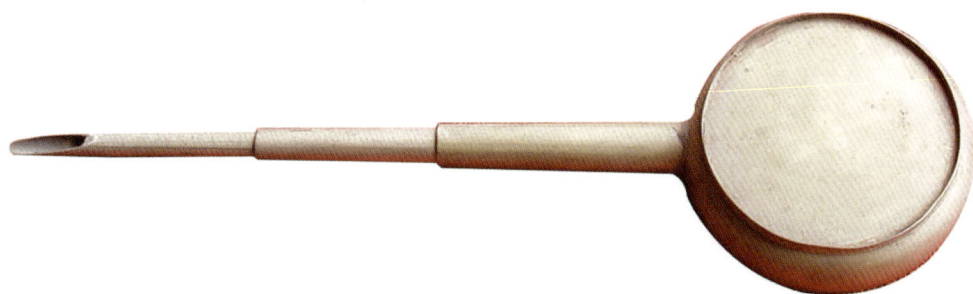

**018　鼻箔管**

近代。长 13 cm，直径 4 cm。南京中医药大学江苏省中医药博物馆藏。
用于给咽喉部疾病患者吹药。

**019　铜药鼓**

民国。长 16 cm，直径 4.5 cm。民间征集。成都中医药大学医史博物馆藏。
为吹药用具。

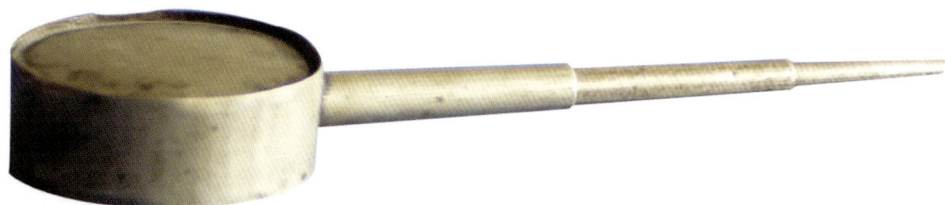

**020　铜药鼓**

民国。长 15 cm，直径 4.5 cm。民间征集。成都中医药大学医史博物馆藏。

021　铜药鼓

　　民国。长 15 cm，直径 4.5 cm。民间征集。成都中医药大学医史博物馆藏。

022　铜药鼓

　　民国。长 16 cm，直径 3.5 cm。民间征集。成都中医药大学医史博物馆藏。

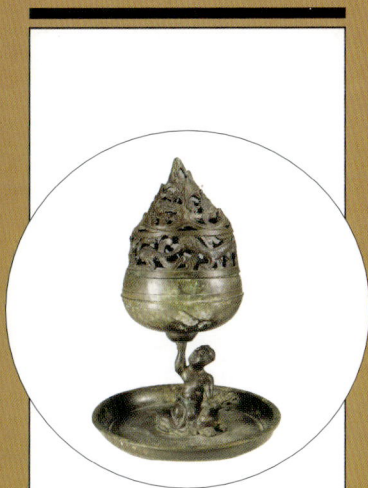

拾

卫生药具

中华民族历来就有讲求卫生的生活习惯，因而在日常生活中具有清洁卫生作用的文物也颇具民族特色。其中与药物最直接相关的，是熏香一类用具。

　　在室内熏香的习俗，始于我国战国时期，主要的燃香之器名"熏炉"，也可称作"香炉"，是古人用于熏香取暖、洁室、杀虫、清洁衣被的卫生用具，有避秽消毒、除湿杀虫的功效。其质地有金、银、铜、瓷、陶等多种，造型及工艺较考究。器形构造大致可分为雕镂的器盖、器身、底座三部分。香料药物置于器身盂中，点燃后香气透过器盖的孔隙发散。造型更为精巧的有熏球，内有"虽外纵横圆转，而内常平，能使不倾"的熏盂，顶部有挂链，以便随身携带或随处悬挂。另外，香盒、熏瓶、熏筒（香筒）、香囊等物，亦属此类。

001　铜香熏

战国。通高 42.8 cm，盘口径 14 cm。湖北省博物馆藏。

　　我国在室内熏香的习俗始于战国时期。燃香之器名为"熏炉"（亦称"香炉"），将药料置于炉中点燃，香气透出，具有怡神洁室、避秽消毒、除湿杀虫等功效。

002　凤纹铜熏

战国。通高 14.3 cm，口径 7.5 cm。湖北省博物馆藏。

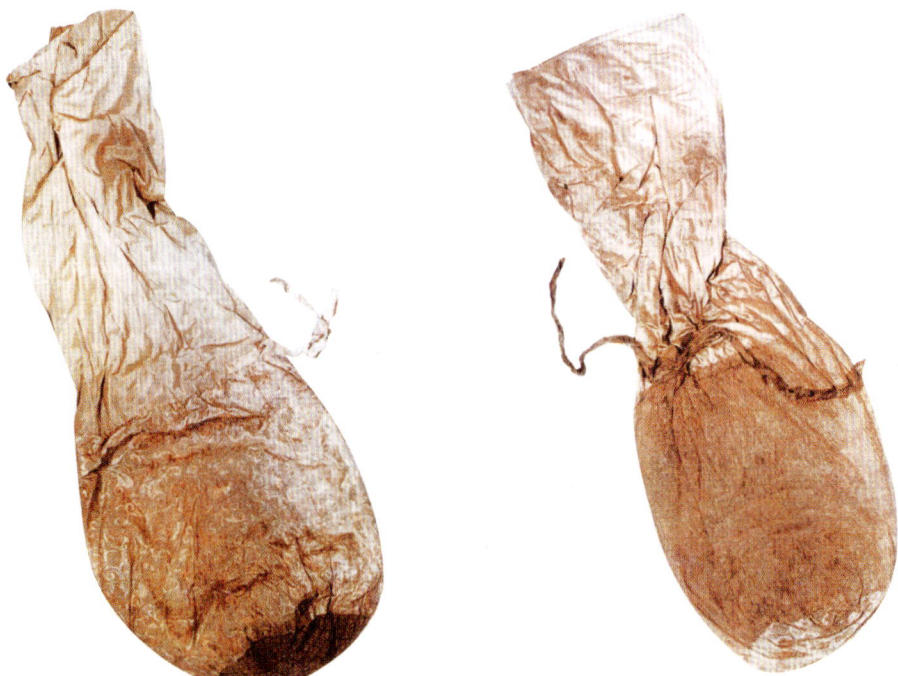

**003　丝质香囊**

西汉。1972 年湖南长沙马王堆一号汉墓出土。湖南省博物馆藏。

左为信期绣囊，右为香色罗香囊。当时妇女随身佩带香囊，取其芳香之气，或曰有避疫的作用。

**004　彩绘陶熏炉**

西汉。1972 年湖南长沙马王堆一号汉墓出土。湖南省博物馆藏。

炉罩系竹编，上贴细绢，可使香气均匀扩散于空气中，也可将衣物等置罩上熏之。出土时，炉内尚有未燃尽的高良姜、辛夷、藁本等香料药物。

005　绿釉熏炉

汉。高 17.3 cm。洛阳市文物商店征集。成都中医药大学医史博物馆藏。

红陶绿釉，底部为盘形，器身作豆状。上有山形盖，盖上有孔，便于香气溢出。

006　绿釉博山炉

汉。高 16.5 cm，口径 11.2 cm，盘径 16.5 cm。成都中医药大学医史博物馆藏。

## 007 青釉陶熏

西汉。高 19.1 cm，口径 9.6 cm，腹径 12.4 cm，底径 7.5 cm。1994 年江苏仪征刘集联营西汉墓出土。仪征博物馆藏。

盖顶中部凸起一棱柱，顶端立一鸟，鸟身中部有一透孔，鸟作振翅欲飞状。棱柱外沿立三小鸟，柱身有九个透孔。盖面上有八个三角形镂孔，上刻人字篦点纹五道、弦纹两道。器身作子母口，深腹，下腹斜折，倒置豆形足腹外壁饰一周水波纹，通体施青褐色釉，釉面光滑。

## 008 辟邪踏蛇铜熏

西汉。通高 9.5 cm。1989 年扬州邗江西湖胡场七号西汉墓出土。扬州博物馆（今扬州双博馆，下同）藏。

器体雕铸成一站立的辟邪，身体作熏身，头、肩部作盖，与身铰链于胸部。辟邪身体浑圆，强壮有力，昂首向天，大鼻，突目，独角，口大张，露齿，口、角、额部镂空作熏孔。体饰双翼，翼上饰卷云纹，四足爪形，抓踏一条盘成"S"形的蛇，蛇之头、尾卷至辟邪腹部。

009　鎏金铜熏炉

西汉。通高 14.4 cm，口径 9.3 cm。齐国故城遗址博物馆藏。

弧形盖，顶饰一环钮，周围透雕盘龙两条，首尾相接。子母口，圆腹。通体鎏金。腹部刻"左重三斤六两""今三斤十一两"。

010　鎏金透雕蟠龙铜熏炉

西汉。通高 19.4 cm。上海博物馆藏。

器座作蟠龙形，三爪外伸着地，一爪压着龙尾。蟠龙张口咬着一柱，柱上为熏炉。熏炉深腹透雕，口沿饰两虎两羊，各具神态。腹部及盖均饰不规则云纹。容器有一层内套，可放燃烧的香料。盖作双层透雕，以散发香气。炉顶立一朱雀。

**011    错金博山炉**

西汉。通高 26 cm。河北省博物馆藏。

炉身似豆形，通体用金丝和金片错出舒展的云气纹。炉盘上部和炉盖铸出高低起伏的山峦。炉盖上因山势镂孔，雕出生动的山间景色。山间神兽出没，虎豹奔走，轻捷的小猴或蹲踞在峦峰高处，或骑坐在兽背上嬉戏玩耍。猎人手持弓箭巡猎山间。座把透雕成三龙出水状，以龙头擎托炉盘。

**012    铜博山炉**

西汉。通高 17 cm。陕西医史博物馆藏。

炉盖呈山峰状，底为喇叭形。系西汉时期常见的熏香器具。

013　鎏银骑兽人物博山炉

西汉。通高 32.3 cm，底盘径 22.3 cm。河北省博物馆藏。

由底盘、炉身、炉盖三部分组成。底盘内卧一海兽，昂首，作张口欲噬状。兽颈前伸作挣扎状。兽背上跪坐一力士，上身裸露，左手按着兽颈，右手高擎炉身。炉盖铸上下两层：上层群山叠翠，流云四绕，云山间虎熊出没，有人兽搏斗和人驱赶牛车的场面；下层铸龙、虎、朱雀、骆驼以及草木、云气等纹饰。

014　铜博山炉

西汉。通高 11 cm，盘口径 10 cm。陕西省西安市出土。上海中医药大学医史博物馆藏。
炉盖镂空。

**015 五凤铜熏炉**

西汉。直径 21.5 cm，通高 20 cm。1989 年于河南焦作嘉禾屯窖藏出土。河南博物院藏。

盘为平底，三只小乳足。大凤双爪铆在盘上，昂首引颈，口衔圆球，振翅挺胸，阔尾上翘，胸前与双翅上均有阴刻羽状纹饰。翅、腹连接处用穿钉相连，可自由张合。尾翅上均有弧形与长方形小镂孔。胸前、双翅和尾部另饰雏凤，共四只。

**016 鎏金透雕铜香熏**

西汉。高 18 cm，底径 6 cm。上海中医药大学医史博物馆藏。

盖上透雕。

271

**017 龙凤足带盘铜熏炉**

西汉。口径 26 cm，通高 28.5 cm，盖高 5.1 cm，承盘径 30 cm。河北省博物馆藏。

炉身敞口，腹微鼓，大平底，三高足，足作龙踩凤状。腹部有对称四环纽，纽下饰宽带凸弦纹一周。平底中心镂一小圆孔，周围有 12 个长方形孔。盖作半球形，上有一环纽，盖面镂有圆形孔 12 个。炉下有一直壁平底的圆形承盘，盘壁开一流状缺口，炉体内灰烬落入承盘时，可从缺口处清除。

**018 铜熏炉**

汉。口径 23 cm，通高 11 cm，底径 11 cm。重 550 g。陕西医史博物馆藏。

炉为走马状，马鞍处有一椭圆孔，两边各有一小孔。无盖。

中国药学文物图集

019　铜熏器

汉。口径 7 cm，通高 15.5 cm，底径 6.2 cm。重
450 g。陕西省咸阳市征集。陕西医史博物馆藏。

博山炉盖，子母口，圆腹，倒喇叭形底座。
有残。

020　铜熏器

汉。口径 3 cm，通高 11 cm，底径 10.5 cm。
重 200 g。陕西省绥德县征集。陕西医史博物
馆藏。

上为火焰状罩盖，中为一高脚杯状，下为一
圆盘。

**021　陶熏炉**

汉。高 19.4 cm。洛阳市文物商店征集。成都中医药大学医史博物馆藏。

灰陶制成，下部为高圈足形，上部为山形。

**022　青瓷香熏**

西晋。通高 17 cm，盘口径 15.5 cm，底径 12 cm。江苏省无锡市东峰公社东方红大队张家湾生产队出土。

南京博物院藏。

该器用于室内或服饰熏香，以改善居室卫生和个人卫生。

**023 褐釉瓷香熏**

东晋。高 11.2 cm，口径 5.2 cm。南京市江宁区陶吴镇娘娘山出土。南京市博物馆藏。

由熏炉、承柱和承盘组成。上部熏炉为球形，敛口，圆唇，鼓腹，腹上布满三角形镂孔，镂孔分三行排列。承柱为圆柱形，较低矮。承盘口沿宽边，盘口处旋刻一周旋纹。通体施褐釉，色调深沉。

**024 青瓷香熏**

东晋。通高 13.2 cm，香笼口 7.5 cm，腹深 5.4 cm，盘口径 13.8 cm，底径 9.5 cm。南京市光华门外赵土岗出土。南京博物院藏。

## 025　青瓷香熏

晋。通高 16 cm，底径 11.5 cm。上海中医药大学医史博物馆藏。

器物上的尖角状物，主要起支撑作用，可作熏帽用。

## 026　博山式陶香熏

南朝。高 20.5 cm，口径 10 cm，底径 9.5 cm。南京市栖霞区尧化乡前新塘出土。南京市博物馆藏。

泥质灰陶。下部为折沿、平底的圆盘，盘中立有支柱，柱上为熏炉及博山盏。炉与盖以子母口扣合，盖上均匀分布 20 个圆孔，盖纽成莲瓣形。莲瓣刻画细致、造型别致。

027　鎏金双蜂团花纹镂孔银香囊（大）和鎏金鸿雁纹镂孔银香囊（小）

　　唐。大者直径 12.8 cm，链长 24.5 cm，重 547 g。小者直径 2.8 cm，链长 17.7 cm，重 87 g。陕西扶风法门寺地宫出土。法门寺博物馆藏。

　　两个香囊均作球体状，分上、下两部分，可以开合。下半球内有两个由同心圆组成的持平环，环中有香盂，可盛放香料。上下合拢后，香囊可以任意滚动，而燃烧之香料不会倒出香盂。

028　镂空银熏球

　　唐。高 6 cm，直径 5.4 cm，重 60 g。1965 年西安市郊三北村唐墓出土。西安市文物保护考古所藏。

　　为镂孔圆球体，分上、下两部分，可开合紧扣。球顶有纽，上有挂链条。球体内安装纵横方向的两个同心圆环，轴上盂始终处于水平状态。因小巧玲珑，银熏球可在多种条件下使用。

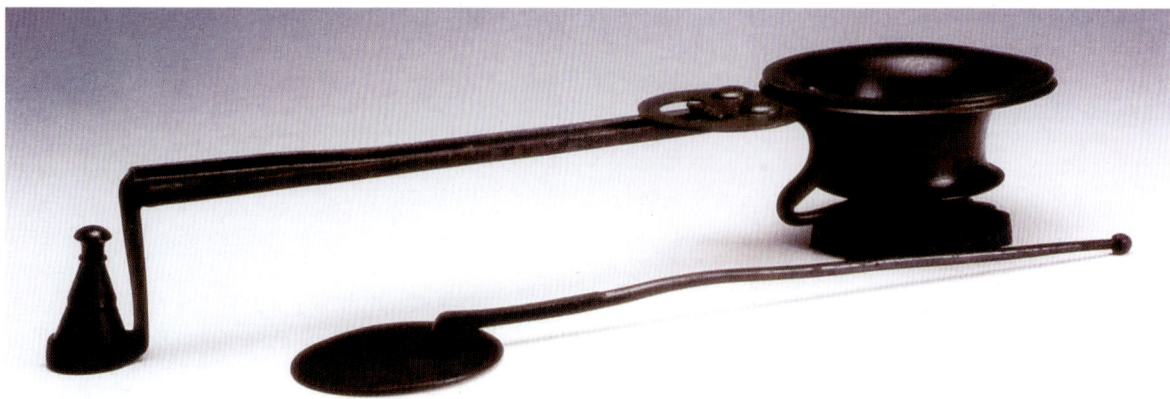

029　单柄雀炉

唐。长 39.8 cm，腹径 11.6 cm，高 6.9 cm。西安市文物保护考古所藏。
为佛教徒手持香炉。

030　蟠龙白瓷博山炉

唐。高 38 cm。日本大和文华馆藏。

中国药学文物图集

031　褐彩如意云纹青瓷熏炉

唐。高 66 cm。临安县文物馆（今临安市文化馆，下同）藏。

全器由盖、炉、座三部分组成，通体施青釉。由于烧成温度不同，盖与炉、座的釉色皆不同：盖部釉呈青黄色；炉和座因窑温较低，未能达到良好的烧成效果。盖、炉、座均绘釉下褐彩如意状云纹。

032 鎏金卧龟莲花纹五足银熏炉

唐。通高 48 cm。1987 年陕西扶风法门寺地宫出土。法门寺博物馆藏。

033 鎏金卧龟莲花纹朵带五足银熏炉

唐。通高 29.5 cm，盖径 25.9 cm，腹深 7 cm。重 5.36 kg。陕西扶风法门寺地宫出土。法门寺博物馆藏。

由炉盖、炉身两部分组成。炉盖面上有五朵莲花，各花心卧有一龟。中部有莲瓣相托的宝珠盖纽。下部莲瓣镂空，以便香烟溢出。炉身周围有独角天龙足五个，两足间饰有朵带，显得十分精美。

中国药学文物图集

**034 青白釉香熏**

北宋。通高 16.5 cm，腹径 15.3 cm，底径 10.5 cm。传世品。扬州博物馆藏。

为上下对合的球形。熏盖布满火焰状镂孔，以子母口与熏体结合。熏体中腹有一道凹状弦纹。底座束胫，高圈足、平底。胎质坚密白细，器内无釉，器外施青白色釉，釉色莹润如玉。器形美观敦实，为实用器。

**035 青瓷熏炉**

北宋。通高 19.5 cm，口径 17.5 cm，底径 12.6 cm。黄岩市博物馆藏。

炉盖上有缠枝花卉镂孔，炉身下腹刻重瓣仰莲。造型奇特别致，装饰构图庄重严谨。内外薄釉，釉色青绿，莹润光滑，有如凝脂。

036　鎏金花鸟纹铜熏炉

　　辽。通高 14 cm，腹径 11.6 cm。河北省博物馆藏。
　　通体鎏金，敛口，圆唇，折肩，平底。肩两侧各有一环，与弧形提梁相连。梁顶中部有一长链，与盖面的环纽相连。盖呈八角僧帽状，上有镂孔，沿四周模压云形灵芝纹，肩及近底部各饰花卉纹一周，腹部錾刻精细的花鸟纹。

037　透雕镂空铜床熏

　　明。高 12 cm，腹径 12.8 cm。上海中医药大学医史博物馆藏。
　　球形，全镂空，分上、下两部分。内部有两个同心机环，机环有轴承，环内有盂。熏球转动时，香盂始终保持平衡。可用于消毒被褥，故亦名"卧褥香炉"。

中国药学文物图集

038 牧童骑牛形铜熏炉

明。通高 14 cm。河北省博物馆藏。

牛呈半卧状，回首，长尾下垂。器腹中空，用于贮存香料。背顶有一长方形盖，盖钮铸一牧童骑于牛背之上，身背带孔草帽，正在吹短笛，一派悠然自得。

039 麒麟铜熏炉

明。高 50 cm，口径 28 cm。上海中医药大学医史博物馆藏。

炉上部为盖，透雕云纹，有四只麒麟，顶部饰一大麒麟，瞠目露齿。下部为炉体。室内香熏器的一种。

**040 獬豸铜熏**

明。高 57 cm，长 47 cm，宽 34 cm。上海中医药大学医史博物馆藏。

此器头部可掀开，内放点燃的香料，作香熏室内之用。獬豸，传说中公正严明的祥兽。

**041 铜帽熏**

明。高 18 cm，长 11 cm，宽 10 cm。上海中医药大学医史博物馆藏。

獬豸形。此器用于消毒帽子。

**042　兽形铜熏炉**

　　明。通高 33 cm，口径 17 cm。河北省博物馆藏。

　　炉作独角怪兽形。兽昂首挺立，利齿交错。腹部饰卷云纹；尾部分开，均向内卷；足部有一缠绕四足的蛇。兽首为熏炉盖，腹部中空，嘴、眼、耳相通，以散发香味。

**043　铜熏炉**

　　明。高 14.5 cm，腹径 10 cm。成都中医药大学医史博物馆藏。

　　此熏炉为瓜棱形、六瓣。上方有圆形镂孔三个，顶部以植物枝茎虬曲代替把手，两侧壁雕壁虎状动物作耳。下部三足支撑。

044　铜镀金掐丝珐琅双耳熏炉

明。高 28 cm，口径 19 cm，足径 14 cm。故宫博物院藏。

炉体铜胎镀金，圆身，双兽耳，三象首足，镂空夔凤捧寿双层盖，龙纽。炉身通体施浅蓝釉，腹部饰掐丝珐琅双狮戏球花纹。

045　堆花铜香炉

明。通高 8.8 cm，腹深 5.3 cm，长 8.1 cm，宽 5.2 cm。重 250 g。广东中医药博物馆藏。

形似鼎，堆花纹饰。长方形颈，兽形双耳，四足方圆形。炉口长方形，炉盖内嵌。

046　扇形铜熏炉

明。通高 9 cm，宽 5.1 cm，外围周长 12.5 cm，内围周长 5.4 cm。重 238 g。广东中医药博物馆藏。

上方镂空，炉内放香料，燃时，香味由镂空面飘散至空气中。

047　宣德款铜炉

明。高 16.2 cm。据说是在南京南郊出土。南京市博物馆藏。

敛口，鼓腹内收，平底，下承三足，双竖耳。底部铸"大明宣德年制"款铭。通体造型简朴，包浆光润。

048　宣德款铜炉

明。口径 21.5 cm，通高 15 cm，底径 21 cm。重 5.15 kg。陕西医史博物馆藏。

直口，口沿上带双耳，折腹，乳状足。底有"大明宣德制"款。

## 049　象牙雕套盒

清。高 21 cm。故宫博物院藏。

可分上、中、下三部分，每部分均可拆卸。上层为镂空六孔圆球，内有一方体，也是六孔，空心，中纳色子，有 1～6 点，黑漆点成。中、下部为一高一扁两圆盒，可拆卸为盖、身。装饰虚实方格或斜垒方格纹，灵感似来自编织物。此盒或用于储物，或用于放置香料。

## 050　贴簧镶染牙冠架

清。高 28 cm，座径 15.2 cm。故宫博物院藏。

贴簧器与火绘、镶嵌等工艺相结合。三足，上承圆顶，近似莲房，足下有托泥，造型自香几化出。圆顶呈球状，镂空，球内可放香料，用以熏帽。架足自上而下，几经弯转，以外翻云头结束。沿边起阴线，用火笔烙成深褐色，中镶绿色染牙花片及圆珠。部分弯转处有紫檀镂空小花牙。冠架是帝后生活中不可缺少的用具，放在炕桌或案上，便于放冠。贴簧器以木为胎，木胎可随意造型，十分实用。

051 象牙雕花鸟香盒

清。一高 1.8 cm，径 3.2～4 cm。一高 1.6 cm，径 3.8 cm。故宫博物院藏。

一呈海棠花形，一呈梅花形，均以镂刻染色技法制成。小盒从中分启，边缘微薄，中间鼓起，上下重叠较深，有明黄绦带从孔中穿过，绦带下端束有珊瑚米珠及彩线丝穗。通体镂刻万字纹，中间刻有花鸟纹。

052 透雕镂空象牙熏瓶

清。高 12 cm。上海中医药大学医史博物馆藏。

此器全镂空，透雕花卉，填以色彩，制作精美。

卫生药具

053 程胜瑞竹雕《文姬归汉图》花熏

清。高 21.5 cm，径 4.2 cm。故宫博物院藏。
用通景方式镂雕《文姬归汉图》。色棕黄。
在花熏下方有阳文篆体"程胜瑞制"方印。

054 云龙透雕铜熏筒

清。高 19.5 cm，直径 3.6 cm。上海中医
药大学医史博物馆藏。
透雕云彩和飞龙，四周镂空，上有盖，
可开启。

055 香筒

清。通长 10.9 cm，粗 1.4 cm。上海中医药大学医史博物馆藏。
由竹筒制成，通身有镂雕，两端有象牙筒盖。

中国药学文物图集

**056　瓷香筒**

清。高 17.5 cm，腹宽 7 cm，口径 4.5 cm。
南京中医药大学江苏省中医药博物馆藏。

**057　酱色瓷香筒**

清。通高 12 cm，筒径 5.4 cm。上海中医药大
学医史博物馆藏。

筒上端有一个大孔和三个插香用小孔及三个小
乳钉钮，做工精细。表面有荷叶、莲花、莲蓬图案，
施酱色釉。底面有"王炳荣作"款。

**058 瓷香炉**

清。口径 19.4 cm，宽 13 cm，通高 31.3 cm，底长 19 cm。重 3.8 kg。山西省张克恭征集。陕西医史博物馆藏。方盘，直颈，腹有二穿，四个三角足。

**059 佛手形铜熏炉**

清。长 25 cm，宽 9 cm。上海市文物商店征集。成都中医药大学医史博物馆藏。系佛手状熏炉，盖已失。

拾壹

本草书影

"本草"是中国传统药物学的特有称谓。本草学内涵丰富，主要包括中国传统药学发展历史（历史学），本草文献著作本身（文献学），本草著作中所记载的药物基原、药性理论和功效应用（药物学）三个方面。本草文献不仅是中国独有的国家资源和科技文化的重要遗产，而且是人类历史文化的宝库，其中既包含丰富的人文资源，也蕴藏着丰富、亟待深入开发的自然资源；不仅含有医药学、博物学等方面的知识和理论，而且含有大量人类健康生活和环境科学理念，以及民俗文化、民族文化、区域文化、边疆文化、宗教文化等丰富多彩的艺术史料。但是，鸦片战争以来，本草典籍或毁佚或流失海外，使今人难以目睹其原貌。

　　本篇精选各时期代表性本草文献，形式上有秦汉时期的简牍、南北朝和唐代的卷子抄本，也有宋元时期的刻本、明清时期的彩绘本。编撰方式上有私人编著，也有官修集体编撰。内容上有综合性本草、地方性本草，也有食疗、救荒以及炮制类、植物志类本草。出版方式有国内刊刻印刷，也有外国刊刻。来源上有国内图书馆珍藏，也有海外珍稀本草文献，从中大致可以了解中国本草发展的历史脉络。

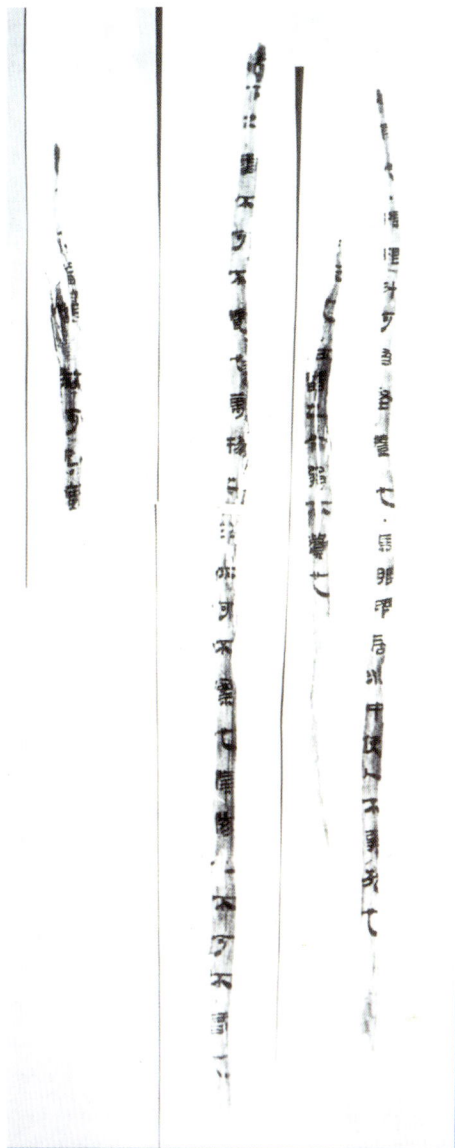

001　阜阳汉简《万物》

西汉。1977年于安徽阜阳西汉汝阴侯墓出土。国家文物局古文献研究所藏。

共130余枚。在与医药有关的内容中，收录药物70余种，涉及草、木、果、菜、米谷、鱼虫、禽兽等类，此为其中一部。

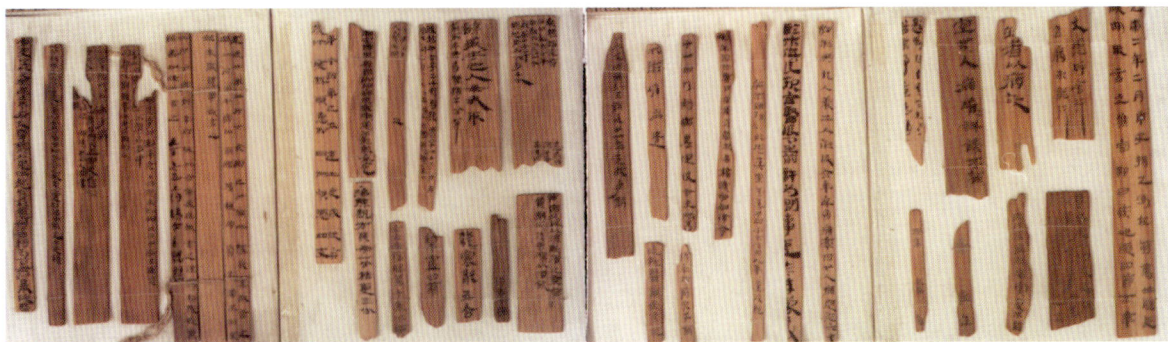

002　武威汉简《治病百方》

东汉。1972年11月于甘肃武威旱滩坡地汉墓出土。甘肃省博物馆藏。

计92枚，其中一简有"右治百病方"五字，故名。《治病百方》记载了较完整的医方30多首，所用药物百余种，剂型有丸、散、膏、丹等，还记载了诸多病名、症状、病理变化及方剂功用等，反映了西汉以来我国实践医学的水平。

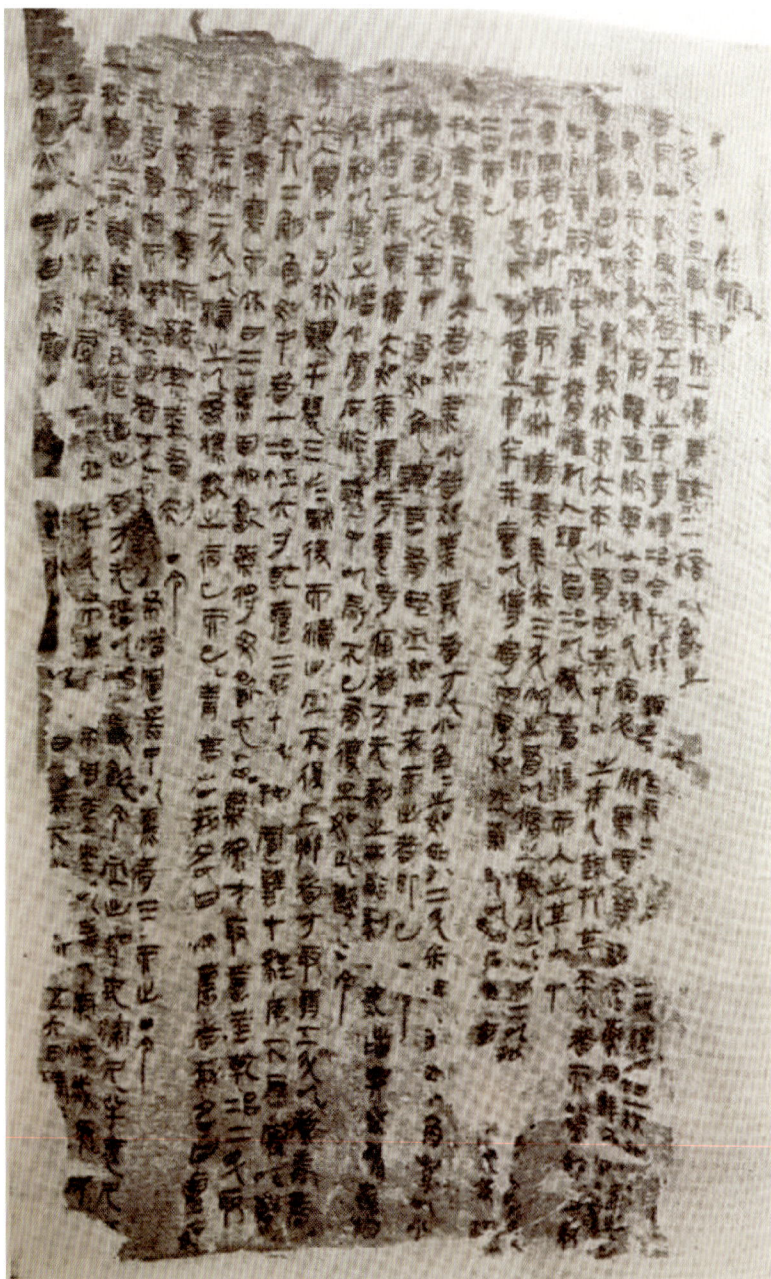

**003　长沙马王堆汉简《五十二病方》**

秦汉。1972年于湖南长沙马王堆三号汉墓出土。湖南省博物馆藏。

马王堆汉墓出土的4种含药物的医书共记载了283首药方，其中《五十二病方》所载药物达247种，包括矿物21种、草类51种、木类29种、兽类23种、虫类16种等。内容涉及药物产地、形态、炮制、制剂、配伍、储存等，是考察先秦药物发展的珍贵史料。

为现存最古的本草专著，成为我国本草发展的基础，具有重要的历史价值。全书分上、中、下三品，每品1卷，共3卷，收载药物365种。

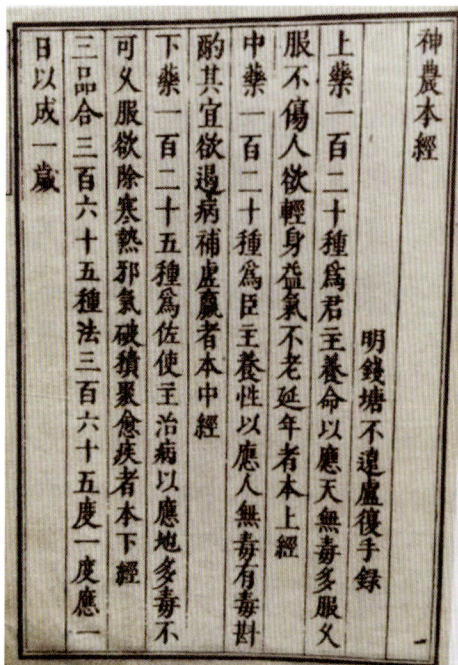

004-1：明代天启四年（1624）《医种子》丛书本，四川省图书馆藏。明季钱塘中医卢复于万历四十四年（1616）辑成，为现存最早的本经辑本。3卷。

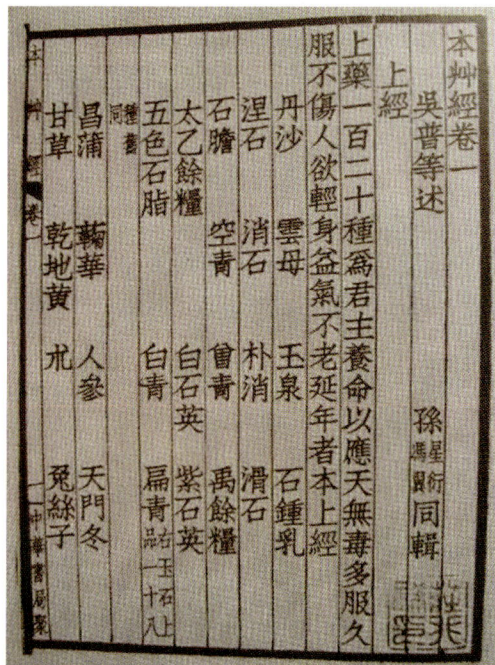

004-2：光绪辛卯年（1891）周学海《周氏医学丛书》本，中国中医科学院图书馆藏。清代江苏阳湖孙星衍、孙冯翼于嘉庆四年（1799）合辑而成。3卷。

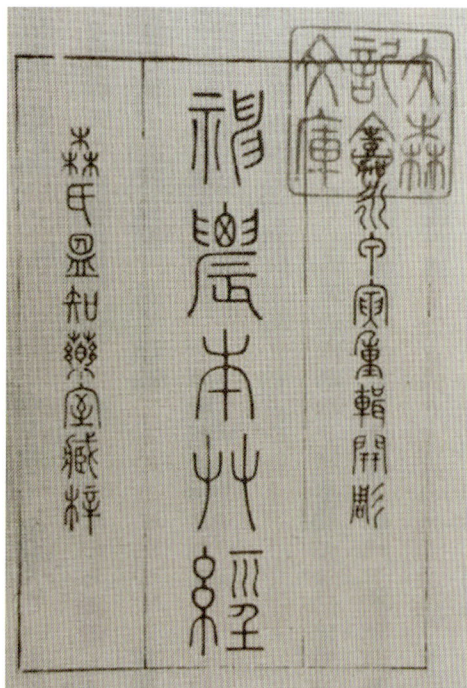

004-3：日本嘉永七年（1854）森氏温知乐室刻本，日本京都府立植物园藏。日本森立之于孝明天皇安政元年（1854）辑成。4卷。

梁·陶弘景以《神农本草经》为基础，增补《名医别录》，加入作者解说而成。首创"玉石""草木""虫兽""果""菜""米食""有名未用"七种自然属性分类，以及"朱（本经）墨（别录）分书"编写体例，系统整理了南北朝以前的本草资料，是我国本草史上的划时代专著。7卷，收载药物730种。

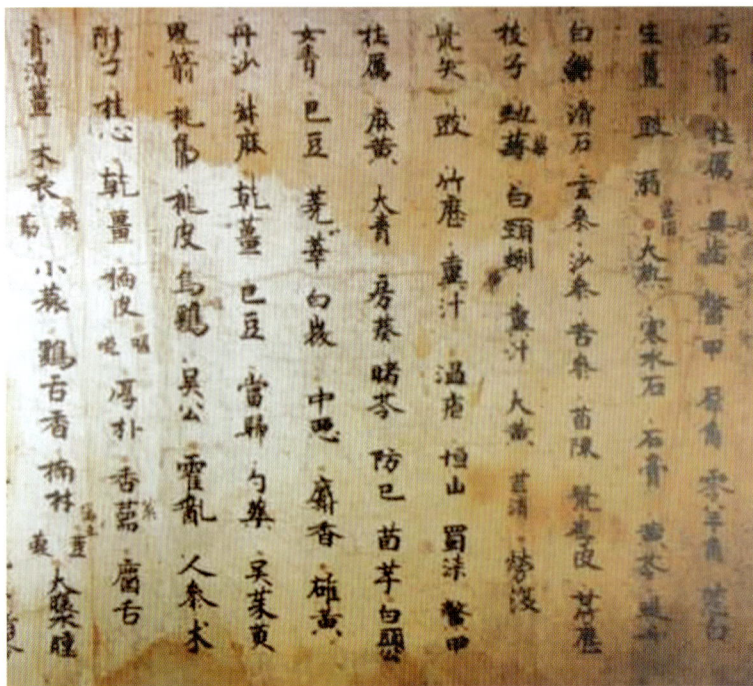

005-1：吐鲁番残简两片，为唐以前抄本。德国普鲁士学院藏。存目录，收载"燕矢""天鼠矢""鼹鼠"三药条文和"豚卵"一药部分注文，朱墨杂书，如实反映原书资料。原藏者误作"药性论"。

昆虫令熱斗端草石不分虫蜗无辨旦

所主治互有多少医家不能備見别識

致渙误今輒苞綜諸經研括煩省為八神

農本經三品合三百六十五為主又進名醫

副品亦三百六十五合七百卅種為主

序錄合為三卷雖未足追踵前良

庶亦一家撰製吾去世之後可貽諸知

方　本草經卷上　序藥性之本源詮病名之形診用之

本草經卷中　玉石草木三品合三百五十六種

本草經卷下　蟲獸果菜米食三品合一百九十五種

右三卷其中下二卷藥合七百七十四

種　　其一百廿種為君主養命以應人無毒多

上藥一百廿種為臣主養性以應人無毒有毒斟酌其

眼久服不傷人欲輕身益氣不老延年者本上經

各別有目錄並朱墨雜書并子注大書大

有名無實三品合一百七十九種

正黑最為美米食三品合一百九十五種

左使主治病以應地多毒不可久服欲除寒热邪氣

宜欲兒病補虚羸者本中經　下藥一百廿五種為

桂屬寫味健主四支并五藏……

芒消戻先生為細章蜀科使……

右此五條出藥對中義……

莫可遵用……

本草集注第一　序錄

　　　　　　　華陽陶隱居撰

開元六年九月十一日尉遲盧麟

於都寫本……

005-2：开元六年（718）敦煌写本残卷，日本龙谷大学藏。为原书序录1卷，卷首缺序的首三行，余皆完整。文首有朱点，无朱墨杂书。

唐·苏敬等20余人奉旨于显庆二年至显庆四年（657—659）编成。54卷，收载药物844种。成书后由政府颁行全国，并流传到日本、朝鲜等国。

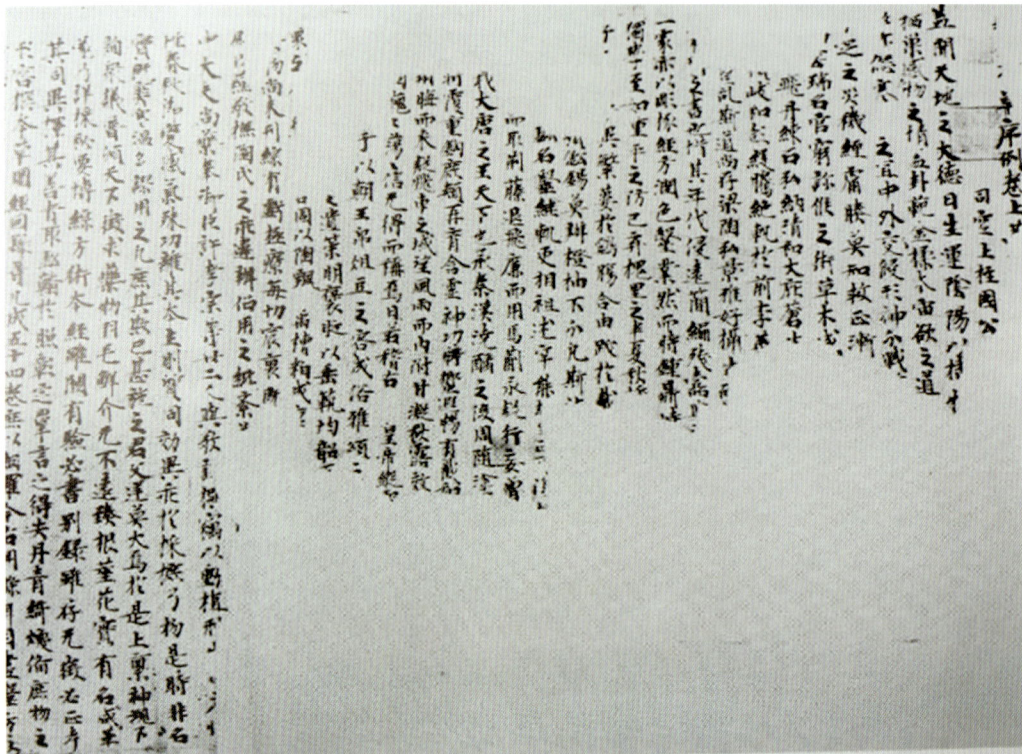

006-1：敦煌卷子残片一，日本杏雨书屋藏。为原书卷一序，多处破损，难见全貌。

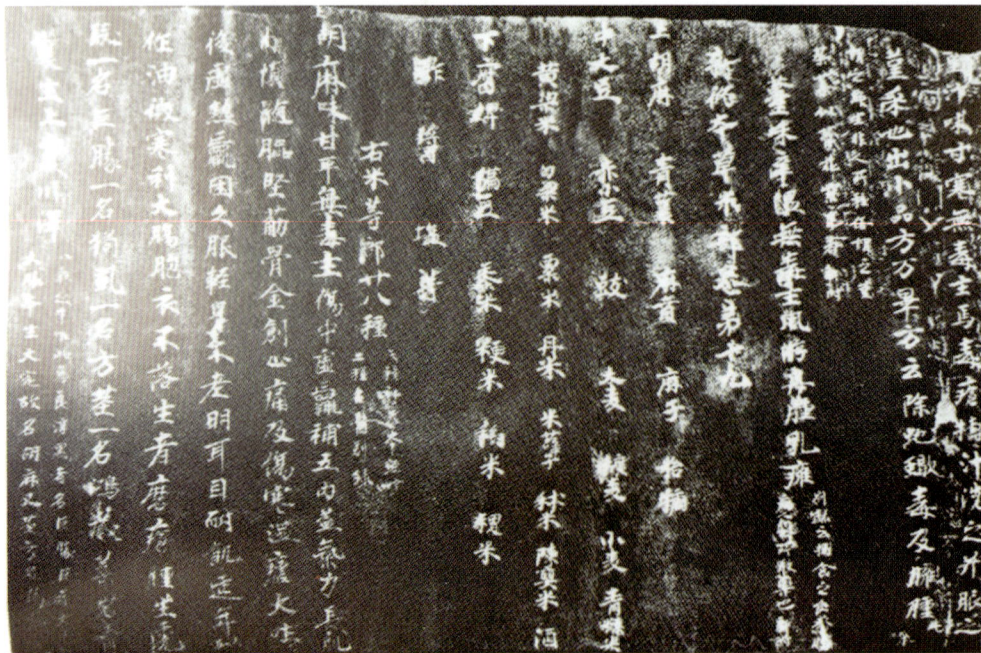

006-2：敦煌残片二，英国大英博物馆藏。编号S.4534。为卷十七果部残文。

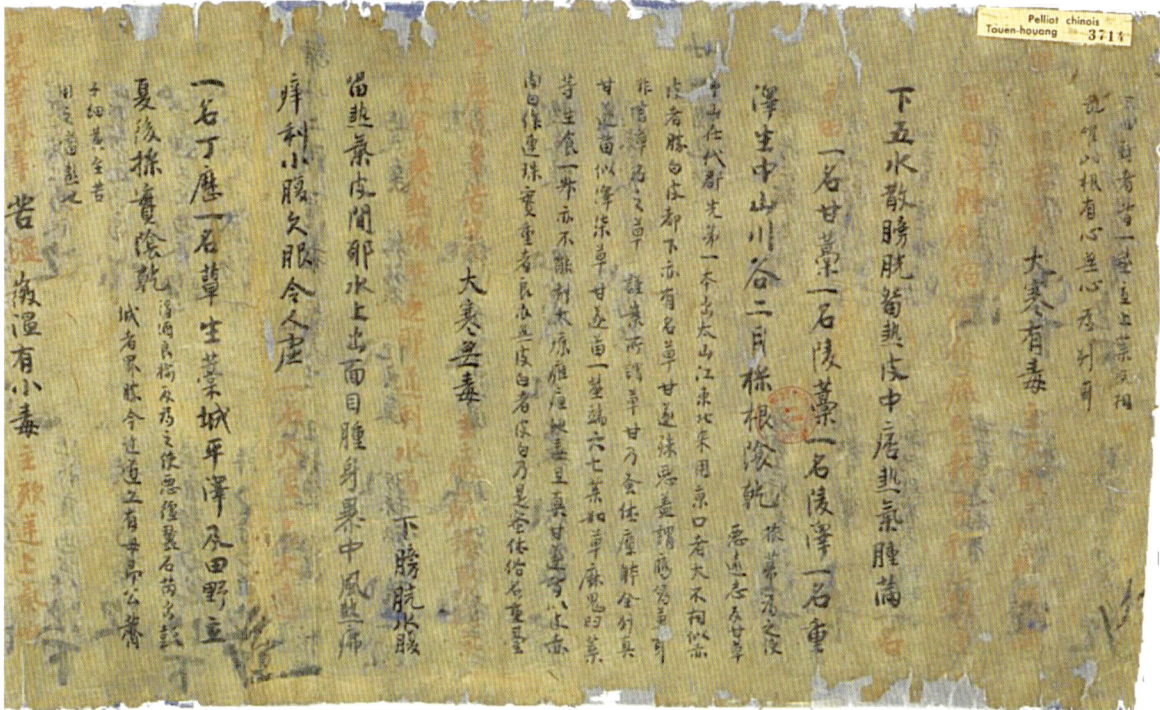

006-3：敦煌残片三，法国国家图书馆藏。编号 P.3714。为正反两面朱墨分书，正面为草部残文，反面为州驿牒文。

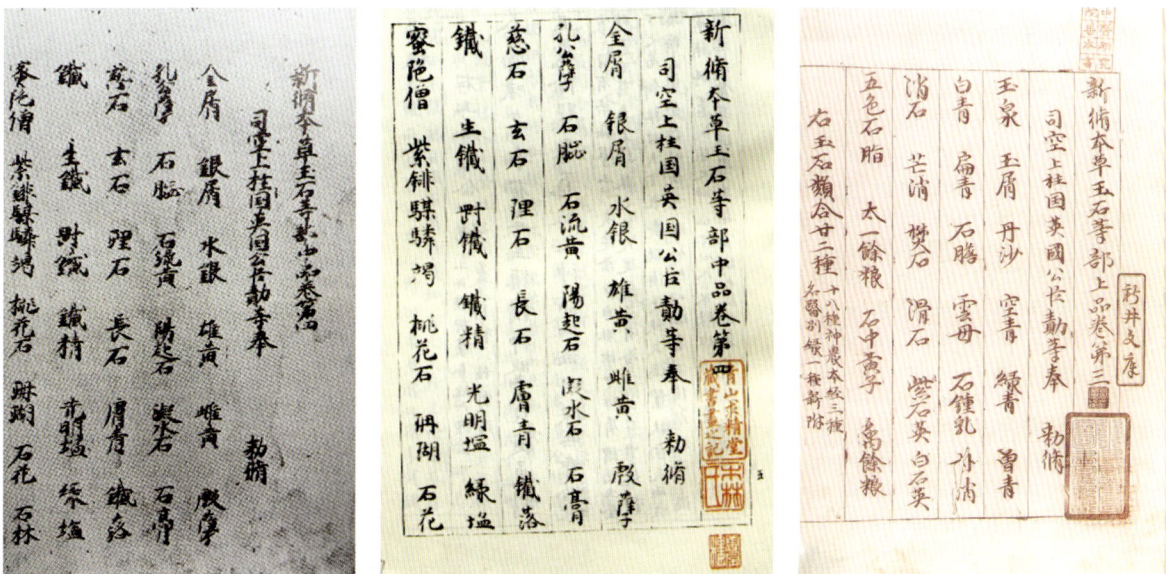

006-4：日本江户末期古抄本残卷，共有10卷，分别为卷4~5、12~15、17~20。从左至右分别为：天保三年至天保十三年（1832—1842），京都狩谷掖斋誊录唐天平三年（731）写本残卷，名古屋市德川黎明会藏（卷15）；名古屋浅井紫山派门人大塚原修节录日本仁和寺古卷子本，仁和寺藏（卷4~5、12、17、19）；光绪十五年（1889）德清傅云龙根据日本京都古卷子抄本影刻（卷13~14、18、20），将其收入《篹喜庐丛书》之二，中国中医科学院图书馆藏。

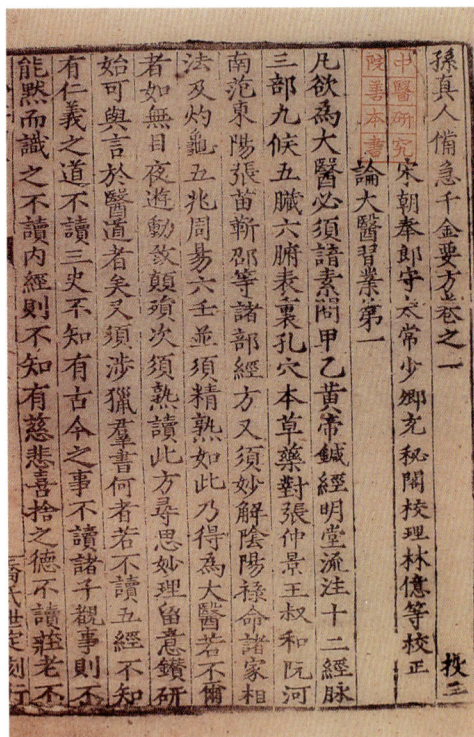

**007 《千金要方》**

元刻本。中国中医科学院图书馆藏。

唐·孙思邈撰。30卷。孙氏有"人命至重，有贵千金，一方济之，德逾于此"，故名。

本书包括医学伦理、本草、临证各科等内容，计233门，合方5 000余首。书中所载内容，系统地总结和反映了自《黄帝内经》至唐初中国医药学的发展情况，具有较高的学术价值，对国内外均有较为深远的影响。

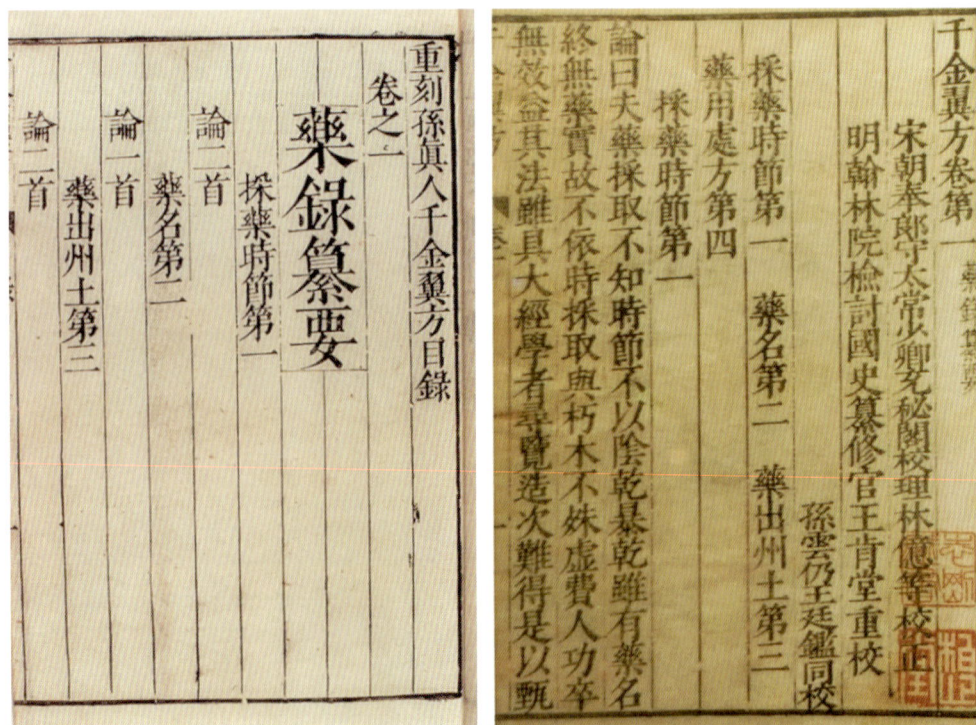

**008 《千金翼方》**

清刻本。中国中医科学院图书馆藏。

唐·孙思邈撰。30卷。为《千金要方》的续编，故称"翼方"。书中辑录药物800余种，有些是唐以前未收录的新药和外来药物。书中对内、外各种病证的诊治在《千金要方》的基础上均有增补，并收载了当时医家所秘藏的《伤寒论》，选录了《千金要方》所未载的古代方剂2 000余首。

唐·孟诜编撰，张鼎增补，成书于开元年间（713—714），为我国唐代较全面的营养学和食疗专著。原书 3 卷，收载药物 227 种。

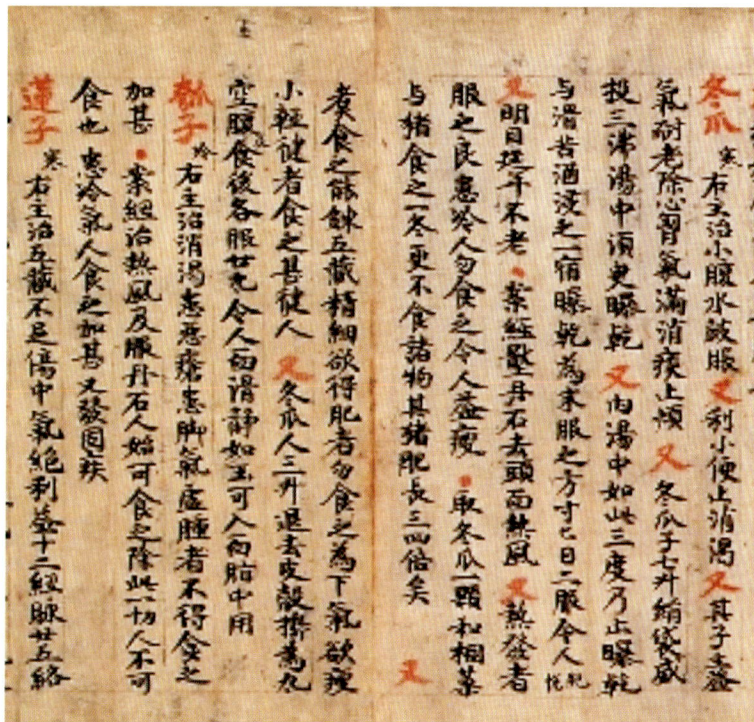

009-1：敦煌残片，英国大英博物馆藏。编号 S.76。存瓜果类药物 26 种（首尾两条不全），采用朱墨分书。药名，药方前"又""又方"，分隔句段用的圈点，皆用朱色书写。

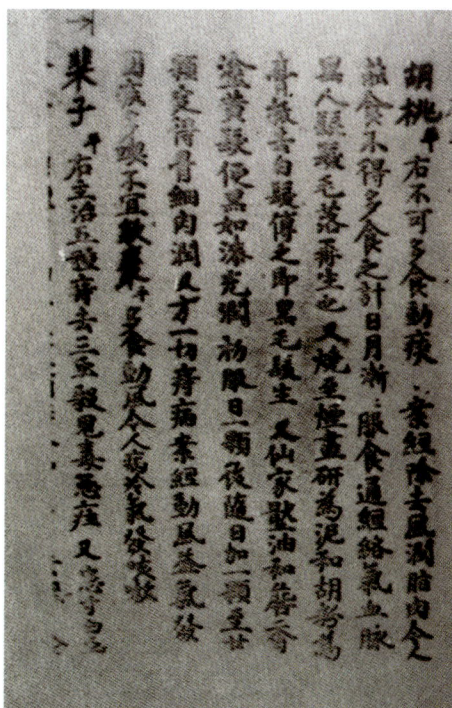

009-2：日本江户年间狩野直喜抄录本。1924 年罗振玉据狩野抄本影刻，收入《敦煌石室碎金》。

　　宋·唐慎微撰。以《嘉祐本草》为蓝本，补入《本草图经》而成。31卷，收载药物1 746种。多附药图，兼录方剂3 000余首，是研究宋以前本草学的重要文献。现存版本主要分"大观""政和""绍兴"三大系统。

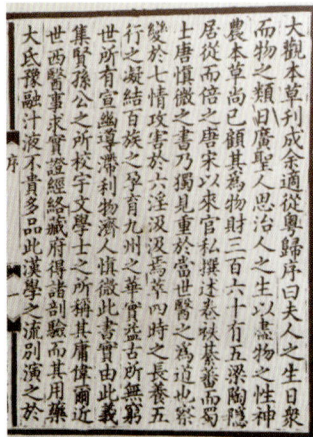

宋嘉定四年（1211）刘甲
刻本，国家图书馆藏

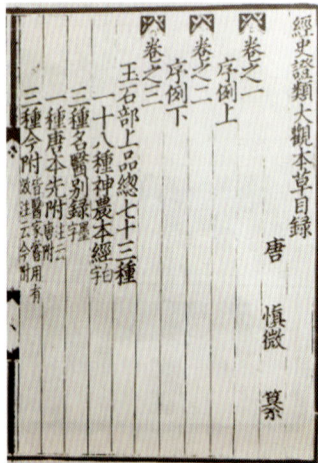

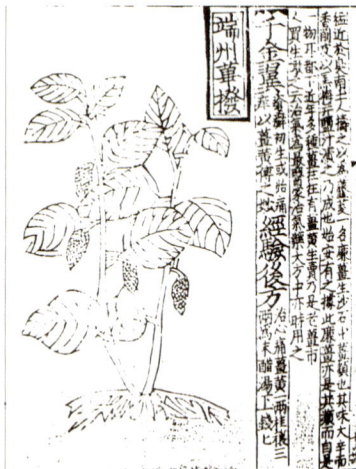

清光绪三十年（1904）武昌柯逢时影刻本，中国中医科学院图书馆藏

　　010-1：《大观本草》系统，全称《经史证类大观本草》，艾晟于北宋大观二年（1108）校正初刊，31卷，属于地方官刊。

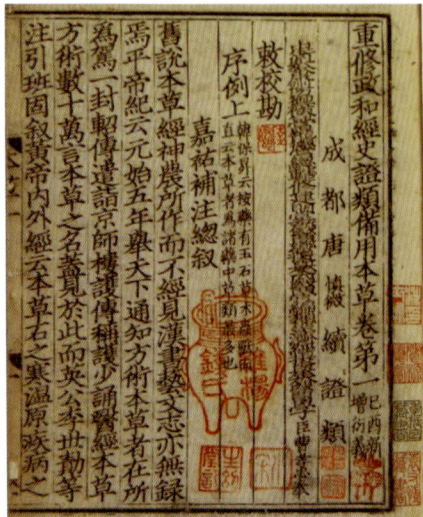

　　010-2：《政和本草》系统，全称《政和新修经史证类备急本草》，曹孝忠于北宋政和六年（1116）校修，30卷。蒙古泰和甲子年（1249）张存惠晦明轩刻本，上海图书馆藏。

1836 年日本神谷克桢抄本（存 19 卷），北京大学图书馆藏

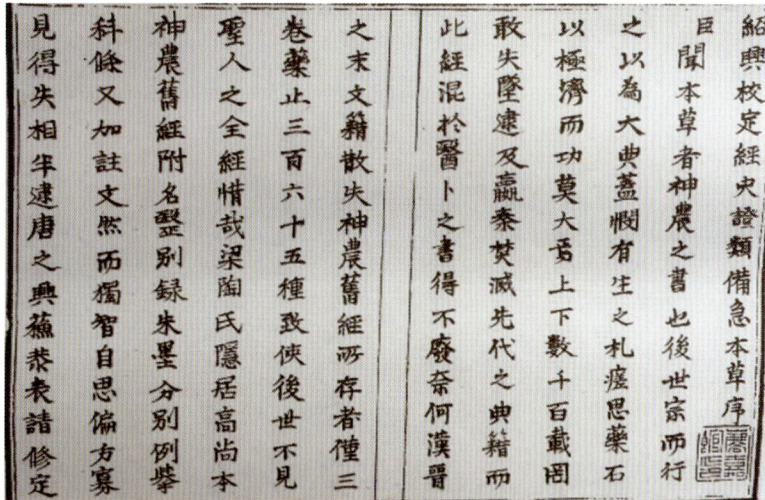

日本佚名氏抄本（存 28 卷），日本龙谷大学图书馆藏

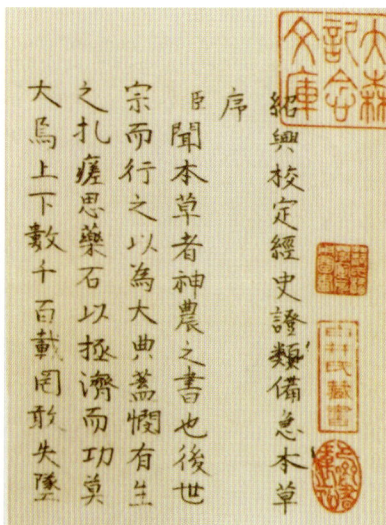

日本佚名氏抄本（存 28 卷），日本京都府立植物园藏

010-3：《绍兴本草》系统，全称《绍兴校定经史证类备急本草》，南宋王继先于绍兴二十九年（1159）校修，现存中日抄本 40 多种。

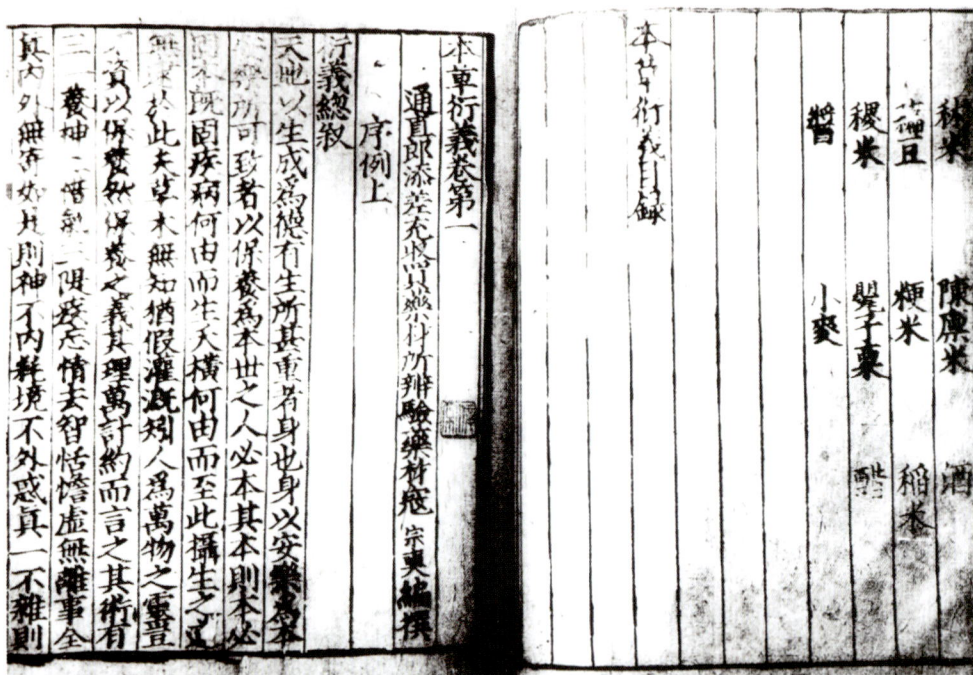

011 　《本草衍义》

宋刻本。国家图书馆藏。

宋·寇宗奭撰。20 卷。约成书于政和六年（1116）。本书为补充《嘉祐补注本草》和《本草图经》二书未尽之义而著，故名。书中对《嘉祐补注本草》中有待深入探讨的药物约 470 种作了进一步的辨析和讨论，并有本草理论方面的论述。

012 　《履巉岩本草》

宋。明摹绘本。国家图书馆藏。

《履巉岩本草》为我国本草史上流传不多的彩绘图谱。南宋画家、医药爱好者王介编绘于嘉定十三年（1220）。3 卷。原绘药图 206 幅，今实有 202 幅。图为该书的秦皮、南天烛与车前草。

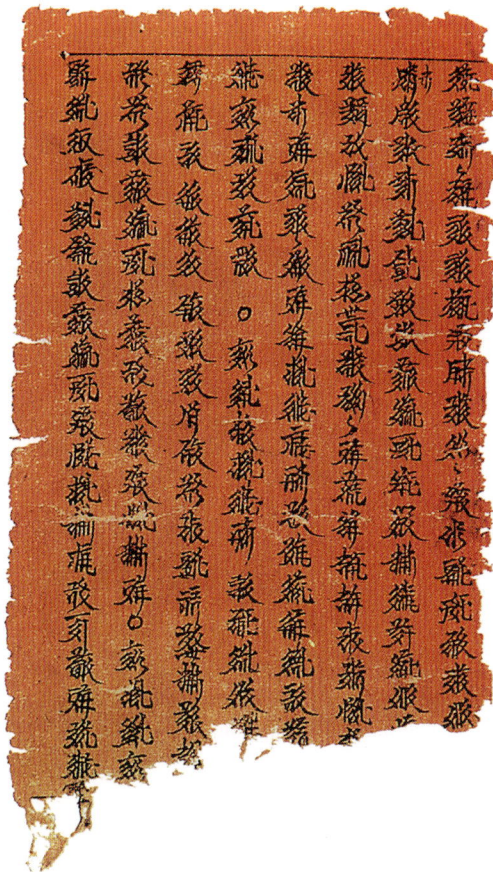

013　西夏文医方抄本

西夏。长 19.5 cm，宽 11.8 cm。1972 年于甘肃武威西夏修行洞遗址出土。甘肃省博物馆藏。

墨书西夏治疗伤寒症汤药方厚罗辛麻汤、丸药方牛茋丸、单味药花椒皮，每方附有煎制服用方法。这是国内迄今为止发现的关于我国古代党项族的唯一医药史料，间接证明《辽史·西夏传》所载"病者不用医药"之句有失片面。

014　《饮膳正要》

明经厂刊本。中国中医科学院图书馆藏。

元·忽思慧撰。3 卷，刊于天历三年（1330）。本书系作者任职饮膳太医期间对食物营养、饮食卫生及其他有关知识的总结，是现存最早的营养学专著。书中附图 168 幅。

食物中毒

明代太医院院判刘文泰等奉命撰修，成书于弘治十八年（1505）。共42卷，外卷首1卷。朱墨分书，收药1 815种。明代宫廷画院王世昌等8名画师丹青彩绘药图1 372幅。全书分36册，是明代唯一的官修本草。该书完稿后，因孝宗驾崩，存于内府，此后近四个多世纪一直未能刊行。现存抄本20余种，分藏世界各地。

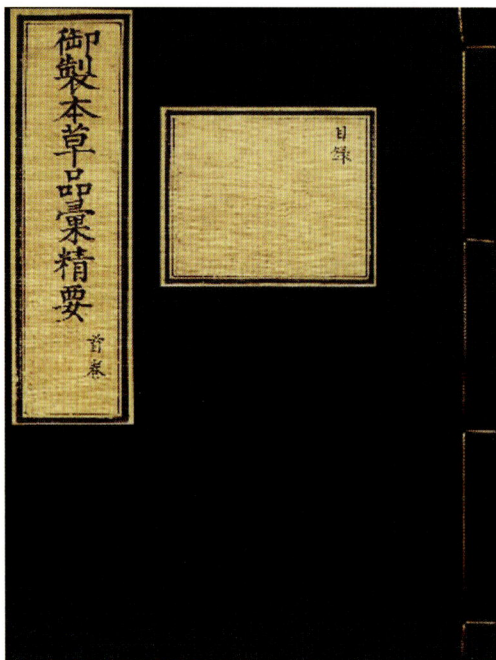

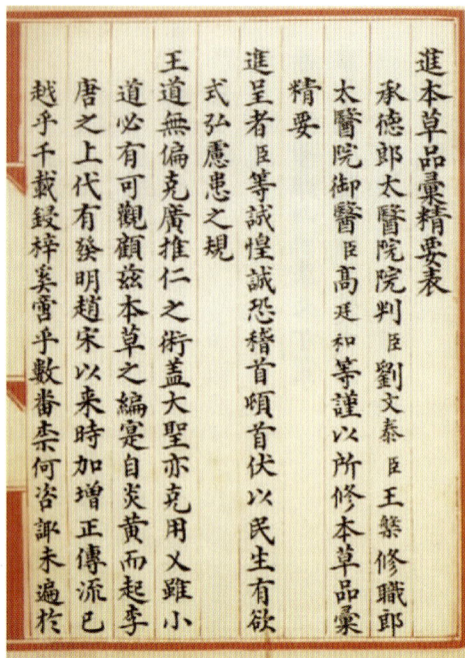

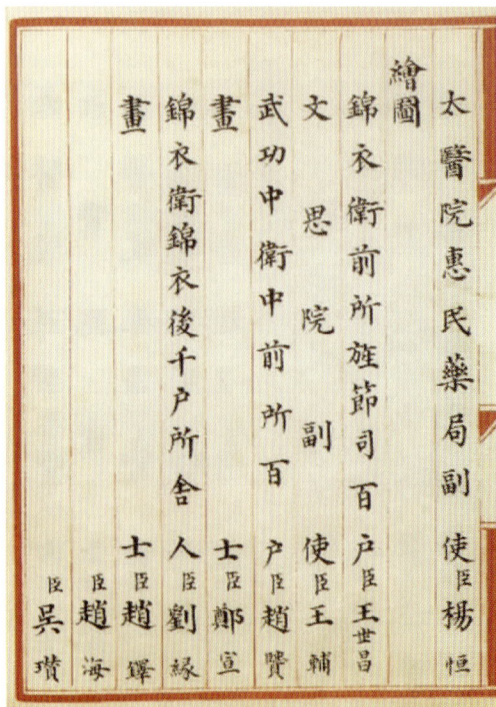

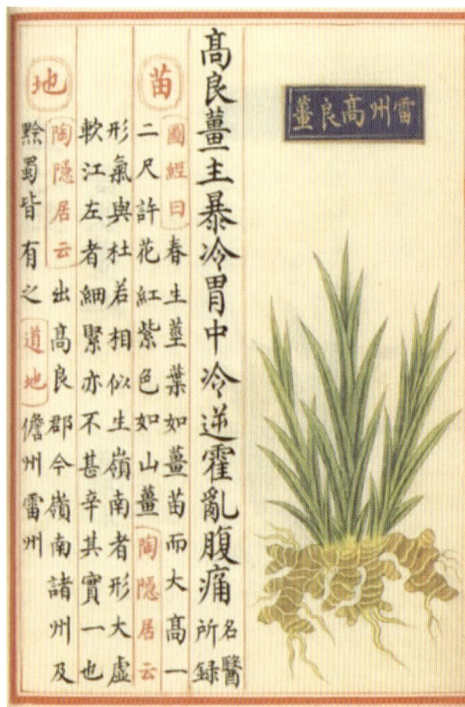

015-1：明弘治原本，日本杏雨书屋藏。1924年流出故宫，经北洋时期代国务总理、内务部长兼交通总长朱启钤，民国时期北京大瓷商郭葆昌等递藏。郭葆昌之子郭昭俊于20世纪50年代将弘治原本携去香港，20世纪60年代日本京都旧书店汇文堂转入武田家族私人图书馆——杏雨书屋。

卷首及卷 1~12（计 13 册），经故宫博物院图书馆收藏于国家图书馆

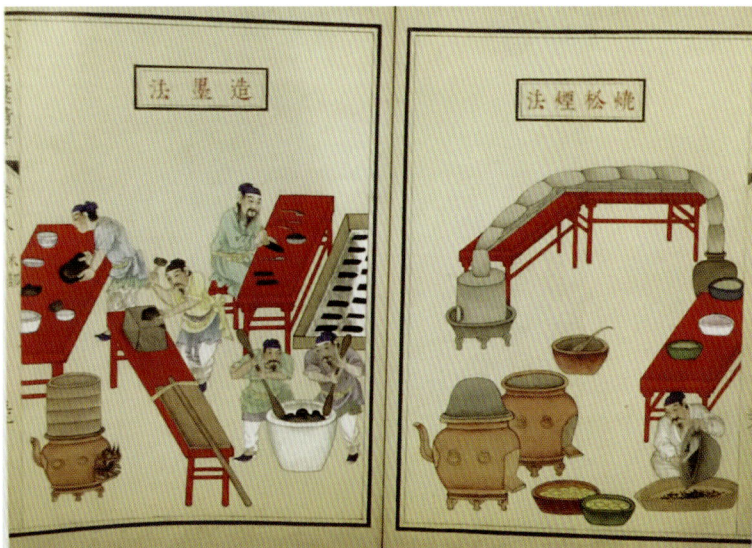

卷 13~42（计 23 册），经日本内藤湖南氏、东京文求堂藏于日本杏雨书屋

　　015-2：康熙重绘本。清代武英殿监造赫士亨等奉命重绘弘治原本，于康熙三十九年（1700）成书。形制完全与弘治原本相同，仅字体和绘色略有差异。康熙重绘本于 1924 年流出故宫后散离。

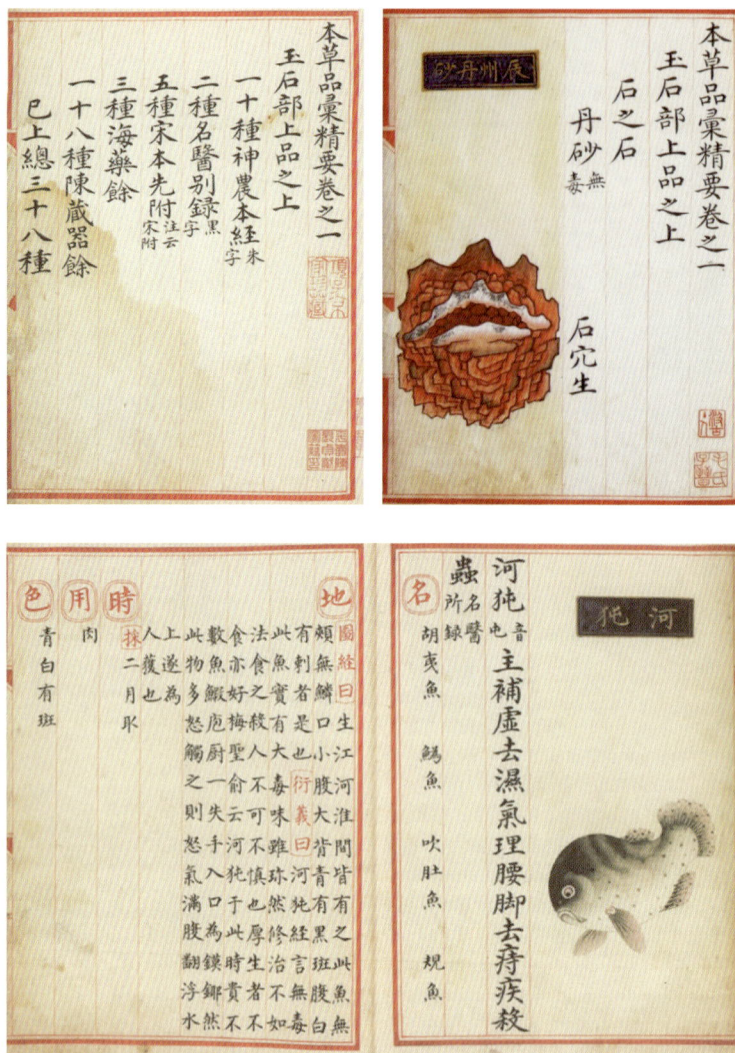

015-3：明抄绘本Ⅰ，国家图书馆藏。残存卷1~2、13、24、28~30、32、34~35、40，计11卷13册。其形制、字体都与弘治原本相同。约嘉靖年间流出内宫，万历初转手项子京天籁阁，此后经毛晋汲古阁、钱曾、季振宜等递藏。

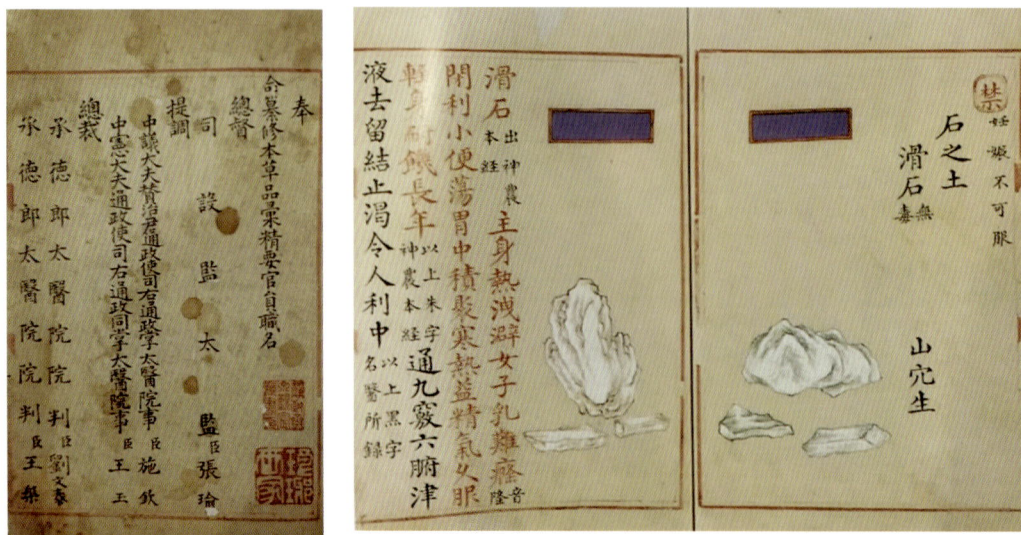

015-4：明抄绘本Ⅱ，日本杏雨书屋藏。残存卷首、卷1~2，计3卷2册。

白芍藥

出神農本經

主邪氣腹痛除血痺破堅積寒熱疝瘕止痛利小便益氣 以上白芍子通神農本經

順血脈緩中散惡血逐賊血去水氣利膀胱大小腸消癰腫時行寒熱中惡腹痛腰

龍

龍骨 出神農本經

主心腹鬼疰精物老魅欬逆洩痢膿血女子漏下癥瘕堅結小兒熱氣

膃肭臍

膃肭臍主鬼氣尸疰夢與鬼交鬼魅狐魅心腹痛中惡邪氣宿血結塊痃癖羸瘦等 名醫所錄

獅子

015-5：明抄绘本Ⅲ，原藏于英国伦敦图书馆，现藏于日本东京北里东洋医学综合研究所。存42卷35册（缺卷首1册），改为黑皮革包背装10册。大约于19世纪初流入英国，1841年藏伦敦图书馆。因其被误为《本草纲目》，故原书改装书脊有"李时珍/本草纲目/手抄本/合订"（LI SHIH-CHEN / CHINESE / MATERIA / MEDICA / MS. / EPITOME），并有伦敦图书馆（LONDON LIBRAR）的烫金圆印。封皮有朱底黑字"伦敦图书馆/圣詹姆斯广场"（London Library / St. James's Square / S.W.1）。内页有一椭圆无色印"Cancelled"和朱印"LONDON LIBRARY / CANCELLED / by the Committee"。各册首尾页均有一枚外圈"LONDON LIBRARY 1841"、内圈"ST. JAMES'S/ SQUARE"朱印。1972年经英国Quaritch旧书店转手日本东京旧书商雄松堂，最后为日本医史学家和知名汉方医学家大塚恭男私藏。

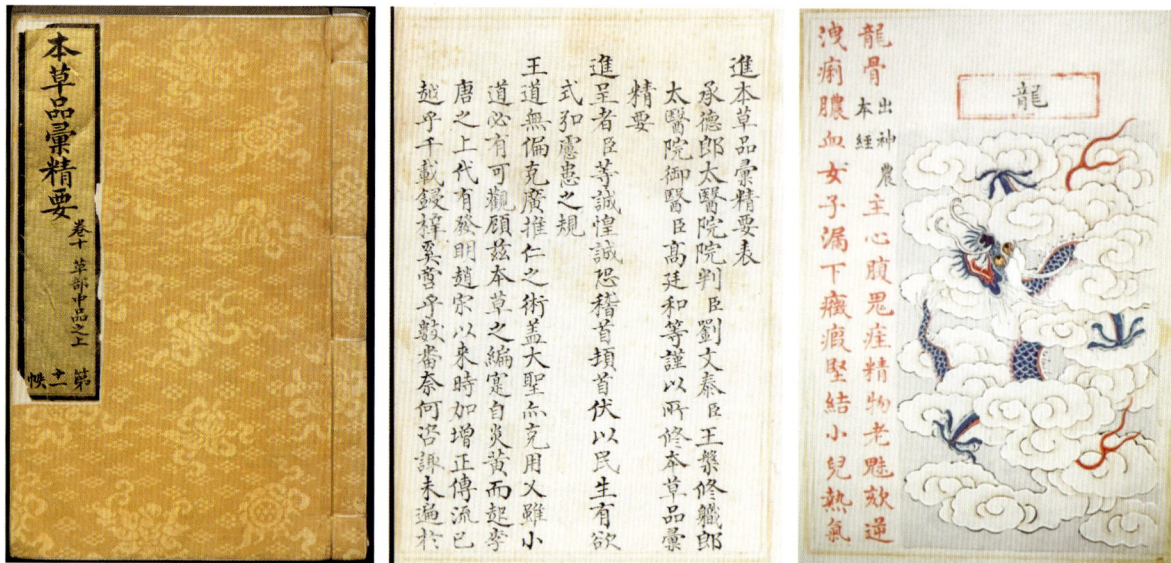

26卷（卷首，卷1~6、9~17、22~23、34~42），德国柏林图书馆藏

2卷（卷24~25），上海图书馆藏

015-6：明抄绘本Ⅳ。仅存卷首，卷1~6、9~17、22~25、34~42，计28卷25册。至少是在同治九年至光绪二十三年间（1870—1897）散离。

本
草
书
影

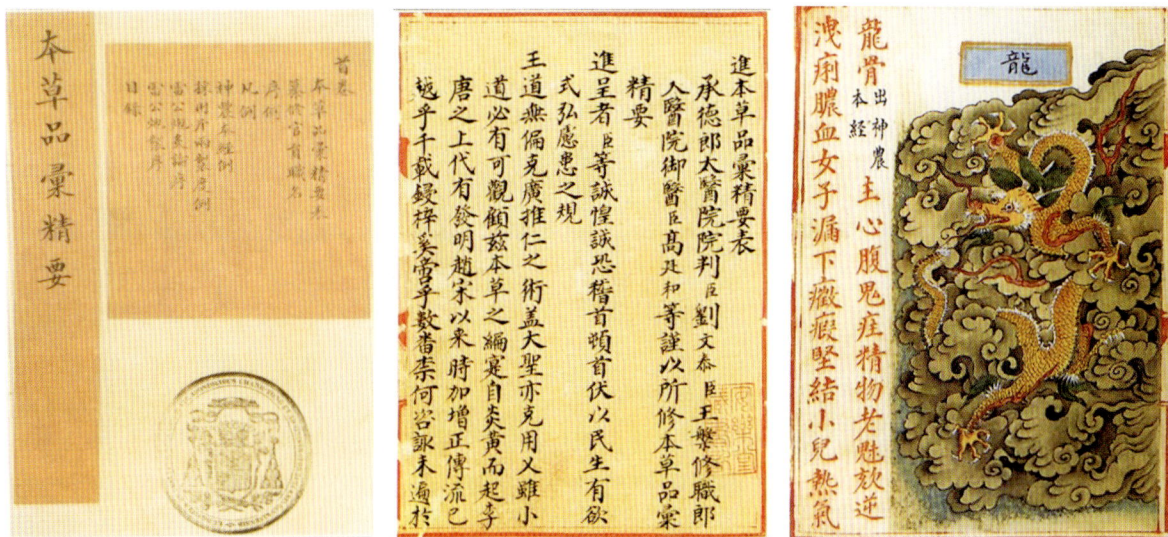

015-7：明抄绘本Ⅴ，意大利罗马国立中央图书馆（Biblioteca Nazionale Centrale di Roma）藏。42卷36册改装成西式羊皮纸包背装17册，卷首被移到末册。清朝怡亲王允祥"安乐堂"旧藏，道光十五年（1835）为卢多维克·德贝斯主教（Bishop Ludovico de Besi）所有。每册首页上都盖有其主教府拉丁文官印（LUDOVICUS DE BESI EPISCOPUS CANOPI VIC. APOSTOLICUS CHANG-TONG ET ADMINISTRATOR NANKINESIS 山东罗马教廷代表兼南京教区代理主教官卢多维克·德贝斯）。约于1847年由德贝斯主教携回罗马。1877年曾藏于罗马维多里奥·纽曼卢勒二世图书馆（Biblioteca Vittorio Emanuele II di Roma）。

313

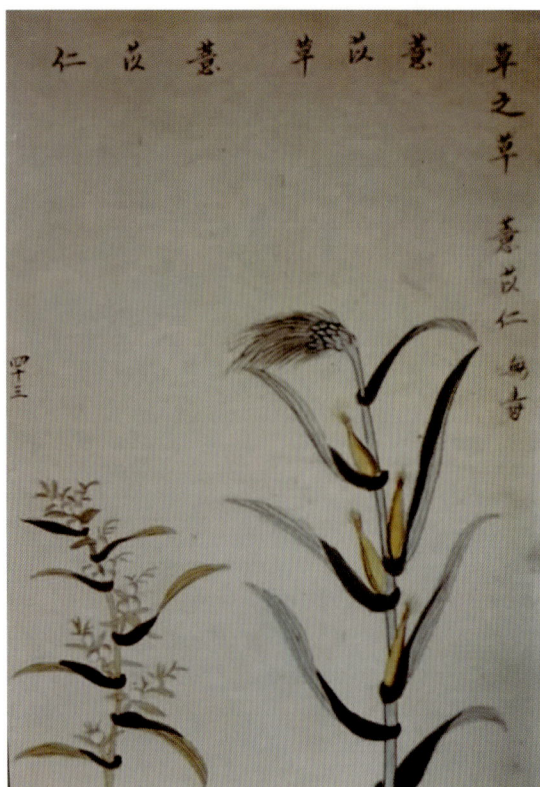

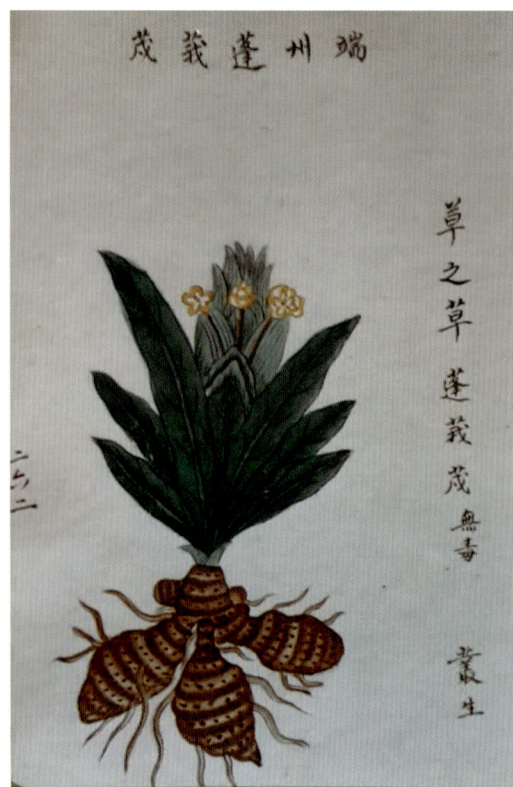

015-8：清抄绘本Ⅰ，中国中医科学院中药研究所图书室藏。存卷 7~15、17~18，共 11 卷 8 册，外目录 1 册。由乾隆时期的法国传教士汤执中（Pierre Noël Le Cheron d'Incarville）托人摹绘。1964 年，中国书店曾经收藏，后转售给中国中医科学院中药研究所图书室。

中国药学文物图集

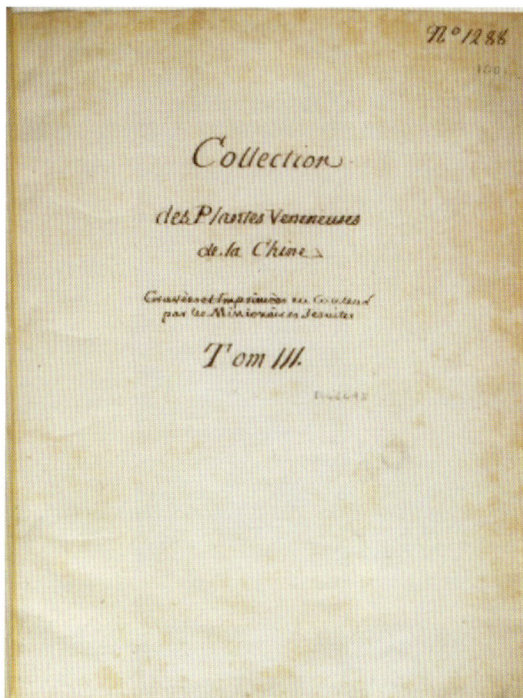

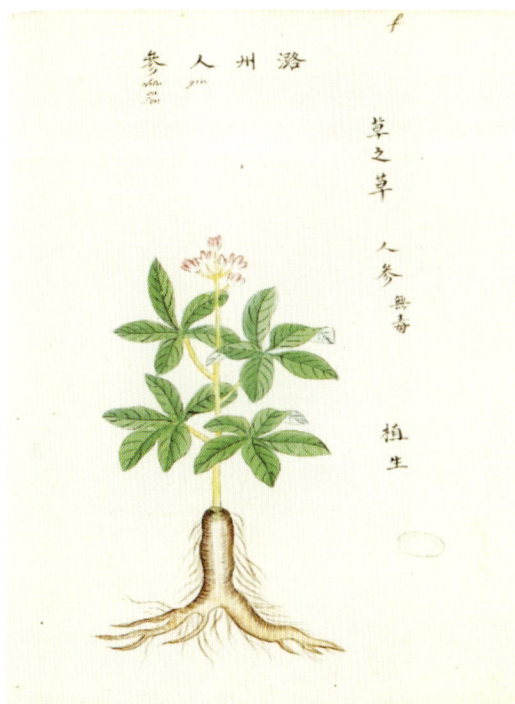

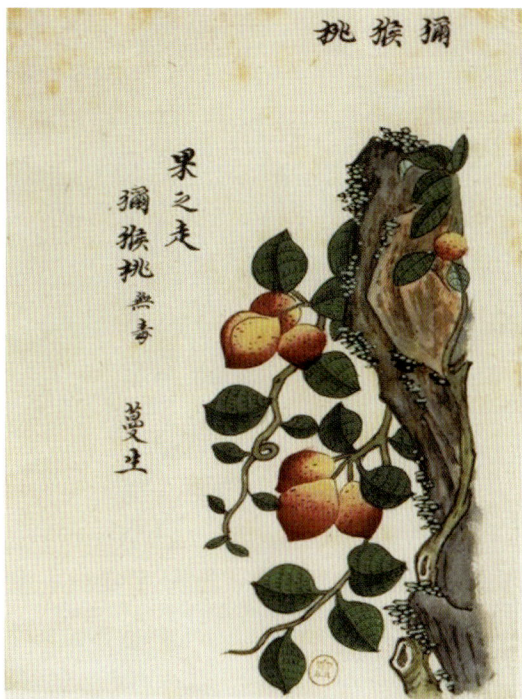

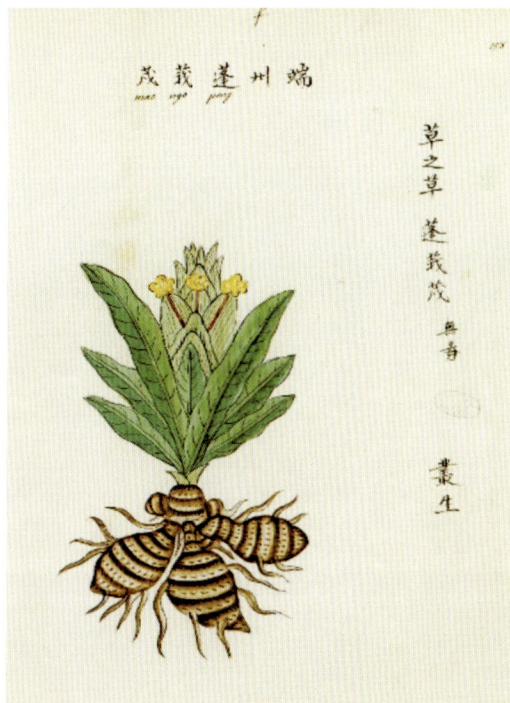

015-9：清抄绘本Ⅱ，巴黎法国国家图书馆木刻画库（Bibliothèque Nationale de France，Cabinet des Estampes）藏。意大利绿色背草装3册，包括《传教士所绘中华植物画集》（Plantes de la Chine dessinees et peintes par des missionnaries）手稿1册132页，存图145幅；《耶稣会士雕刻彩印中华植物画》（Collection de plantes veneneuses de la Chine gravees et imprimees en couleurs par les missionnaries jesuites）手稿2册，其中第一册97页、存图114幅，第二册93页、存图94幅。合计353幅彩绘图，每图均有皇家图书馆"BR"（Bibliothèque Royale）印鉴。为传教士汤执中和韩国英（Pierre-Martial Cibot）等人于乾隆时摹写的《本草品汇精要》康熙重绘本手稿图谱。

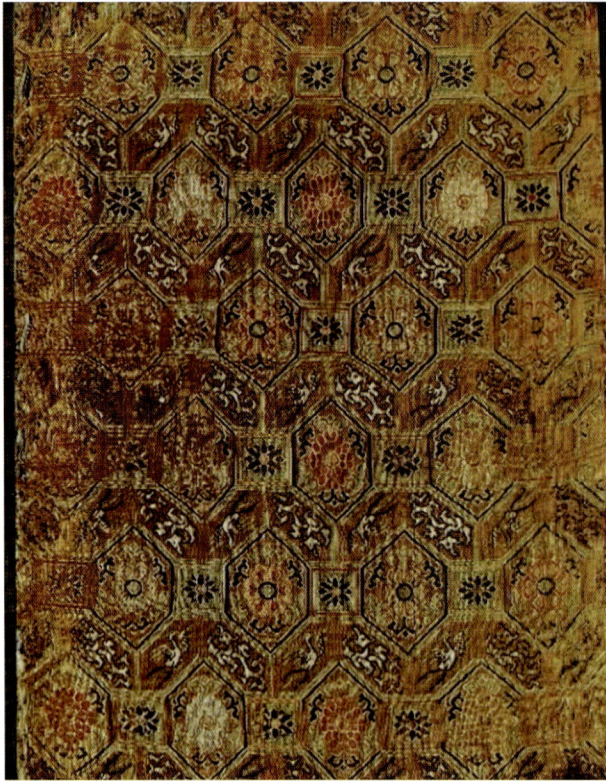

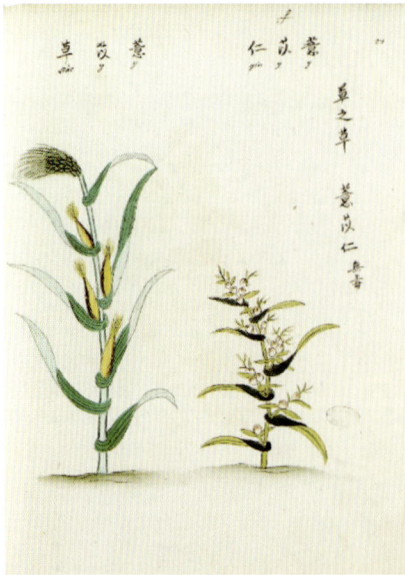

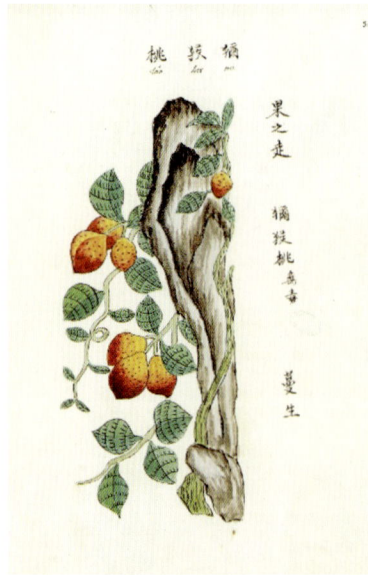

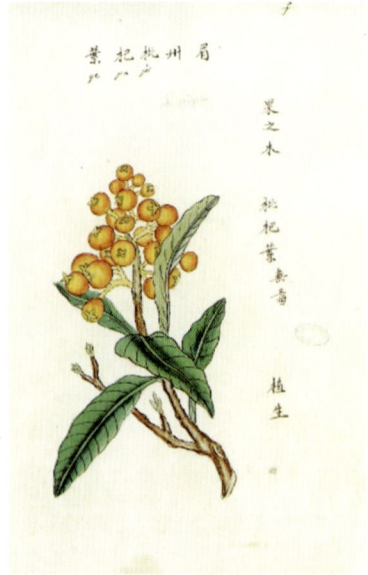

　　015-10：清抄绘本Ⅲ，法兰西研究院图书馆（Bibliothèque Institut de France）藏。丝革装 2 册，包括 1772 年传教士韩国英信件 1 册，计 18 页；《中华植物花卉与树木》（Plantes fleurs et arbres de Chine）彩绘手稿 1 册，计 404 页。存图 468 幅。每页均有法兰西研究院图书馆的墨文椭圆形印鉴。为汤执中和韩国英等人摹写康熙重绘本的手稿图谱，原为法国皇家科学院院士 Benjamin Delessert（1773—1847）家族旧藏（有 "Legs Delessert" 圆形印鉴），曾藏于 M.de Tersan 图书馆（巴黎金石和美术文学科学院图书馆），其后人于 1874 年捐赠给法兰西研究院图书馆。

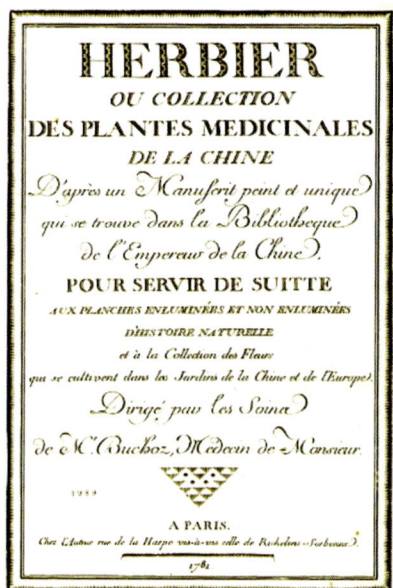

015-11：法文版彩色印刷本，法国国家图书馆藏。《中华药用植物图谱》（Herbier ou collection des plantes médicinales de la Chine），1781年在巴黎出版，全1册，共100版，每版有彩图3~4幅，计303幅彩绘植物画。部分图画下方标有"中国绘制"（Peint à la Chine）字样。为巴黎版画出版商约瑟夫·皮埃尔·巴克霍兹（Pierre-Joseph Buc'hoz）拷贝汤执中和韩国英等人的手稿图谱之镜像出版物。

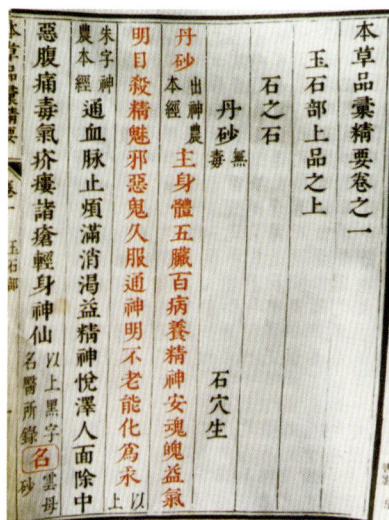

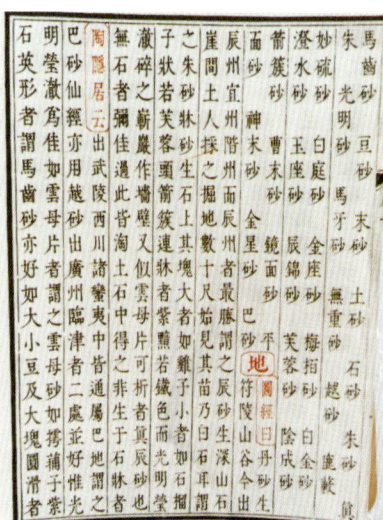

015-12：康熙校正本，故宫博物院图书馆藏。清代太医院吏目王道纯、医士江兆元等人奉命校正弘治原本，于康熙四十年（1701）成书，形制完全与康熙重绘本相同。朱墨分书，仅录文字部分，无图。全书包括外卷首、正集42卷，同时增补490余条《本草纲目》部分内容编成《本草品汇精要续集》10卷，外附整理宋·崔嘉彦之《脉诀》而成的《脉诀四言举要》2卷14册。一直存在故宫内府，1924年移入景阳宫。20世纪30年代，陶湘晒蓝影印了一部副本，该副本后成为商务印书馆铅印本的蓝本。

本草品彙精要卷一

玉石部上品

合治 以一兩水煑數沸為末合酒服痙娃

曆 古家景在池離黃技雌黃書名為丹砂

石之石

雲母石 無喜

雲母石 出神農 土石生

在卑船上除邪氣安五臟益子精明目久服輕身延年 以上朱字下氣堅肌續絕補中癭五勞七傷虛損少氣止痢悅澤不老

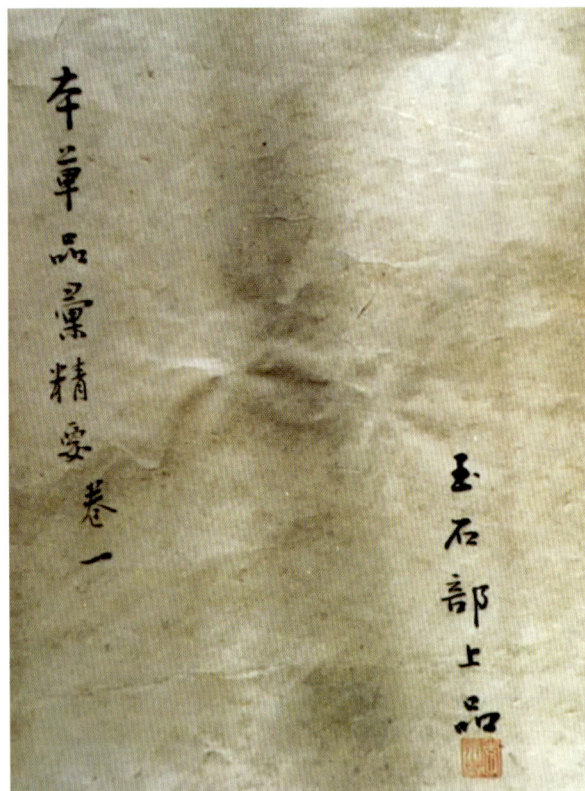

015-13：明抄本，中国科学院图书馆藏。据弘治原本手抄，仅录文字，无图，约成书于明末清初。存卷1~25，计25卷 26册；卷26仅存目录和首两药正文；卷首和卷27~42佚缺。

中国药学文物图集

318

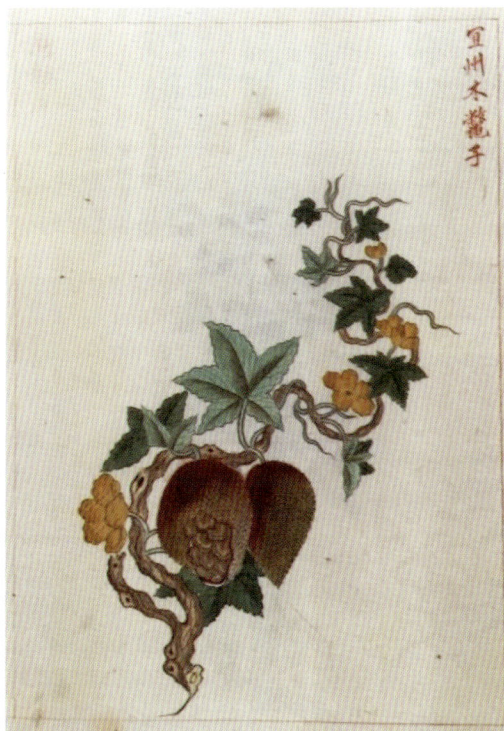

016　《金石昆虫草木状》

　　明万历彩绘本。台湾"中央图书馆"藏。为中国画史上著名的《文俶本草图》。明代女画家文俶于万历四十八年（1620）摹绘《本草品汇精要》药图而成，共27卷12册。收药1 070种，药图1 316幅。崇祯末年流入兵部尚书张凤翼之侄方耳手，乾隆年间进入怡王府弘晓明善堂，清末由苏州潘承厚、潘承弼兄弟的宝山楼收藏，抗战初期辗转流入"文献保存同志会"、香港大学冯平山图书馆、东京帝国图书馆。

3 册归郑振铎，入藏国家图书馆

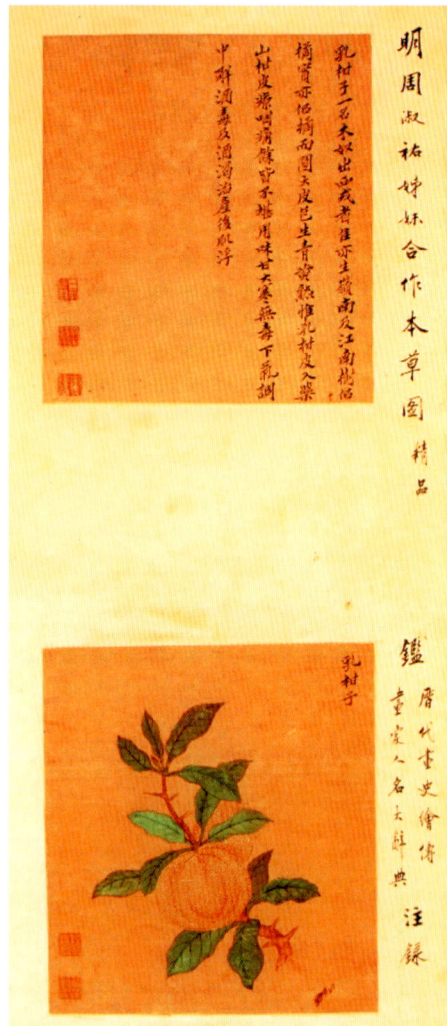

2 册归范行准栖芬室，入藏中国中医科学院图书馆

4 幅药图文（乳柑子、猕猴桃、枇杷和柿子）改装成《花果图》条屏归刘九庵，入藏故宫博物院

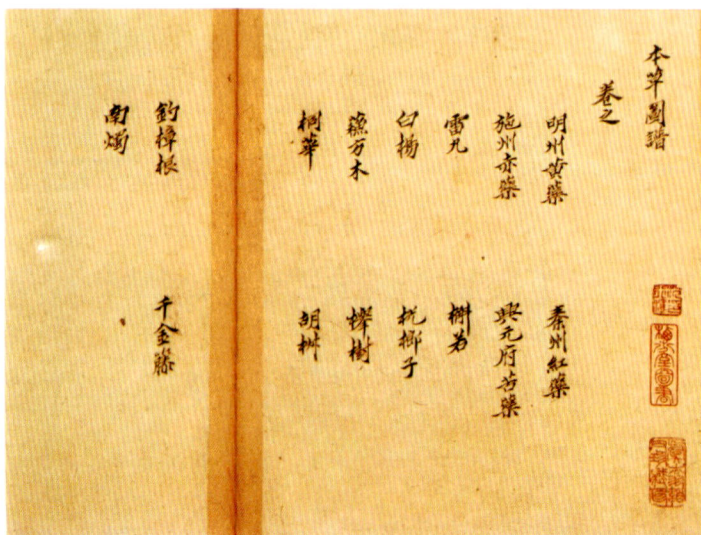

017　《本草图谱》（残卷）

明末彩绘本。

明末清初时，周淑祜、周淑禧姐妹节摹《文俶本草图》。该书蝴蝶装，每卷节摹15图为1册。按《金石昆虫草木状》卷次篇幅，原稿当有27册。全本在明末完稿后散佚。

中国中医科学院图书馆藏。

　　明·朱橚撰。成书于1406年。2卷。本书收可食植物414种，其中此书新增者276种，分草、木、米谷、菜、果五部。简述各物产地、形态、性味、良毒及烹调食用方法，内容实用。每物一图，图文并茂。其图均来自于实物写生，甚为精致。本书为我国15世纪著名的植物学图谱，对后世农学、植物学及医药学发展有重要影响。该书流传到日本后，对彼邦农学、植物学发展亦有很大促进，并产生了许多后续性著作。

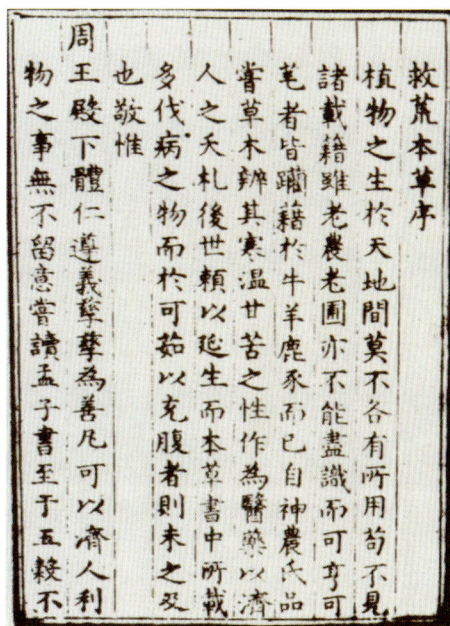

嘉靖四年（1525）山西太原刻本

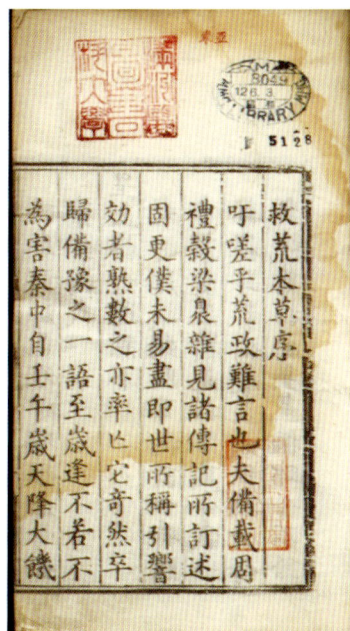

明万历十四年丙戌（1586）木刻本

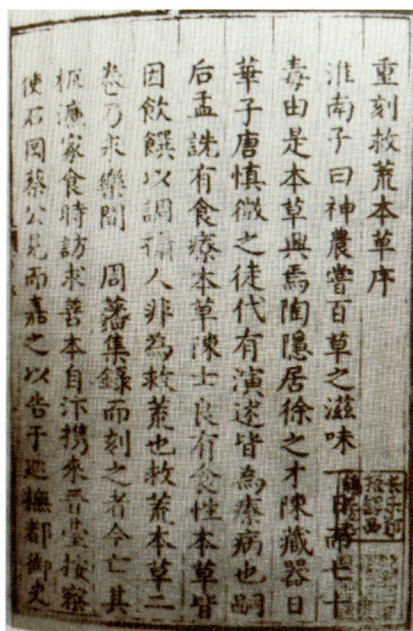

万历二十一年（1593）钱塘胡文焕重刻本（《格致丛书》刊本）

拾壹

本草书影

321

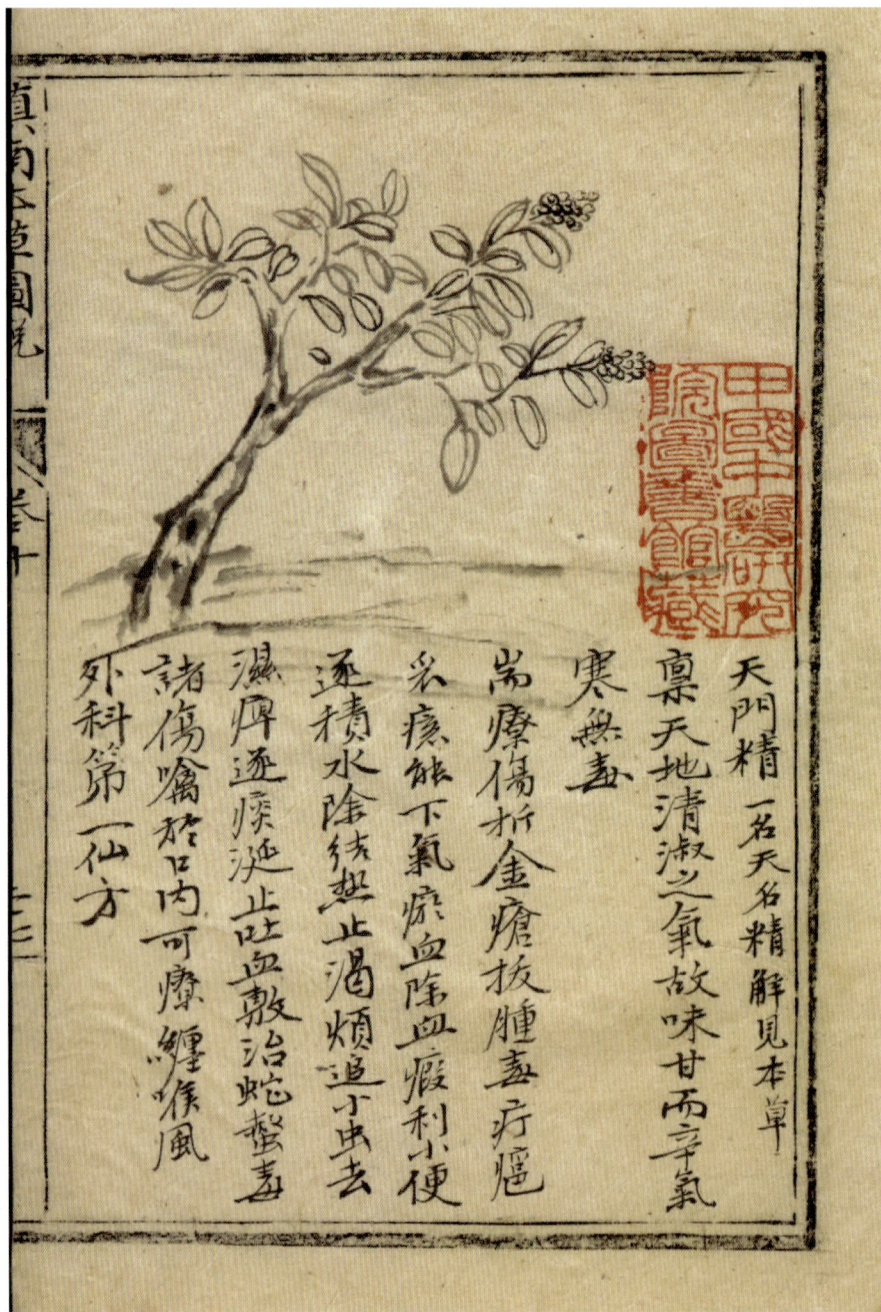

天門精 一名天名精 解見本草
禀天地清淑之氣 故味甘而辛氣
寒無毒
尚療傷折金瘡拔腫毒疔癌
发瘀能下氣療血降血瘕利小便
逐積水除痰抑止渴煩追小虫去
濕痹逐痰涎止吐血敷治蛇蝎毒
諸傷嚙於口內可療纏喉風
外科第一仙方

019　《滇南本草》

清代云南木刻本。中国中医科学院图书馆藏。

明·兰茂纂订。成书于1436年。3卷。本书因记述云南地区药物，故以"滇南"为名。书中收药278种，分为草、菜、鸟、兽、虫五部，各药次第述其药名、性味、功效、主治、附方，个别药物兼述其生态及形态。书中记录云南众多少数民族常用药物及用药经验，糅合部分汉药理论，为一独具特色的古代地方本草图书。

　　明·李时珍编撰，李建中、李建元校正，成书于1578年。52卷。分水、火、土、金石、草、谷等16部，收药1 892种，附图1 109幅，新增药物374种。

　　本书为明代本草集成之作，收药之众、内容之多，为古代本草之冠。因书中有丰富的动物、植物、矿物、化学乃至天文、地理、物候等学科知识，故达尔文称其为"中国古代的百科全书"，近人又称之为"博物学巨著"。现存版本主要分"金陵""江西"等系统。

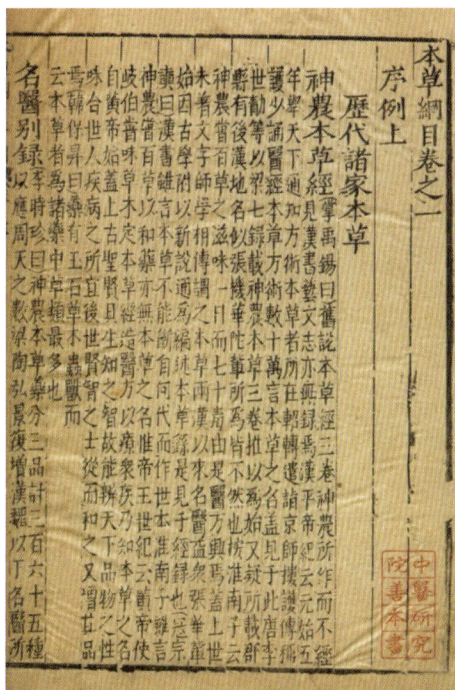

中国中医科学院图书馆藏

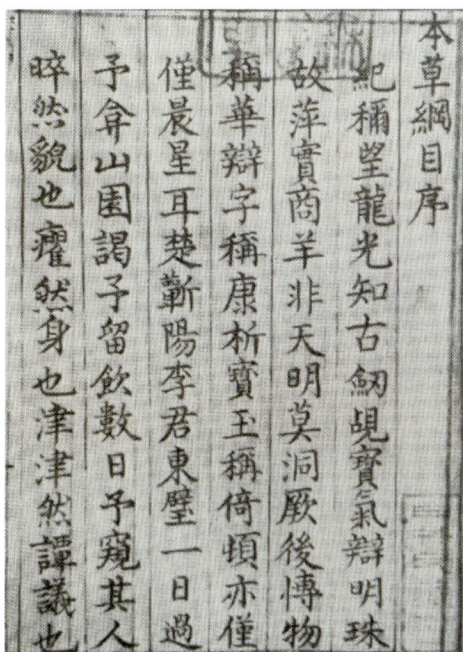

日本国会图书馆藏

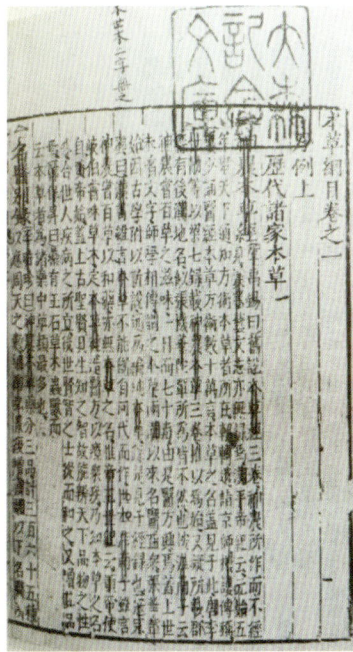

日本京都府立植物园藏

　　020-1：金陵本。万历二十一年（1593）江苏金陵胡承龙刻本。

拾壹

本草书影

323

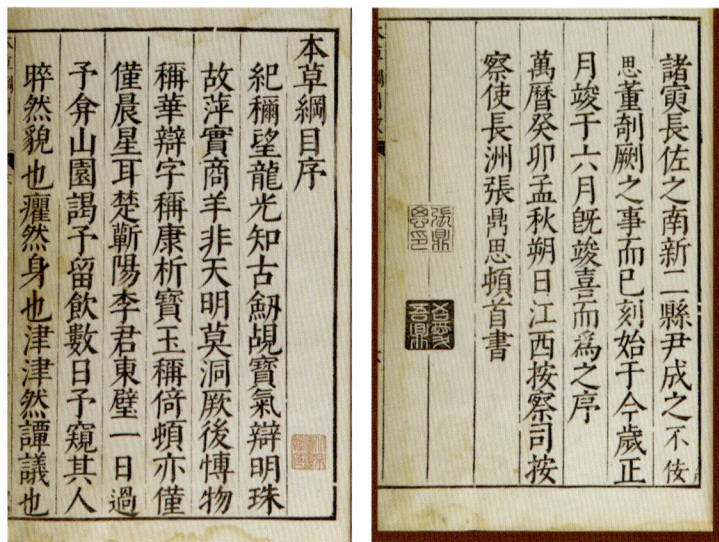

本草綱目序

紀稱望龍光知古劒覘寶氣辯明珠
故浮實商羊非天明莫洞厥後博物
稱華辯字稱康析寶玉稱倚頓亦僅
僅晨星耳楚蘄陽李君東壁一日過
予弁山園謁予留飲數日予窺其人
晬然貌也瞿然身也津津然譚議也

諸寅長佐之南新二縣尹成之不佞
思董剞劂之事而已刻始于今歲正
月竣于六月既竣喜而為之序
萬曆癸卯孟秋朔日江西按察司按
察使長洲張鼎思頓首書

020-2：江西本。万历三十一年（1603）江西南昌夏心良、张思鼎刻本，国家图书馆藏。

稻若水先生校閱

本草綱目

書林含英豫章堂藏板

020-3：日本正德四年（1714）稻若水
含英豫章堂刻本。

中国药学文物图集

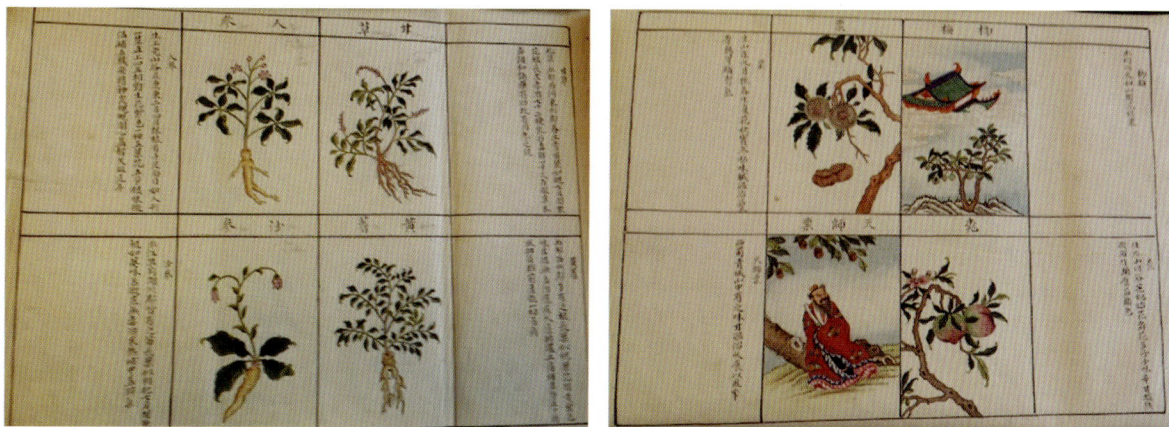

法国国家自然历史博物馆（MNHN）图书馆藏

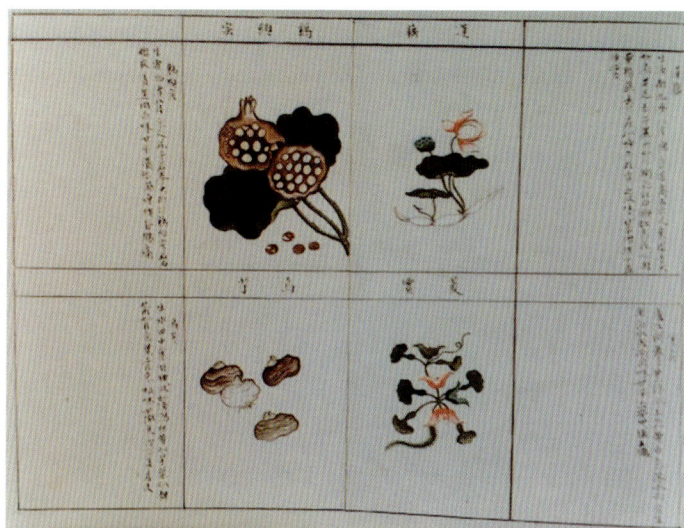

法兰西学院亚洲学会（SACF）图书馆藏

020-4：乾隆彩绘节本。MNHN手稿题"Animaux et Plantes de Chine"（中国动植物），意大利绿皮装，共2册。其中，第一册143页，第二册72页，计215页。该手稿为大对开本，乌丝栏，每页有八个小框，中间四框每框有彩绘插图1幅，共4幅；左右四框则为对应说明文字。存图850余幅。SACF手稿题"Botanique Chinoise"（中国植物），褐红皮革装，全1册，计207页，存图820余幅，版式尺寸与MNHN手稿相同。此本来源于杭州钱蔚起六友堂本系统。

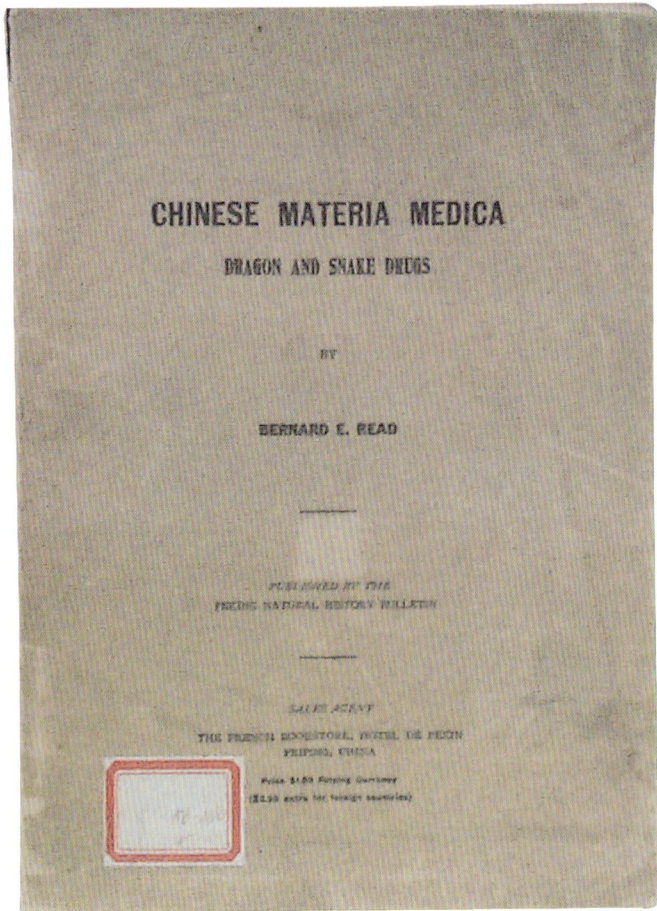

CHINESE MATERIA MEDICA

DRAGON AND SNAKE DRUGS

BY

BERNARD E. READ

PUBLISHED BY THE
PEKING NATURAL HISTORY BULLETIN

SALES AGENT
THE FRENCH BOOKSTORE, HOTEL DE PEKIN
PEIPING, CHINA

Price $1.50 Peiping Currency
($2.00 extra for foreign countries)

020-5：《本草纲目》（英文本）。183 mm ×
258 mm。上海中医药大学医史博物馆藏。

节译本。BERNARD E. READ（伊伯恩）译，
THE PEIKING NATURAL HISTORY BULLETIN
出版。

020-6：《本草纲目》（法文本）。于20世纪初
出版。175 mm × 232 mm。上海中医药大学医史博物
馆藏。

节译本。Jacques Roi 译。

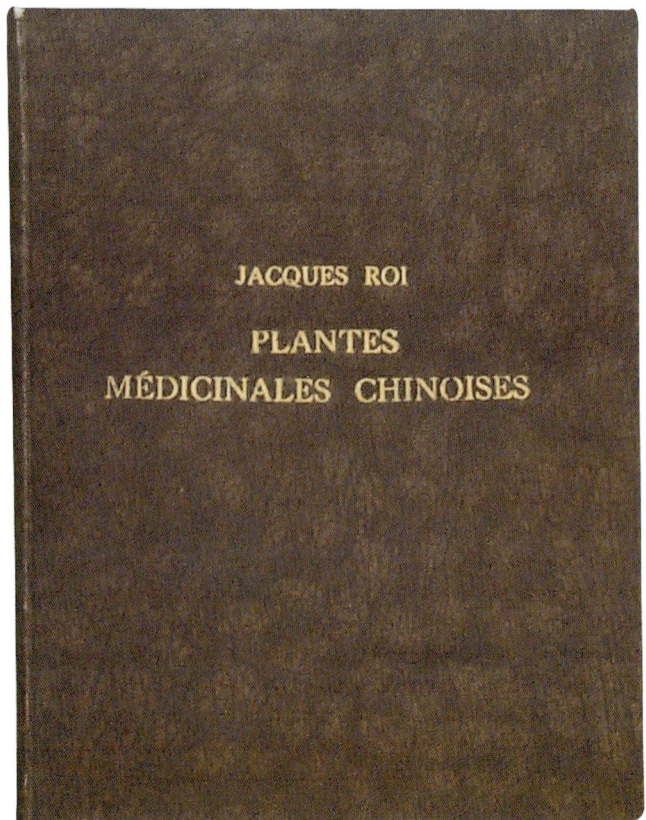

JACQUES ROI

PLANTES
MÉDICINALES CHINOISES

中国中医科学院图书馆藏。

明·李中立纂辑，葛鼎校订。成书于万历四十年（1612）。12 卷。本书共收药 452 种，附药图 379 幅。药分草、木、谷、菜、果、石、兽、禽、虫鱼、人十部。简述每药产地、基原、形态、性味、主治，后有修治及附方。其临床用药内容多取自《本草纲目》。药图旁常注明其鉴别要点，此乃该书首创之例；有关药材形态之注文充分汲取了当时药家辨药经验，对药材真伪优劣、道地药材之鉴别甚有裨益，为我国本草史上著名药材学专著。

万历四十年（1612）雍丘李氏原刻本

崇祯十一年戊寅（1638）鹿城木刻本

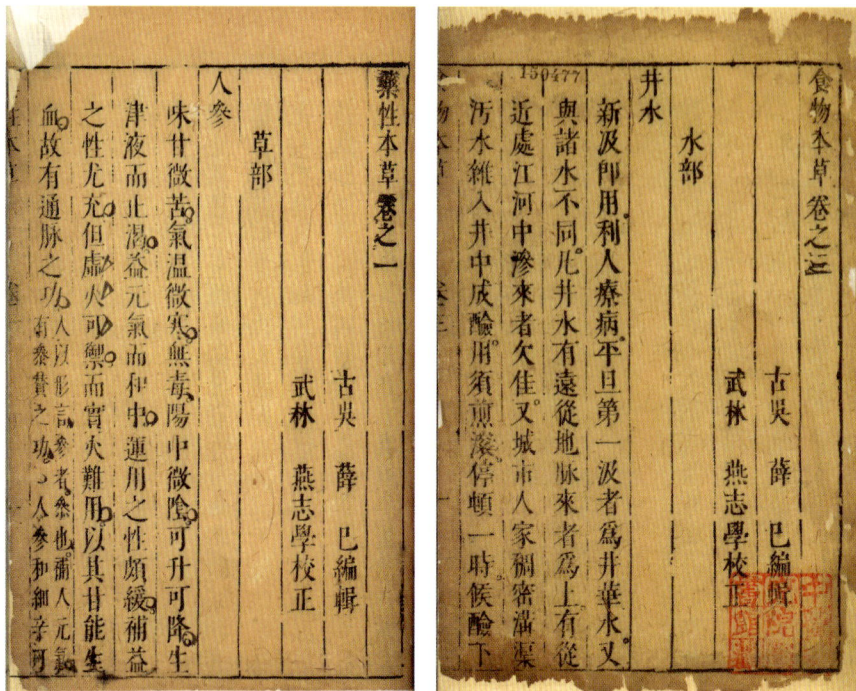

022　《本草约言》

　　明代木刻本。中国中医科学院图书馆藏。
　　明·薛己编辑，燕志学校正。成书于正德十五年（1520）。4 卷。为本草学专著。全书由"药性本草""食物本草"两部分组成。此本"药性本草"首列"医学启源""药性旨要"，后分草、木、果、菜、米谷、金石、人、禽兽、虫草等部，存药 287 种；"食物本草"则分水、谷、菜、果、禽、兽、鱼、味八部，收药 388 种。全书共收药约 675 种。论述简约，故名"约言"。

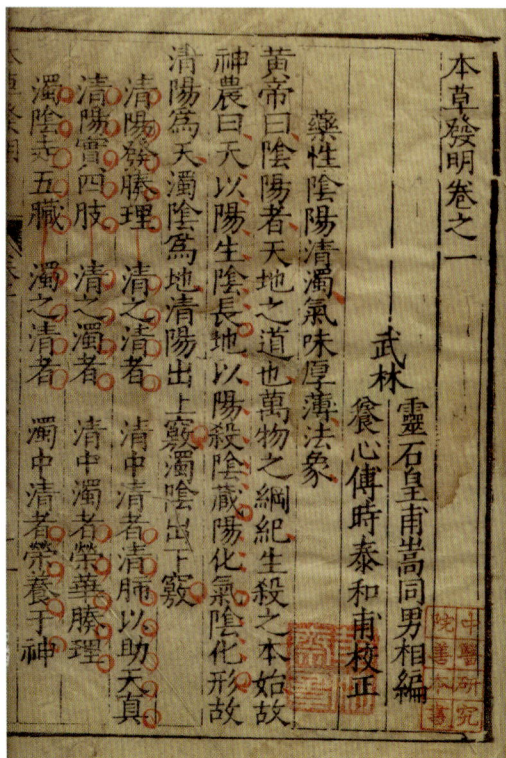

023　《本草发明》

　　明万历六年（1578）刻本。中国中医科学院图书馆藏。
　　明·皇甫嵩编。成书于万历六年（1578）。6 卷。本草学专著。卷一相当于总论，择要列述金元诸家药理学说。余卷分部议药 600 种，独不取人部之药。各卷置常用药于前、稀用者于后，又设"发明"一项，专于阐归药物主治及配伍要点，简明实用。此本残存卷一至卷四，存药 359 种。

中国药学文物图集

**024　《分部本草妙用》**

　　明崇祯木刻本。中国中医科学院图书馆藏。

　　明·顾逢伯纂。成书于崇祯三年（1630）。10卷。本书遵"用药如用兵"之旨，将药物按五脏分部，以仿兵阵之五部；尚有兼经杂药，则按效归类，以仿兵种各有专长。各部类之下，又分温补、寒补、温泻、寒泻、性平五种性质归并药物，共叙药560余种。各药分别介绍其性味、功效、主治等，述药简明。本书分部新颖，以药物归经入脏为纲，以药效为目，次序井然。

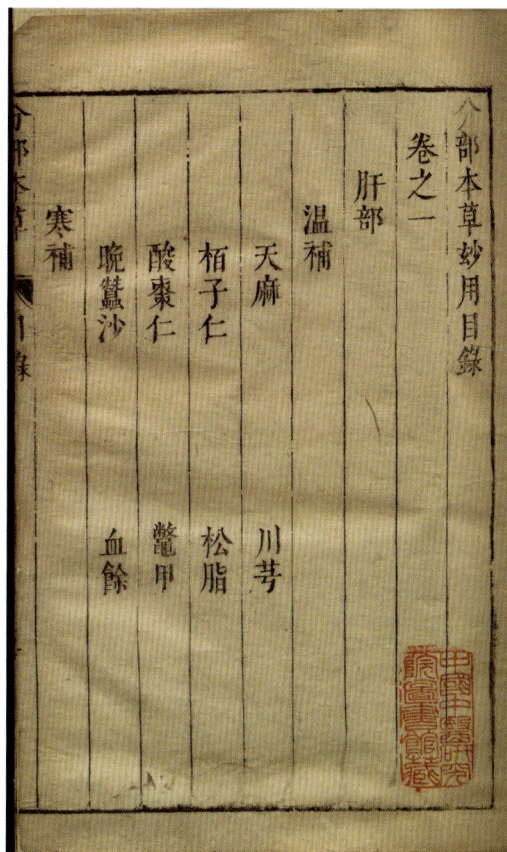

**025　《本草乘雅半偈》**

　　清文渊阁《四库全书》本。中国中医科学院图书馆藏。

　　明·卢之颐撰。成书于顺治四年（1647）。不分卷。本草著作。共载药365种，各注明其出处品级、气味良毒、功效主治等。《四库全书总目提要》谓其"考据该洽，辩论亦颇明晰。于诸家药品，甄录颇严。虽辞稍枝蔓，而于本草，究为有功"。

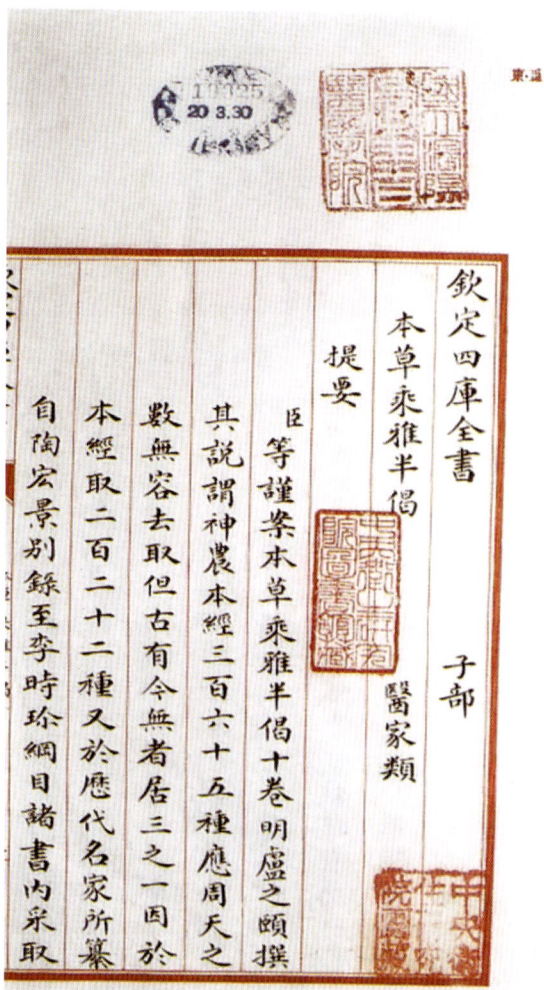

026 《本草万方针线》

清·蔡茝斋辑。康熙五十八年（1719）张朝璘刻本，武林山寿堂藏版。上海中医药大学医史博物馆藏。8 卷 30 册。

系李时珍《本草纲目》附方的分类索引。

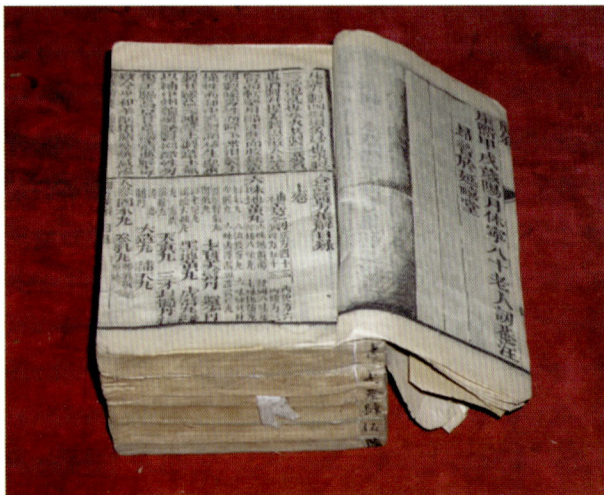

027 《图注本草医方合编》

清·汪昂编。清裕德堂刻本。6 册。陕西中医学院图书馆调拨。陕西医史博物馆藏。

每页两重楼，备要、歌括在上，医方集解在下。

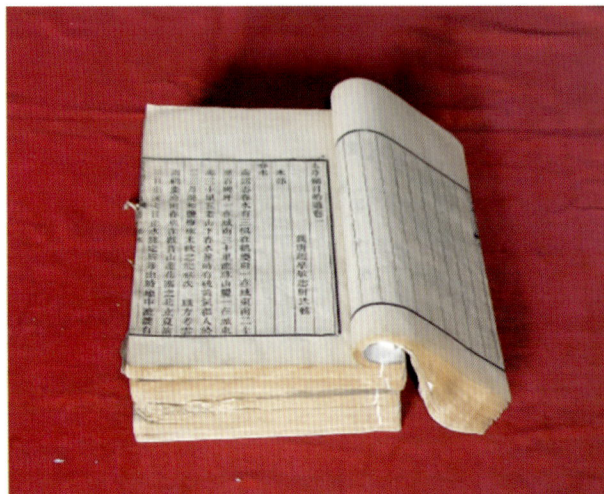

028 《本草纲目拾遗》

清·赵学敏撰。同治十年（1871）张应昌吉心堂刻本。10 卷 8 册。陕西中医学院图书馆调拨。陕西医史博物馆藏。

本书为《本草纲目》拾遗补阙之作，载《本草纲目》未收药 716 种，又附品 205 种，共 921 种。

中国药学文物图集

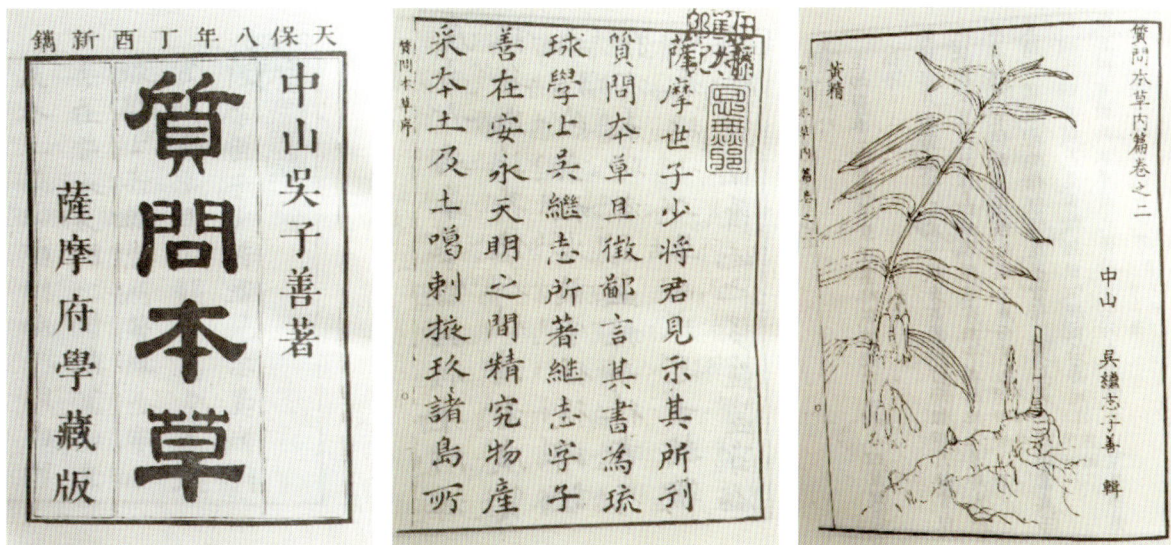

029　《质问本草》

琉球中山吴继志编绘。日本天保八年（1837）萨摩府官刻本。8 卷。中国中医科学院图书馆藏。

乾隆年间采集琉球及土噶剌披玖诸岛所产药用植物 160 种，前后质询北京、福建、广东、浙江、江西等地 45 人，每物一图，描画精确，是一部地方特色药用资源的调查记录。

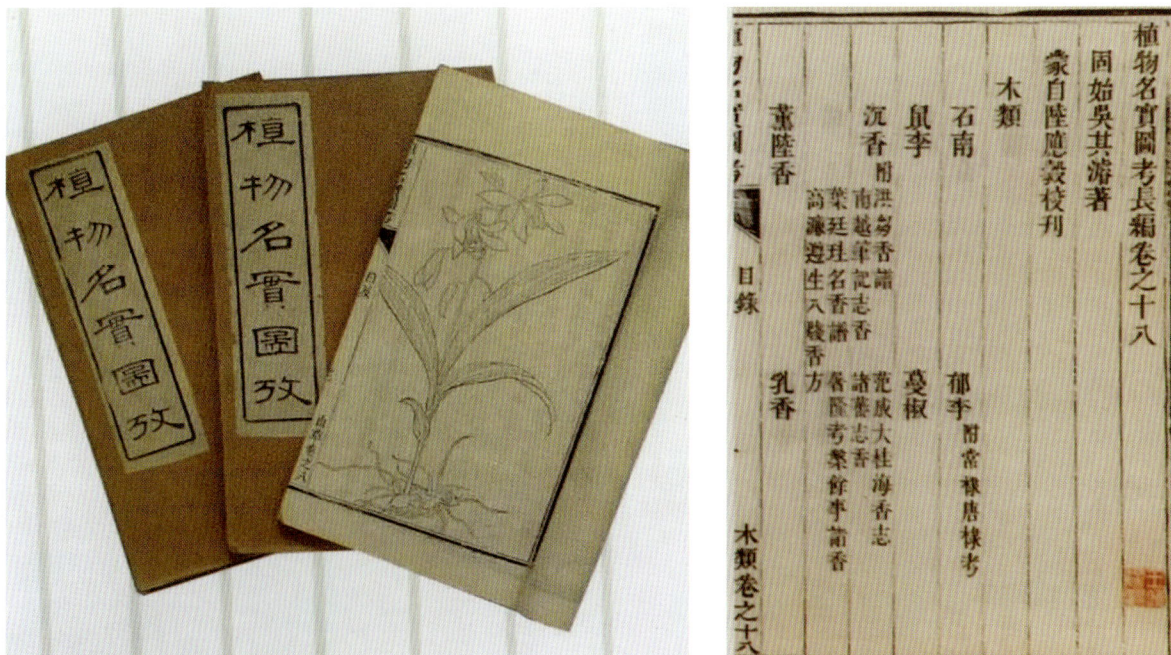

030　《植物名实图考》

清·吴其濬编绘。光绪六年（1880）山西濬文书局刻本。38 卷。中国中医科学院图书馆藏。

道光年间收集南方地区（江西、湖南、云南等地）的植物 1 714 种，绘图 1 805 幅。每物一图，图文对照。资料丰富翔实，图画精美准确。

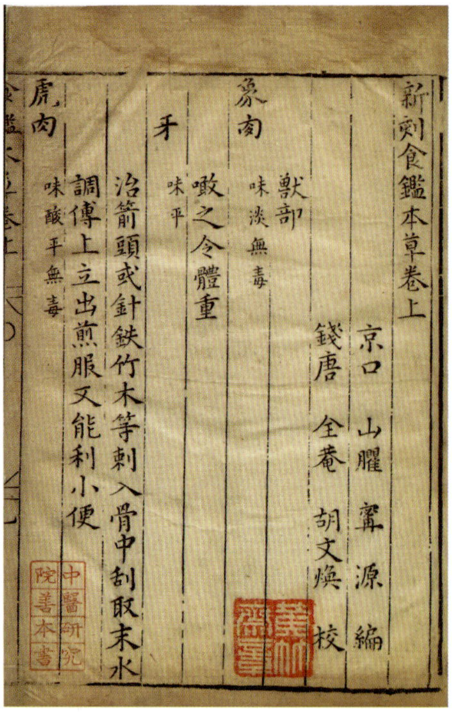
新刻食鑑本草卷上
京口 山臞 甯源 編
錢唐 仝菴 胡文煥 校
獸部
象肉 味淡無毒
噉之令體重
牙 味平
治箭頭或針鉄竹木等刺入骨中刮取末水
調傳上立出煎服又能利小便
虎肉 味酸平無毒

031　《食鉴本草》（《新刻食鉴本草》）

明·宁源编，胡文焕校。明文会堂刻本。中国中医科学院图书馆藏。

成书于嘉靖四十五年（1566），2 卷。本书收兽、禽、虫、果等可食之品百余种，简述其性味功治，并附前人论说及方剂，间有己意。曾为《本草纲目》所引，但李时珍评曰："略载数语，无所发明。"此本仅残存卷上。

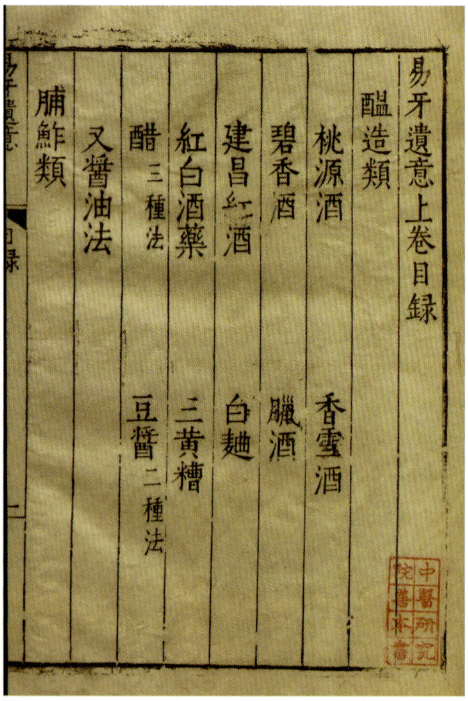
易牙遺意上卷目録
醖造類
桃源酒　香雪酒
碧香酒　臘酒
建昌紅酒　白麯
紅白酒藥　三黄糟
醋三種法　豆醬二種法
又醬油法
脯鮓類

032　《易牙遗意》

明·韩奕编次，周履靖校。明代木刻本。中国中医科学院图书馆藏。

成书于万历十年（1582）。2 卷。本书为烹饪著作，分酝造、脯鲊、蔬菜、笼造、炉造、糕饵、汤饼、斋食、果实、诸汤、诸茶、食药等类，述食品 143 种，介绍其制作方法，其中亦有与医药相关之内容。书末附宋·朱翼中所著《酒经》。

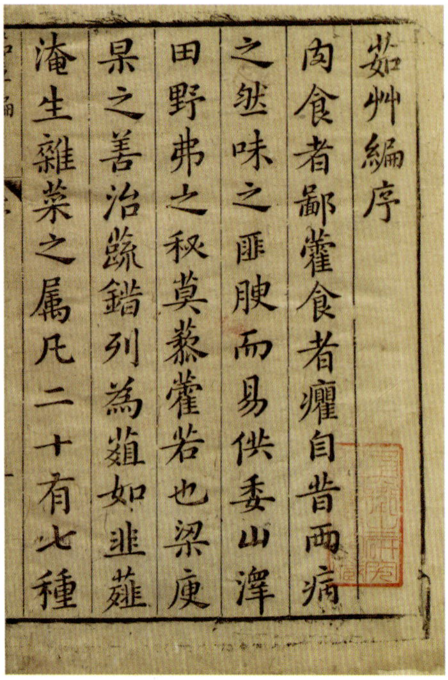
茹艸編序
肉食者鄙藿食者癯自昔而病
之然味之匪腴而易供委山澤
田野弗之秋莫藜藿若也梁庾
杲之善治蔬錯列為葅如韭薤
淹生雜菜之屬凡二十有七種

033　《茹草编》

明·周履靖著，周绍濂校。明代金陵荆山书林刻本。中国中医科学院图书馆藏。

成书于万历十年（1582）。4 卷。本书共辑录 102 种可食用的野生植物资料。卷一首载《茹草解》《飧英歌》，次载草物 50 种。每物一图一诗，兼注食用方法。诗文典雅，图形较精，多为写生画作。卷三、四《茹草纪言》汇集前人书中有关可食野生植物之说。

**034 《养生要括》**

明·孟箕编。崇祯七年甲戌（1634）刻本。中国中医科学院图书馆藏。

成书于崇祯七年（1634）。1卷。本草著作。摘取《本草纲目》中250种食物的有关资料编成。各物简述其性味主治，偶加自注，但少发挥。

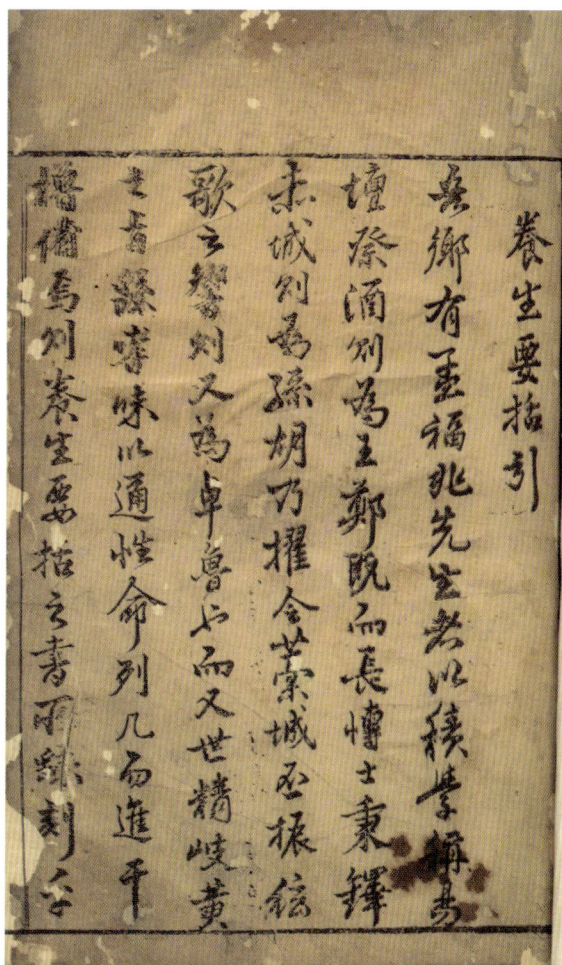

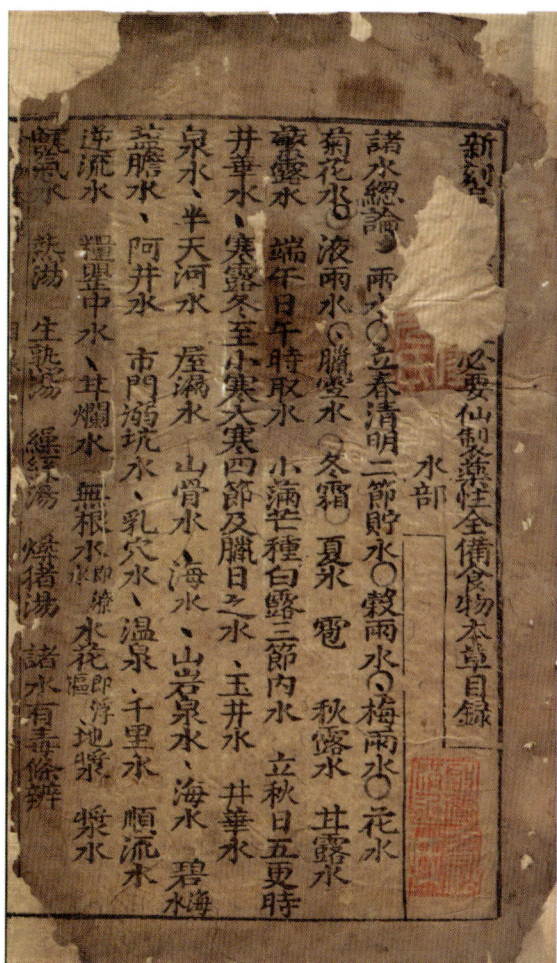

**035 《新刻吴氏家传养生必要仙制药性全备食物本草》**

明·吴文炳汇编。明代木刻本。中国中医科学院图书馆藏。

成书于万历二十一年（1593）。4卷。本草学专著。本书共收饮食品459种，并附汤、酒、粥百余种，诸品分水、五谷、菜、果、兽、禽、虫、鱼、品味数类。每品均叙述产地、形态、性味、功用、宜忌等，内容多摘引诸家本草。

元·李杲编辑，明·李时珍参订。成书于天启元年（1621）。22卷。本草著作。共载食物1 682条。前四卷为水部，载水750余味，包括37处名水、650处名泉，为介绍泉水功用集成之作。其余各卷之资料，多取自《本草纲目》，然鳞部、介部等处亦有新增之品。全书内容丰富，为古代食物本草之冠。

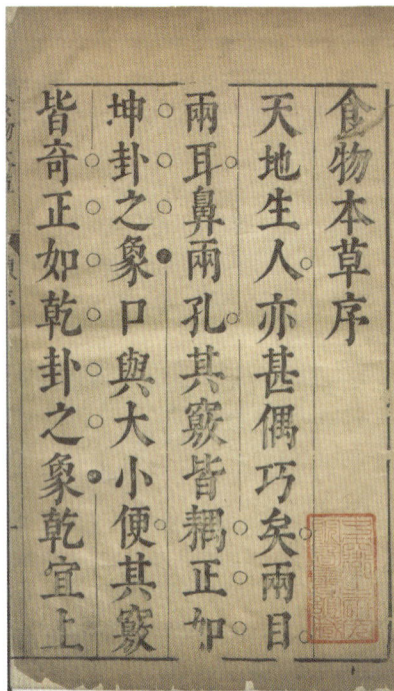

036-1：明崇祯十五年（1642）壬午刻本。中国中医科学院图书馆藏。

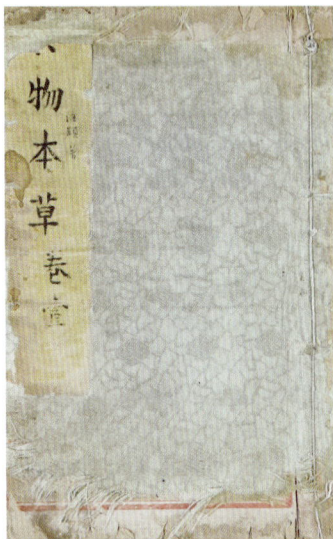

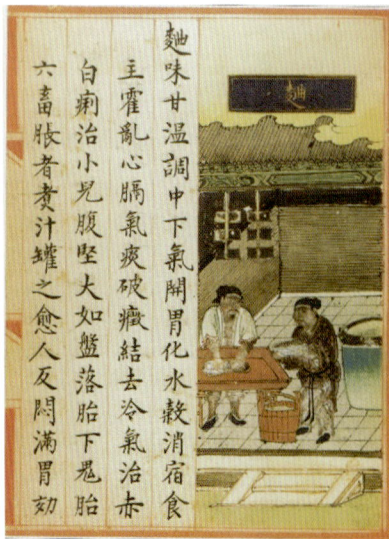

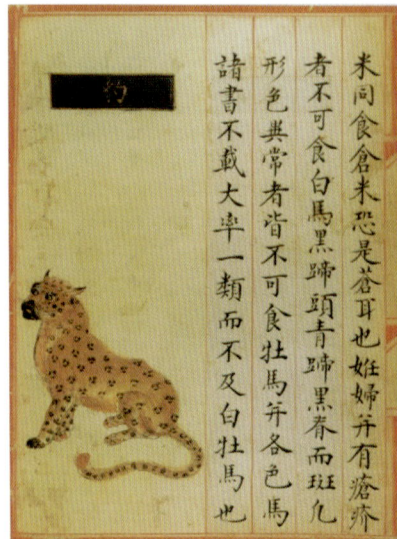

036-2：《食物本草》明代彩绘本。国家图书馆藏。4卷4册，佚名。收载食物385种，彩绘图谱467幅。分类、文字内容与薛己《本草约言·食物本草》相同，图谱则大部分来自于《本草品汇精要》。

中国药学文物图集

麴味甘溫調中下氣開胃化水穀消宿食
主霍亂心膈氣痰破癥結去冷氣治赤
白痢治小兒腹堅大如盤落胎下鬼胎
六畜脹者煮汁灌之愈人反胃悶滿劾

**麴**

**豹**

與倉米同食米恐是蒼耳也姙婦并有
瘡疥者不可食白馬黑蹄頭青蹄黑脊
而斑凡形色異常者皆不可食牝馬并各
色馬諸書不載大率一類而不及白牡馬也

335

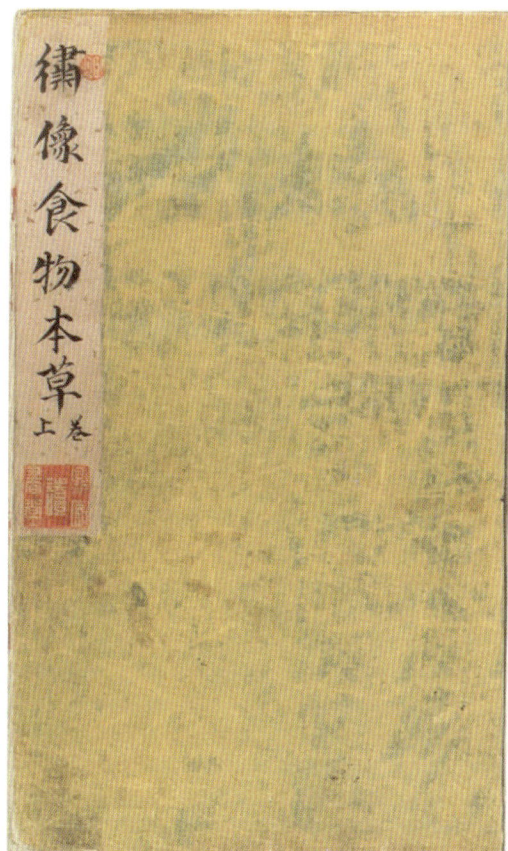

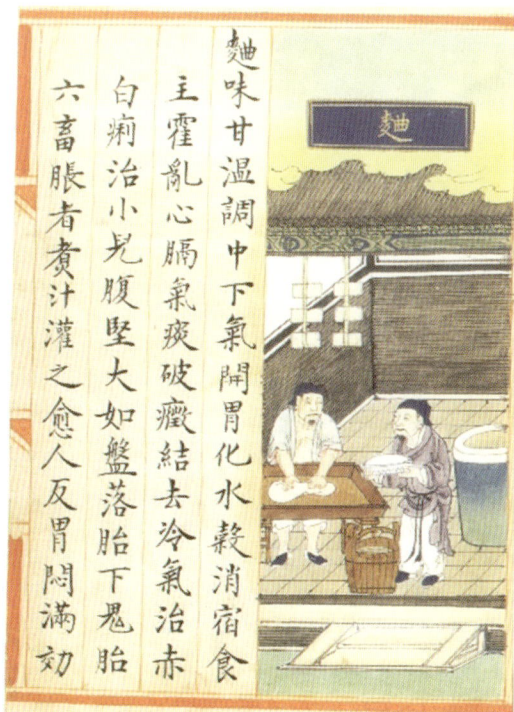

036-3：《绣像食物本草》明代彩绘本。日本杏雨书屋藏。3卷，佚名。收载食物 231 种，与国家图书馆藏本比较，缺 1 卷 155 种，包括水类 33 种、谷类 35 种、菜类 87 种。版式、绘图风格等均同国图本。

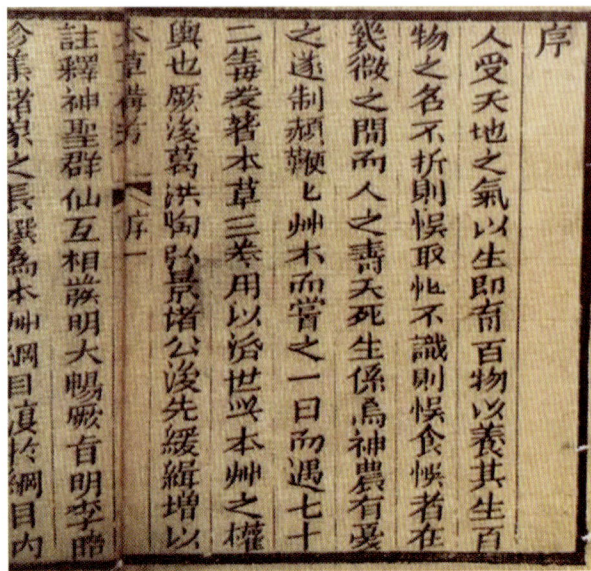

037　《增注备载食物本草》（《增补食物本草备考》）

清·何克谏撰。雍正十年（1732）瀚文堂刻本，2卷1册，蝴蝶装。香港庄兆祥知足书室藏。

系在清·沈李龙《食物本草会纂》的基础上精简后，添加《广东新语》和食治方而成。全书收载食物383种。

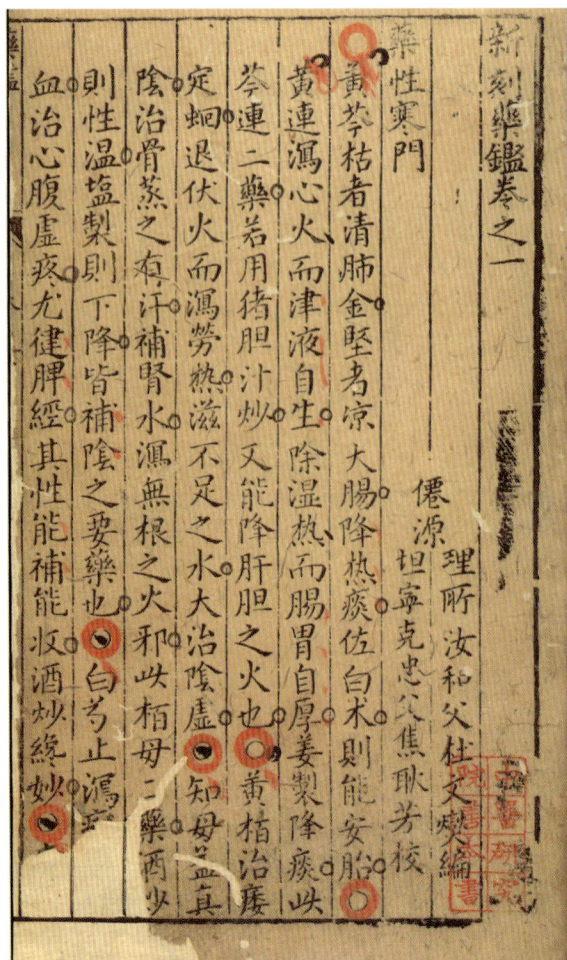

038　《药鉴》（《新刻药鉴》）

明·杜文燮编，焦耿芳校。万历二十六年（1598）戊戌木刻本。中国中医科学院图书馆藏。

成书于万历二十六年（1598）。2卷。本草著作。卷一列27则专论，主张医者应首察病源，次辨药力；论证则由标本而及经络；审性则由阴阳以至反畏。卷二次第叙述137种药物之性味及功用，便于检阅。

補遺雷公炮製便覽

雷公炮炙論序

若夫世人使藥豈知自有君臣既辯君臣
之毒象膽揮黏乃知藥有情異鮭魚挿樹
立便乾枯用狗塗之
榮盛無名
似去甲毛聖石開盲明目而如雲離日當

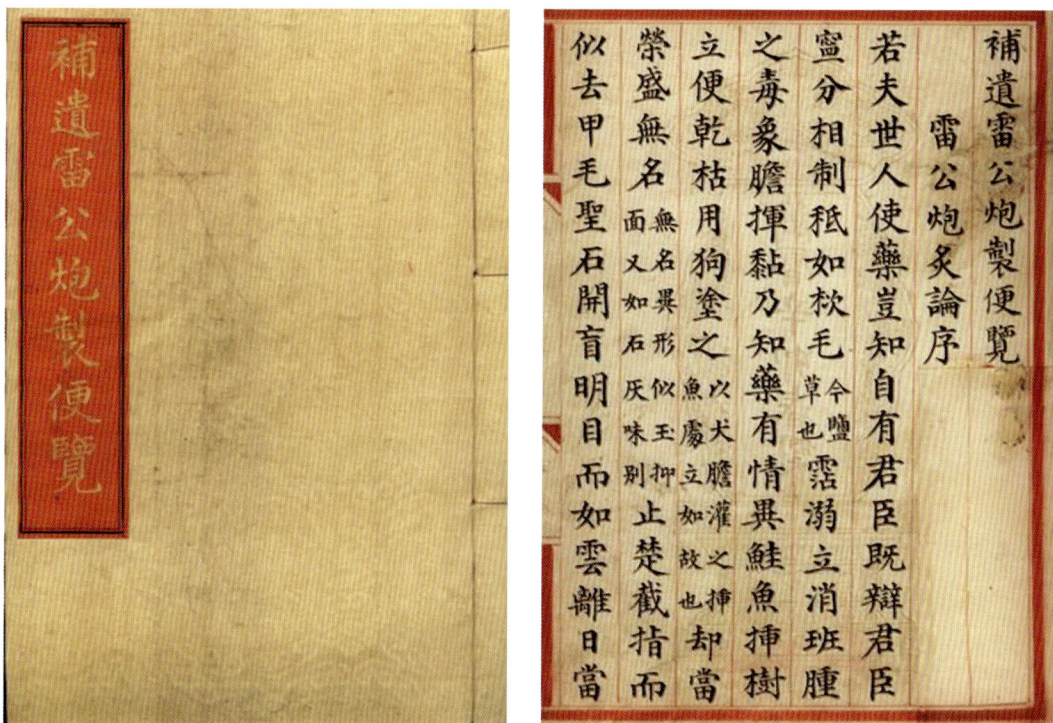

039 　《补遗雷公炮制便览》

　　明万历十九年辛卯（1591）宫廷画院彩绘本，佚名。中国中医科学院图书馆藏。

　　全书13卷13册，另有外目录1册，唯缺卷12果部1册，收载药物957种（实存906种），彩图1193幅（实存1128幅）。书前有宋·唐慎微《证类本草》转引《雷公炮炙论》序；药物正文在俞汝溪《新刊雷公炮制便览》的基础上，补撰四句或八句七言歌诀，并绘制1~3幅彩色药物形态图、炮制或采集图。形制、绘画风格同《本草品汇精要》《食物本草》。

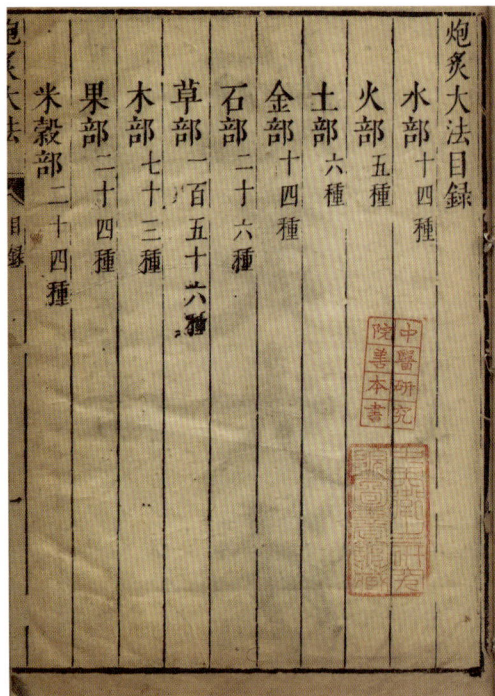

**040　《炮炙大法》**

明·缪希雍撰，庄继光校。明代木刻本。中国中医科学院图书馆藏。

成书于天启二年（1622）。1卷。本书系缪氏在其《先醒斋医学广笔记》所载90余种炮制品之基础上扩充而成。卷前列"雷公炮制十七法"，继列药物439味，分水、火、土、金、石、草、木、果、米谷、菜、人、兽、禽、虫鱼等部。各药条文简要叙其性状鉴别、炮制方法、佐使畏恶等。其中有172味药条中引用了《雷公炮炙论》内容，其余则补充了后世炮制法。

**041　《雷公炮制药性解》（《镌补雷公炮制药性解》）**

明·李中梓编辑，钱允治订正。天启二年壬戌（1622）木刻本。中国中医科学院图书馆藏。

成书于天启二年（1622）。6卷。本书以李中梓之《药性解》（2卷）为本，增入《雷公炮炙论》135条条文于相应药条之后而成。内容仍以临证用药为主，非炮制专书。全书收药323味，分金石、果、谷、草、木、菜、人、禽兽、虫鱼九部。"药性解"部分，各药简述其性味、归经、功治，又附作者按语，注解药性，提示用药要点，简洁明了，常出新见。

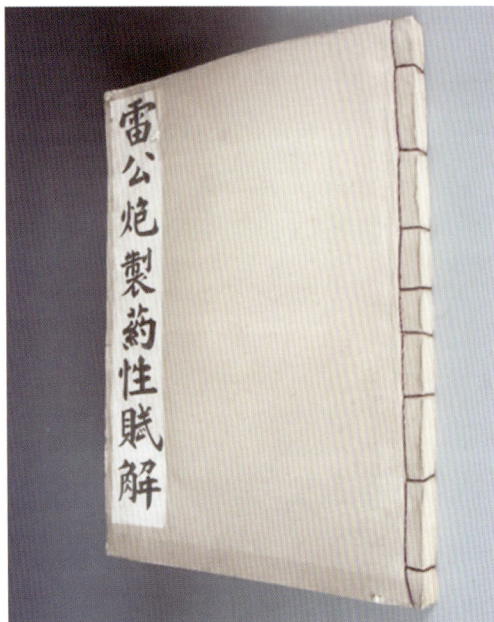

**042　《雷公炮制药性赋解》（《增补珍珠囊雷公炮制药性赋解》）**

金·李杲编辑，吴门王子接晋三重订。清线装精抄本，有缺页。上海中医药大学医史博物馆藏。

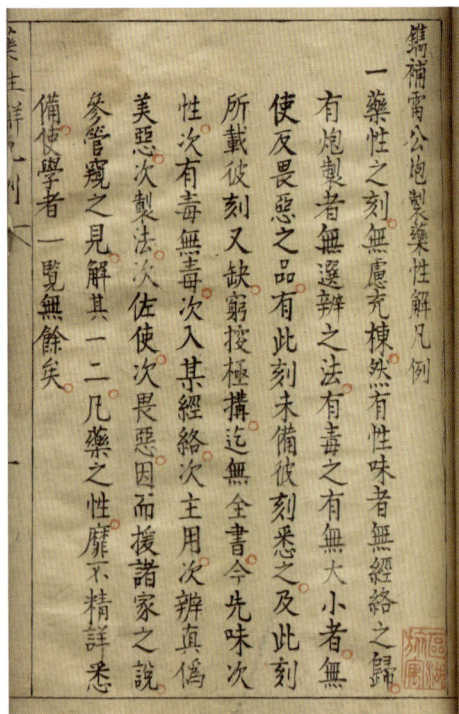

拾贰

炼丹物事

这里的炼丹指的是道家的炼丹术。其通过加温、升华等秘法，力图将各种矿物原料炼成丹药，用于服食。炼丹术约始于战国中期，秦汉以后开始盛行，并于唐代传入阿拉伯，金元时传入欧洲，但自宋以后在我国逐步衰落。

炼丹术不但孕育了中国的古代化学，而且与中国古代药物学的发展关系密切。首先，炼丹所用矿物原料如丹砂（硫化汞）、雄黄、礜石、砒霜、紫石英、无名异、赤石脂、磁石、石灰、硇砂、轻粉、朴硝、寒水石、炉甘石、云母、滑石、阳起石、禹余粮等是常见的中药品种；其次，炼丹所得的某些成品如升丹、降丹等即是中医外科临床直接应用的成药；再次，由于炼丹文化的影响，丹剂甚至成为标榜灵验的一种中药剂型，如天王补心丹、至宝丹等与本来意义上的丹毫不相干，只是借用"丹"名而已。

本篇选录了一些与药物关系相对密切的炼丹原料、器物、丹丸及人文资料等。

001　出土炼丹原料

西汉。蚌壳 10 个，重 70 g。山东巨野西汉哀王刘氏墓出土。山东省巨野县文物管理所藏。

出土于墓中 41 号铜胎漆盆内。有寒水石、石英、方解石、文石、滑石、垩石、蚌壳、朱砂、孔雀蓝等炼丹原料，以及不少丹丸和药粉。同时出土的制药炼丹器有铜丹鼎、铜杵臼、药匙、药量等。

002　出土五色药石

西汉。共重 2 003.9 g。1983 年广州南越王汉墓出土。西汉南越王墓博物馆藏。

在墓中的铜、铁杵臼旁发现紫水晶、硫黄、雄黄、赭石和绿松石。五石及五色药石在《史记》《汉书》《抱朴子》里均有记载，都是炼丹的主要原料。各书丹药组成不完全相同。

## 003 铜丹鼎

西汉。口径 26 cm，足高 16.5 cm，耳宽 10.9 cm。山东巨野西汉哀王刘氏墓出土。山东省巨野县文物管理所藏。

后室二层台出土的铜鼎内盛有朱砂、药丸等。药丸共 150 多粒，朱红色，并有铜杵臼、礴石、擂盘等制药工具同出，故疑与炼丹活动有关。

## 004 铜丹盒

西汉。高 80 cm，直径 3.6 cm。山东巨野西汉哀王刘氏墓出土。李澄坚藏。

内盛 27 粒手工搓制的富含硫、铅、硅元素的丹丸。

## 005 铜药量

西汉。长 11.3 cm。山东巨野西汉哀王刘氏墓出土。李澄坚藏。

古代炼丹时也用量药器具作量器，这在《周易参同契》中有记载。巨野西汉墓的药量、药匙与丸药、矿物药同出，器形大体相同。

006　葛洪像

　　清。长 120.2 cm，宽 58 cm。杭州西湖葛岭碑刻。图为清代拓片。上海中医药大学医史博物馆藏。

　　葛洪（283—343），字稚川，自号抱朴子，丹阳句容（今属江苏）人。东晋时期道教理论家、医学家、炼丹术士。编撰《肘后救卒方》《抱朴子》《金匮药方》等著作，对古代化学、医学都有突出贡献。

007　冲虚观门景

　　现代。冲虚观位于今广东省罗浮山，相传葛洪在此炼丹。

008　稚川丹灶

　　花岗岩质。高 2 m，基座直径 1.5 m。
　　相传此为葛洪炼丹用灶。"稚川丹灶"四字
据考系东坡书法。

009　葛洪的丹井

　　此井坐落在江苏省句容市城隍庙内。当地人
相传此为葛洪炼丹用井。

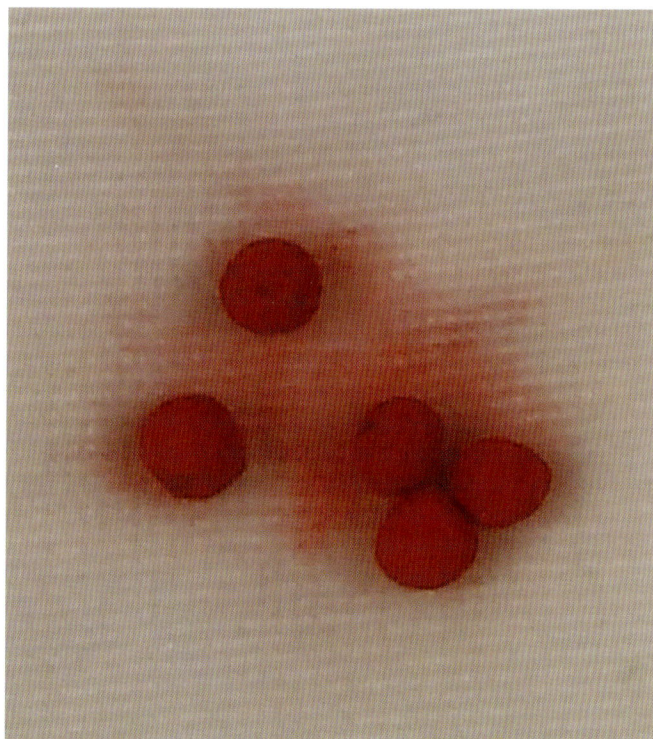

**010　出土丹丸**

晋。大小为 0.6 cm × 0.4 cm。1965 年南京王丹虎墓出土。南京市博物馆调拨。上海中医药大学医史博物馆藏。计 5 粒，表面有轻度风化。

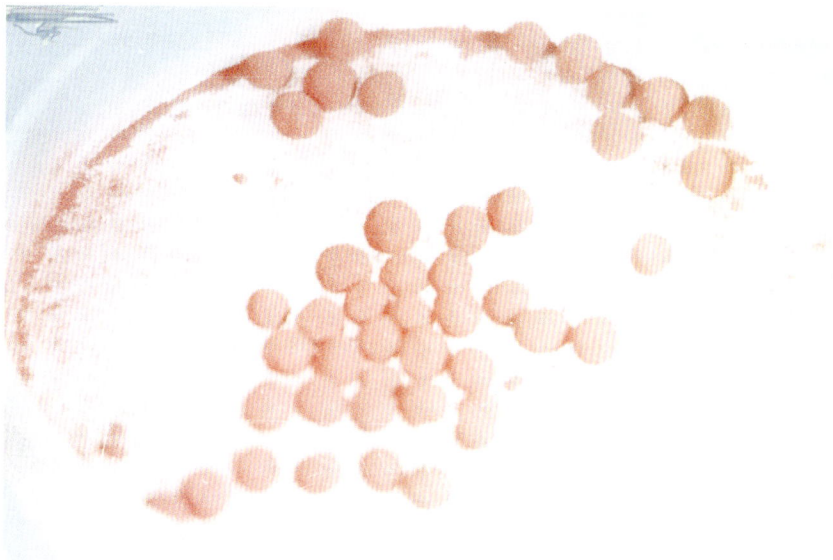

**011　出土丹丸**

东晋。直径 0.5 cm。1965 年在南京北郊象山七号墓（东晋升平三年王丹虎墓）出土。上海中医药大学医史博物馆藏。

计 100 余粒，置于一漆盘内（盘已朽）。

012　银药盒

　　唐。高 4.6 cm，口径 16.7 cm。1970 年于西安市碑林区何家村出土。陕西省博物馆藏。

　　盖内有墨书"大粒光明砂一大斤，白马（玛）瑙铰具一十五事，尖珙真黄，纯黄小合（盒）子"等 45 字。盒内所盛光明砂、白玛瑙等系炼丹原料。

013　银药盒

　　唐。高 4.6 cm，口径 16.7 cm。1970 年于西安市碑林区何家村出土。陕西省博物馆藏。

　　盖内有"四为光明碎红砂一大斤，白玉纯方胯十五事，尖珙骨咄玉一具，深斑玉一具，各一十五事并珙"墨书。盒内所盛光明砂为炼丹原料。

**014　瓷石榴罐**

　　唐。高 8.8～10 cm，口径 2.5 cm，腹围 19.6 cm，口深 1.3 cm。1970 年于西安市碑林区何家村出土。陕西省博物馆藏。

　　石榴罐是用于炼丹蒸馏的一种用具，在南宋·白玉蟾《金华冲碧丹经秘旨》中有记载：石榴罐中盛辰砂、赤金珠，塞口后将其倒掷在坩埚上。坩埚内华池水二分。

**015　鎏金仰瓣荷叶圈足银碗**

　　唐。高 8 cm，口径 16 cm，足径 12.2 cm。重 223 g。1970 年于西安市碑林区何家村出土。陕西省博物馆藏。工艺极为精巧。系炼丹者所用器物。

016　铜炼丹瓶

宋。高 15.5 cm，口径 4.6 cm。四川剑阁宋代道教墓出土。剑阁县文物保护管理所调拨。成都中医药大学医史博物馆藏。

直颈，鼓腹，高圈足，表面有锈蚀痕迹，呈铜绿色。与道教的其他炼丹用具相伴出土。

017　铜炼丹瓶

宋。高 14 cm，口径 5.4 cm。四川剑阁宋代道教墓出土。剑阁县文物保护管理所调拨。成都中医药大学医史博物馆藏。

直颈，鼓腹，高圈足，表面有锈蚀痕迹，局部较严重，呈黑色。

**018　铜炼丹炉**

　　宋。高 21.5 cm，口径 15.5 cm，底径 9.5 cm，门阔 3.5 cm。上海中医药大学医史博物馆藏。

　　双耳，可系环。整器饰以雷纹，有凝重感。

**019　铜炼丹炉**

　　明。高 37 cm，腹径 18 cm，口径 14 cm。上海中医药大学医史博物馆藏。

　　上部饰以云雷纹，中部有一圈乳丁纹，下部饰兽面纹。三足，双耳环。

**020　铜炼丹炉**

　　明。高 26 cm，口径 14 cm。上海中医药大学医史博物馆藏。

**021　铜炼丹盆**

明。高 27 cm，直径 67 cm。四川省骡马市明代道观遗址出土。四川省博物馆藏。

道家及中医外科炼丹法中，有一种是将阳城罐覆于铜盆，中央封固，再将铜盆嵌于木架上，点火放河中，水齐铜盆沿，火足取起。本图铜盆即作此用，是出土的成套炼丹器具之一。

**022　木水瓢**

明。高 16 cm，长 36 cm，宽 26 cm。上海中医药大学医史博物馆藏。

棕褐色，刻有陈继儒、觉空子、元礼等人的题名。炼丹用具。

**023　瓷擂钵**

清。高 12 cm，口径 22 cm。广东中医药博物馆藏。

外壁有 7.5 cm见方之蓝色釉书"捣石研金"四字。似为炼丹用具。

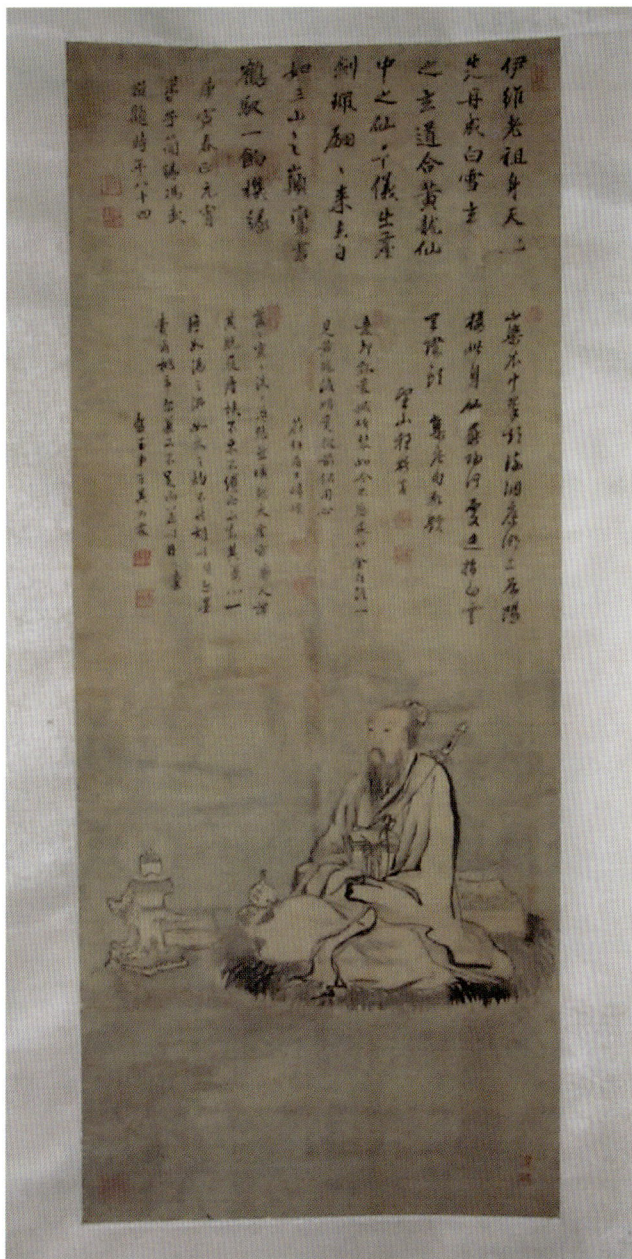

024　蔡嘉绘纯阳炼丹图轴

　　清。画芯长 97.8 cm，宽 40 cm；卷轴长 199.5 cm，宽 53.6 cm。上海中医药大学医史博物馆藏。
　　为蔡嘉于清乾隆三十五年（1770）所绘（绢画），画中是《吕纯阳炼丹图》。右下角有白文"蔡嘉"及朱文
"雪堂"钤记，上方有简员、冯武、程枚吉、吴汝霖等题字。蔡嘉，字松原，号雪堂，江苏丹阳人，善书画，尤
善青山绿水，是乾隆年间著名画家。

025　吕纯阳炼丹图轴

近代。画芯长 104.5 cm，宽 61.8 cm；卷轴长 159 cm，宽 65.8 cm。上海中医药大学医史博物馆藏。甲申僧所画。画面为吕纯阳手持马尾甩子安坐在炼丹炉旁炼丹的场景。

附篇

本篇收录了一些或不属文物范围或不便归类，但均与中国药学相关的图片资料，大致有工艺品、字画、邮品、珍稀药材标本等类。它们虽有某些方面不尽符合"中国药学文物"的范围，但也从不同侧面反映出与中国药学的一些关联，故特设"附篇"，以供读者参考。

**001　孙思邈纪念邮票**

1962 年中国人民邮政发行。长 3.6 cm，宽 2.65 cm。左图编号为"纪 92.8-4"，右图编号为"纪 92.8-3"。上海中医药大学医史博物馆藏。

为特种邮票，面值均为 8 分。系纪念孙思邈的两枚邮票，票面完好。

**002　李时珍纪念邮票**

1956 年中国人民邮政发行。小型张。长 9 cm，宽 6.3 cm，图案面积为 2.7 cm × 4.3 cm。邮票编号为"纪 33.4-4"。紫红。票面完好。上海中医药大学医史博物馆藏。

全套"中国古代科学家（第一组）小型张"共四枚，画面分别是张衡、僧一行、李时珍和祖冲之像及各自取得的主要成就，票面均为 8 分。此枚画面为李时珍像。

**003　木雕彩漆梅花鹿**

战国早期。通高 77 cm，身高 27 cm，身长 45 cm。湖北省博物馆藏。

鹿茸为传统珍贵中药材。

**004　辟邪形玉壶**

东汉。通高 7.7 cm，壶高 6.8 cm，宽 6 cm，厚 4.5 cm。1984 年扬州市邗江区甘泉老虎墩东汉墓出土。扬州博物馆藏。

造型为一跪坐状辟邪。辟邪右掌托灵芝仙草，中部镂空，头顶开圆口，上置环纽银盖。辟邪身刻细圆圈纹、羽毛纹，集圆雕、镂空、浮雕、阴线细刻手法于一体。灵芝为传统珍贵中药材。

**005　犀角雕花卉洗**

明。高 8 cm，口径 14.9 ~ 18.7 cm，底径 8.9 ~ 9.1 cm。故宫博物院藏。

用犀角近根部雕成，淡褐色。口如花瓣式，收腰；底为竹枝式圈足，并浅雕出一灵芝。杯身雕桃花、桃实、玉兰、竹叶等，浅刻叶脉、花筋。犀角、灵芝、桃花、桃实、玉兰、竹叶等均可入药。

**006　犀角雕竹子灵芝杯**

明。高 7.8 cm，口径 10.3 ~ 16.4 cm，底径 3.3 ~ 5.6 cm。故宫博物院藏。

杯形如斗，作剖空灵芝状，口沿自然卷曲。杯身有弦纹，印痕似水波晕散。杯身下镂雕竹枝及灵芝为底，而杯䂓则雕成竹茎、藤蔓的形状。外壁有浮雕，形如竹叶、灵芝。

**007　犀角雕莲蓬纹荷叶形杯**

明。高 8.5 cm，口径 10.2 ~ 17.2 cm。故宫博物院藏。

荷叶上兜，侈口成盆状，三根叶茎茎刺外凸，交叉盘结于杯底，以作杯足。一茎连着叶杯，茎端残留三片花瓣的莲蓬；另一茎连着上卷如盒的小荷叶。杯壁有一束小海棠花。荷叶、海棠花等均可入药。

008　仙人乘槎犀角杯

明。高 8.6 cm，长 26.5 cm。重 261.5 g。1961 年扬州市福利公司捐赠。扬州博物馆藏。

雕刻者选用上乘犀角，以仙人乘槎到达天河的神话故事为题材，依犀角的自然形状雕刻成一叶树槎形扁舟，槎内一老者倚假山和枯木端坐。既是极佳的工艺品，又是清凉、解毒的实用酒具，具有很高的经济价值。

　009　小松竹雕佛手

明。高 11 cm，长 15.5 cm，宽 5 cm。故宫博物院藏。

竹根佛手为并蒂折枝式，枝叶相连，姿态苍健优美。在枝端阴刻楷书"小松"款。竹根、佛手均可入药。

010　祝允明《饭苓赋》轴

明。纸本，墨迹，行楷书。纵 142.8 cm，横 27.9 cm。故宫博物院藏。
此轴墨书笔法精谨、方圆变化多样、风度清劲。

**011　犀角雕桃花座观音**

清。高 12.2 cm，底径长 11.5 cm，底径宽 9 cm。广角制。染色。圆雕。故宫博物院藏。

观音头带发冠，身披广袖法衣，左手捏念珠，右手托如意，微闭双目，盘坐于花座之上。雕像刻工细致、线条流畅，衣纹飘逸自然，人物表情细腻。

**012　竹根雕采药老人**

清。高 14.7 cm，座宽 12.1 cm。圆雕。故宫博物院藏。

长髯一叟，束发高髻，慈眉善目，面带微笑。右手执花篮，左手放于两腿之间，背系葫芦，脚穿草鞋，身就山石，坐于镂雕玲珑石上，身旁斜放草帽和采药工具。老人双腿及左臂隐露筋骨，足见雕刻者刀法之精绝，生动展现了登山采药老人的不衰之态。

**013　竹根雕采芝老人**

清。高 18.4 cm，座宽 13.5 cm。圆雕。故宫博物院藏。

老人坐于山石之上，高髻，长髯，慈眉善目。右手持篮放于两腿之间，花篮内盛满灵芝；左手按于岩石上，身体斜靠着药锄。肩披枝叶，腰后系一酒葫芦，双脚穿草鞋。老人头略低，似是望着花篮内采获的灵芝，露出满意的笑容。

中国药学文物图集

014　闵真绘采药图轴

清。纸本。中国医史文献研究所藏。

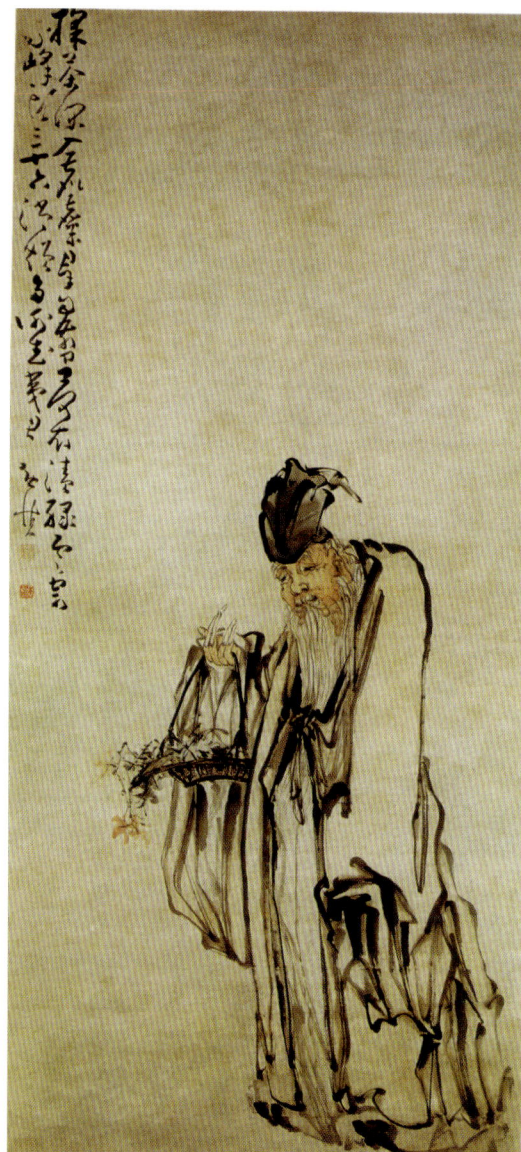

015　黄慎绘采茶老翁图轴

清。纸本，淡色写意。纵 137 cm，横 64.5 cm。
烟台市博物馆藏。

图轴中一白髯老者，青巾布衣，手提茶篮，
款款独行，似自山中采茶归来。形象生动，用笔
豪劲纵逸，色淡雅。左上题七言绝句，自署"黄
慎"。下钤两方印记，文为"瘿瓢""黄慎"。

016　天然葫芦

清。高 10.8 cm，下腹径 5.3 cm，上腹径 3.5 cm。上海中医药大学医史博物馆藏。

葫芦表面光滑，呈浅黄褐色，未作任何加工。

017　南瓜形葫芦

清。高 14.1 cm，下腹径 10.6 cm，上腹径 7.2 cm。上海中医药大学医史博物馆藏。

葫芦表面光滑，呈棕色，为南瓜瓣形，配红木底座。工艺品。

018　天然三连葫芦

清。通高 18.5 cm，宽 19.7 cm。上海中医药大学医史博物馆藏。

此为三个天然葫芦串连而成，表面为葫芦的天然色，上端有藤。

019 竹雕葫芦式盒

清。高 6.1 cm，长 17.6 cm，宽 11.1 cm。故宫博物院藏。

此盒采用圆雕和透雕技法。外形为天然葫芦形，外镂雕蔓叶，卷须分枝，藤蔓绵延缠绕，布满全身，有的蔓叶还雕作虫蛀状。盒盖上雕有两个小葫芦。

020 黄杨木雕葫芦

清。高 25.7 cm，口径 3.5 cm。故宫博物院藏。

作天然葫芦形，平底，可直立。外镂雕藤叶，卷须分枝，布满全身。大葫芦外雕有五个小葫芦及两只上下飞舞的蝙蝠。大、小葫芦顶端均有盖，盖似藤蔓。打开盖后可见内有与葫芦相连的长链，大葫芦链上雕有小葫芦。

021　微雕葫芦

清。高 3.85 cm，腹径 3.7 cm。上海中医药大学医史博物馆藏。为天然葫芦微雕。表面雕有文字和人物故事画。雕刻精细。

022　微雕葫芦

清。高 3.75 cm，腹径 3.2 cm。上海中医药大学医史博物馆藏。为天然葫芦微雕。表面雕有文字和人物故事画。雕刻精细。

023　象牙透雕葫芦

清。通高 9.2 cm，上腹径 4 cm，下腹径 5.4 cm，流苏长 17.2 cm。上海中医药大学医史博物馆藏。表面着色，制作精细。

024 蒙文沉香牌

清。长 6.5 cm，宽 4.6 cm，厚 0.7 cm。上海中医药大学医史博物馆藏。

此牌由天然沉香木双面透雕而成，两面均有金丝镶嵌，中间有蒙文两字（待考）。为保健挂件。

025 沉香木黄瓜摆件

清。通高 9.6 cm，厚 2.7 cm，长 6.5 cm。上海中医药大学医史博物馆藏。

通身紫檀色，摆件形似黄瓜和枝叶花蕾。沉香可入药。

026　灵芝形藤如意

　　清。通长 35 cm，宽 11 cm。上海中医药大学医史博物馆藏。
　　该如意为树藤自然形成，形状似灵芝，木质坚硬有光泽。

027　灵芝摆件

　　清。宽 43 cm，高 20 cm。上海中医药大学医史博物馆藏。
　　紫芝，黑褐色，有细孔，质地坚硬光滑。

中国药学文物图集

028　灵芝摆件

　　清。通高 14.4 cm，宽 14 cm。上海中医药大学医史博物馆藏。

　　表面涂有深褐色防腐层，有裂痕。系较为珍贵的传世中药标本。

029　琥珀雕月中桂摆件

　　清。上海中医药大学医史博物馆藏。

　　琥珀为名贵中药材。本品中原有桂花，工匠巧妙构思，将中部雕刻为月亮，桂花隐含其中，旁饰以云纹，取名"月中桂"。

030　琥珀雕寿桃摆件

　　近代。通高（带底座）9.25 cm，长 6.5 cm，宽 2.9 cm。重 94 g。广东中医药博物馆藏。

　　琥珀为松柏树脂的化石，可入药，亦可制成饰物。此为琥珀制的寿桃摆件，用于装饰。

031　雄精雕吕祖像

　　近代。通高 14.4 cm，长 5.7 cm，宽 3 cm。重 28 g。广东中医药博物馆藏。

　　雄精即雄黄，中药的一种。此为用雄精雕刻的吕祖像。

中国药学文物图集

032 雄黄山子

清。通高 15 cm，宽 13 cm，厚 6.8 cm。上海中医药大学医史博物馆藏。
雄黄为中药，也是古代炼丹的主要原料。此件雄黄形如山峦，曾用为摆件。

**033　雪莲花标本**

　　现代。5.4 cm×4.5 cm×2.8 cm。上海中医药大学医史博物馆藏。
　　雪莲花系多年生草本植物，生长于高山上，以流沙滩上的岩石缝中最多。功效为除寒、壮阳、调经止血，对风湿性关节炎、外伤出血均有疗效。

　**034　象黄标本**

　　现代。2.6 cm×2.3 cm×1.5 cm，浑圆状。上海中医药大学医史博物馆藏。
　　象黄是大象胆内结石，其药理作用类似牛黄。

035　麝香壳标本

　　现代。5.8 cm × 3.2 cm × 2.1 cm，囊状。上海中医药大学医史博物馆藏。

　　麝香是雄性麝香腺囊中的分泌物，对中枢神经系统有少许的兴奋作用和较大的抑制作用，对呼吸循环系统则有兴奋作用，此外还有抗菌抗炎的作用。

036　藏医植物药图

　　清。亚麻布画。长 103 cm，宽 72 cm。西藏自治区藏医研究所藏。

　　据《四部医典》绘制。藏药品种繁多，包括植物药、矿物药和动物药，尤以植物药的应用最为广泛。图为藏医部分植物药的彩绘图。

附录

# 橘井流芳
## ——中国传统药学文物述要

中国中医科学院研究员　　廖　果

## 1. 中国传统药学渊源

中国传统药学（中药学）是中国传统医药学中的一个重要组成部分，有着十分悠久的历史和极为丰富的内容，为中华民族的健康繁衍作出了巨大的贡献，以其实效性和独特性引起当今国际医学界的日益关注。

中国药学的历史，可以追溯到上古时代。《淮南子·修务训》"神农尝百草之滋味……一日而遇七十毒"的传说，就是其生动反映。至商代，金文中已有"药"字出现，《说文解字》将其训释为"治病草"，明确指出了"药"即治病之物，并强调了"草"（植物）类居多的客观事实。由此，出现于西汉的"本草"一词成为中国传统药学的专用名词，用来代称药物学或药学专著。1977 年安徽阜阳出土汉简中专论药物的内容，被命名为"万物"。据考证，《万物》虽在西汉初年抄成，但其编撰年代为春秋战国时期，有学者认为这是迄今发现的最早药物专编或本草古籍。而成书约在东汉末期的《神农本草经》载药 365 种，初步奠定了药学理论的基础，系统地总结了汉以前的药学成就，对后世本草学的发展具有十分深远的影响，故被尊为药学经典之著。中国传统药学发展至今，更是撷取诸家之长，与时俱进，取得了前所未有的成就。

## 2. 文物

### 2.1　文物的作用

文物是文明的见证，是物化的历史。在久远的历史中，中医药遗存数量相当可观的文物，这些珍贵文物既是中医药学数千年发展历程的物化见证，也是博大精深的中国传统文化的特色组成部分，从一个侧面反映出中国传统文化的悠久历史和独特性。

较之文献资料，文物实物具有形象、直观的独特优势。它能更真实而直接地反映历史，常作为史学研究的第一手资料被引用，以作为印证、弥补文献资料的重要参考。如作为宋代朝廷最高司药行政机构的尚药局，既往仅见文献记载。1986 年于河北曲阳涧磁村定窑遗址发掘出土的宋定窑"尚药局"款瓷盒，其盒身、盒盖口沿均横刻有"尚药局"字样，盒盖顶面尚饰刻有龙纹，显然是宋代宫廷用物，这印证了史籍记载。

## 2.2 文物的分类

### 2.2.1 中医药文物

文物依照不同的分类方法可分为很多种，中医药文物即是按文物功用分类法从巨量文物中析出的一类。中医药文物是指那些具有中医药功能、意义、价值的文物。中国传统文化思维方式中有其注重实用的一面，即儒家所主张的"广大高明而不离乎日用"[1]，在这种意义上说，中医药学可谓因其"功用"而存世并经久不衰。中医药文物按功用分类，不但能较好地反映中医药学的丰富内涵，也能充分反映中医药文物的意义、价值及其有别于其他领域文物的特色。

### 2.2.2 中国传统药学文物

在中医药文物的大类中，又可按所在位置、来源、存在形态、时代（朝代）、质地、功用、医学类型、社会属性等再分为二级子类。例如从时间的角度按时代（朝代）将文物从远古至近现代归类[2]，按质地可分为玉石、陶瓷、金属、竹木、纸帛等类，按文物的现代社会政治属性可分出"红色文物"一类等[3]。

中国传统药学文物乃是按功用从中医药文物中分出的一个二级子类。在中国药学久远的发展历程中，遗存了丰富多彩的药学文物。由于行业稳定性和器物实用性的原因，以品种和存世量的丰富而言，药学文物可谓医药文物中的大宗。为研究方便，我们还可大致按其性质与功用对药学文物进行三级分类，如本文细目有药史钩沉、古代药物标本、采制工具、盛贮器具、衡量器具、煎服用具、药铺物件、宫廷药事、临床药具、卫生药具、本草书影、炼丹物事、民族药具等，具体略述如下。

## 3. 药学文物述要

## 3.1 药史钩沉

中国药学的历史源远流长，从药学史的角度立意，根据文物存世情况，撷取史迹中诸如"神农尝百草"以及"药王"孙思邈、李时珍及其《本草纲目》等一些有代表性的人物、事件、文献及器物的相关资料，虽如鸿爪雪泥，也是陈迹可观，从中能对丰富多彩的中国药学历史有所反映。

## 3.2 古代药物标本

中国陆上与水下考古现场不时发掘出古代药物实物，其中以矿物药和香料药为主，前者多与中国古代的服石炼丹现象有关，后者则是中国古代通过丝绸之路进行中外医药交流活动的一个反映。此外，还出土有少量的丹药成品与中成药。

这方面比较有代表性的，如1972年湖南长沙马王堆汉墓出土了保存较为完好的桂皮、花椒、辛夷等9种药材标本，曾被认为是迄今发现保存最好的一批药物标本[4]。1983年在广州象岗山发掘南越国第二代君主文王赵胡墓时，出土有数公斤服石炼丹的主要原料五色药石等。《史记·南越列传》有"后十余岁，胡实病甚，太子婴齐请归"[5]等记载，可为相互印证。水下考古方面有1974年福建晋江泉州湾宋代沉船出水药物，2007年广东上、下川岛外海域南宋沉船"南海一号"出水朱砂等。这些出土药物实物成为当今进行古代方药研究的宝贵资料。

### 3.3 采制工具

中药在临床应用之前，需经过若干特定的加工程序，如生药的采集、药材的前处理与炮制等。这些工序所需的专门工具，可称之为采药制药工具。这类工具包括采药的药铲，切药的药刀，粉碎的药碾、研磨的磨盘、药臼、研钵、乳钵，炮制的药釜（如西汉铜药釜）、药锅（如清太医院铜药锅、胡庆余堂金铲银锅）、药盆，以及网筛（如清太医院铜药筛）、药刷、药帚、药钳等，品种齐备，而质地则有玉、石、铜、铁、陶瓷等，较为丰富。

中国药学文物图集

### 3.4 盛贮器具

盛放、贮存中药的器具，是广为应用的大宗药用器具，它们形制多样，尺寸各别，因而有药瓮、药瓶、药缸、药坛、药罐、药盒、药瓶、药柜等名称之别，质地也有玉、石、金银、陶瓷、竹木以至玻璃等，十分丰富。这些器具既有经考古发掘发现的，如长沙马王堆汉墓、广州南越王汉墓、西安何家村、唐代窖藏、江阴明代夏颧墓等均有出土，也有数量可观的传世品。

其中比较有代表性的，如广州南越王墓出土之银药盒（存药丸）、陶药瓿（盛药丸），河北曲阳涧磁村定窑遗址出土之"尚药局"款瓷盒等。由于明清尤其清代距今时间相对较近，传世盛药、贮药器具更为多见，且多保存完好，以药研、药钵、药罐、药瓶等药瓷为世所瞩目，其中不乏官窑珍品，其形制部分仍沿用至今。明清以来药铺专门烧制的药坛、药瓶等常有款识，有时药铺也借用日用瓷坛等生活品 [6]。

### 3.5 衡量器具

量药器是指量取或秤取药物的度量衡器具。在中国古代较早时期，量取粉末状药物的器具曾有刀圭、方寸匕、钱匕、一字等，都是用当时的钱币或仿钱币形制的器具来大致量取药物。此类器具还有小型药铲等。汉代也有专门的铜制药量。药勺则是量取粉末状药物时较为正规的器具。药铺所用的称药衡器学名"戥秤"，俗称"戥子"，由于称取药物要求准确且分量不大，因此药用戥子一般小而精致。

### 3.6 煎服用具

此类用具包括熬煮药物用的药罐、药壶、药锅与药炉等，以及温药服药用的药壶、药铫等。温药是指熬煮后所取药汁并非一次服尽，除当次所服药量外，剩下的药汁再服时即需加温，以免影响肠胃吸收，从而保证药效。汉唐文献中即对此多有明示，如《伤寒论》于方后常有"分温三服"一类说明。

### 3.7 药铺物件

药铺是中国古代社会市井常见的店铺，以宋代《清明上河图》中的"赵太丞家"为例，可见其中的柜台、药柜等布局，门外两旁还立着写有"大理中丸医肠胃冷""治酒所伤真方集香丸"等广告招牌。这类古代中药铺的店招、匾额（著名者如胡庆余堂"戒欺"匾）、对联、药柜、药台以及药模、药物仿单（如清道光阿胶仿单、云南白药仿单）等，是中医药文化信息的重要载体，它们直观地反映了古代中药行业的状态，有的还生动再现了药铺的营业特色，或者表达了其所信奉的经营理念。

### 3.8 宫廷药事

宫廷是一定历史阶段的社会主宰，其握有的特权，能调动举国之资源，凝聚全社会的力量，创造出一流的物质产品与精神产品为之服务。因此，现存宫廷文物也是中国传统文化宝藏的重要组成部分。

宫廷药事的相关文物主要包括两大类：一是贵重精美的药具。如煎药器具有汉"太医"铭药罐、明万历帝御用熬药金罐、明太医院铜药炉等，其中万历帝御用熬药金罐系从定陵明万历帝棺内出土，用金量达895克。又如贮药器具有明万历年制太医院专用黑漆描金云龙药柜，制作描绘工艺精湛，其上的双龙戏珠纹为皇家特有的纹饰。故宫内至今仍收藏有大量药用器具。二是系统完整的药政文档。如清朝近三百年的历史中，宫廷内积累了数量可观的医药档，这些清宫医药档中即有数量可观的各地进贡药材档、药材贮销清单、丸散膏丹配药档、进药底薄、用药底薄等药事文献。

### 3.9 临床药具

临床药具是临床用来直接施药的器具。典型器如河北满城汉墓出土的银灌药器及银漏斗，即是作为危重病人的灌药用具。病情危重时病人往往口噤牙闭，此时即需借助灌药器具撬开牙关以灌下药水。后世常用于五官科的灌药管、药鼓等亦属方便送药的用具。熏罐则是通过加热药水熏蒸来治眼疾的器具。外科有清洗的药壶、药洗和上药的药匙、药管等。另外，大夫出诊所用药箱等相关用具也可归于本类。

### 3.10 卫生药具

中华民族历来就有讲求卫生的生活习惯，在日常生活中具有清洁卫生作用的这类文物也颇具民族特色。其中与药物关系最直接的，是熏香一类用具。

在室内熏香的习俗，始于我国战国时期，主要的燃香之器名"熏炉"，也可称作"香炉"，是古人用于熏香取暖、洁室、杀虫、清洁衣被的卫生用具，有避秽消毒、除湿杀虫的功效。其质地有金、银、铜、瓷、陶等多种，造型及工艺较考究。器形构造大致可分为雕镂的器盖、器身、底座三部分。香料药物置于器身盂中，点燃后香气透过器盖的孔隙而发散。造型更为精巧的有熏球，内有"虽外纵横圆转，而内常平，能使不倾"的熏盂，顶部有挂链，以便随身携带或随处悬挂。另外，香盒、熏瓶、熏筒（香筒）、香囊等物，亦属此类。

### 3.11 本草书影

"本草"是中国传统药物学的特有称谓。本草学的内涵广泛，主要包括中国传统药学发展历史（历史学），本草文献著作本身（文献学），本草著作中所记载的药物基原、药性理论和功效应用（药物学）三个方面。本草文献不仅是中国独有的国家资源和科技文化的重要遗产，也是人类历史文化的宝库，其中既包含丰富的人文资源，也蕴藏丰富、亟待深入开发的自然资源。它所蕴含的内容十分丰富，不仅含有医药学、博物学等方面的知识和理论，还含有大量人类健康生活和环境科学理念，以及民俗文化、民族文化、区域文化、边疆文化、宗教文化等丰富多彩的艺术史料。但是我国自清朝鸦片战争以来，本草典籍或毁佚或流失海外，使得当代难以目睹其原貌。

本类包括各个时期的代表性本草文献，形式上有秦汉时期的简牍、南北朝和唐代的卷子抄本，也有宋元时期的刻本、明清时期的彩绘本。编撰方式上有私人编著，也有官修集体编撰。内容上有综合性本草、地方性本草，也有食疗、救荒以及炮制类、植物志类本草。出版形式既有国内刊刻印刷，也有外国刊刻。来源上有国内图书馆珍藏，还有海外珍稀本草文献，从中大致可以了解中国本草发展的历史脉络和源流。

### 3.12 炼丹物事

这里的炼丹指的是道家的外丹术。其术通过加温、升华等各种秘法，力图将各种矿物原料烧炼成丹药，用以服食。炼丹术约始于战国中期，秦汉以后开始盛行，并于唐代传入阿拉伯，金元时传入欧洲，但自宋以后在我国逐步衰落。

炼丹术不但孕育了中国的古代化学，而且与中国古代药物学的发展关系密切。首先，炼丹所用矿物原料如丹砂（硫化汞）、雄黄、礜石、砒霜、紫石英、无名异、赤石脂、磁石、石灰、硇砂、轻粉、朴硝、寒水石、炉甘石、云母、滑石、阳起石、禹余粮等是常见中药品种；其次，炼丹所得的某些成品如升丹、降丹等即是中医外科临床直接应用的成药；再次，由于炼丹文化的影响，丹剂甚至成为标榜灵验的一种中药剂型，如天王补心丹、至宝丹等与本来意义上的丹毫不相干，只是借用"丹"名而已。

本类文物包括与药物关系相对密切的炼丹原料、器物、丹丸及相关的人文资料等。典型器如西安何家村唐代邠王府遗址窖藏出土的金银药具（药盒、暖药锅等）和炼丹用的银石榴罐。这一方面反映了此期药具与炼丹活动的密切关系，另一方面充分显示了当时医药用器的工艺水平。

### 3.13 民族药具

中国医药卫生文物除以汉族医药卫生文物为主外，还包括各少数民族医药卫生文物。中国是一个多民族聚居的大国，中国的民族医药过去和现在都是中国社会重要的卫生资源，并积淀了丰富多彩的医药卫生文物。近60年来，经过发掘整理，有35个少数民族整理了自己的传统医药资料，收集了部分医药卫生文物，尤以藏医、蒙医、壮医、傣医、朝医和彝医等成果较为丰硕。这些民族医药卫生文物中，有不少是与药学相关的富有民族特色的文物，如藏医的绘有八大药师佛像、藏医植物药图等内容的唐卡，藏医、蒙医的药盒、药瓶、药袋、药包、药勺、药罐等药具，维医德玉药臼杵，古党项族的西夏文医方抄本等。

## 4. 结语

文物在学术研究中具有重要作用，它所携带的信息常能补充或印证历史文献所不载或载之不详，甚至记载错误的内容，因此运用文物实物以佐证文献资料的方式，已逐渐成为史学研究的主要方法之一。中医药文物既是中医药学数千年发展历程的物化见证，也是博大精深的中国传统文化的特色组成部分，它从一个侧面反映出中国传统文化的悠久历史和独特性。我们可以概括地说，中国医药学是中国传统文化的典型缩影，中医药文物是传统文化的精微具象。对中医药文物的研究，可从文物的视角为中医药学的研究提供重要佐证，从而促进中医学术的繁荣与事业的发展；也可从中医文物的视角把我们对中国传统文化的发扬光大落到实处。

然而，此类研究也有一定难度。这是由于它涉及医药、考古文博、民族、历史、宗教等多个学科领域，需要多方面较为丰富而深入的知识储备与较强的综合研究能力，加之资料的搜集积累较费力，因此从历史与学术上看，近60年来对中医药文物的重大专项研究课题开展较少，而中医药文物专类的图集研究更是基本阙如。由于缺乏实物和理论相互佐证，对学术研究的深度带来不利影响，使中医药学理论认知容易流于表层或出现疏漏，因此这是一个亟待加强的研究领域，有待学界的进一步努力。

**参考文献**

[1] 徐玠. 龙溪王先生传//王畿. 龙溪集：卷22. 刻本，1882（清光绪八年壬午）.

[2] 廖果. 中国医药卫生文物述要. 中华医史杂志，2009，39（5）：273-275.

[3] 廖果. 国家红色医药卫生文物遗址调研与保护刍议//中国传统医药申报世界非物质文化遗产委员会办公室. 中国传统医药申报世界非物质文化遗产学术研讨会论文集. 北京，2006：164.

[4] 傅芳. 考古发掘与医药//李经纬，程之范. 中国医学百科·医学史. 上海：上海科学技术出版社，1987：115.

[5] 司马迁. 史记：南越列传（点校本）. 北京：中华书局，1982：2971.

[6] 和中浚，吴鸿洲. 中华医学文物图集. 成都：四川人民出版社，2001：21.